HEYNE

Das Buch

Ist es möglich, die Grenzen zu überwinden, die uns von der so genannten Realität gesetzt werden? Diese Möglichkeit existiert sehr wohl, und dies haben die Schamanen und Heiler vieler Kulturen zu nutzen gewusst. Sie benutzen dafür das »magische Selbst«, ihren feinstofflichen zweiten Körper.

Mit Hilfe kraftvoller geistiger Übungen, über viele Jahre erprobt und bewährt in Seminaren und Coachings, führt Harald Wessbecher seine Leser heraus aus der Identifizierung mit dem eigenen Körper, hin zu einer neuen, umfassenderen Art der Wahrnehmung und schließlich in die Wirklichkeit des magischen Selbst. Sobald es befreit ist, wird prinzipiell alles möglich: die Heilung von Körper, Seele und Geist, die Entdeckung faszinierender Bewusstseinswelten und die Überwindung der Begrenzungen von Raum, Zeit und Materie.

Der Autor

Ursprünglich Architekt, vermittelt Harald Wessbecher seit fast zwei Jahrzehnten in Vorträgen, Seminaren und persönlichen Beratungen praktische Methoden, wie wir unser Leben gesund, erfolgreich und mit mehr Lebensqualität leben können. Seine eigenen medialen Fähigkeiten ließen ihn frühzeitig die ungenutzten Möglichkeiten des menschlichen Bewusstseins erforschen mit dem Ziel, jene verborgenen Energien wahrzunehmen, die unser Leben prägen.

HARALD
WESSBECHER

Das MAGISCHE SELBST befreien

Entdecke und entfalte
deine größte Kraft

WILHELM HEYNE VERLAG
MÜNCHEN

Das vorliegende Buch ist sorgfältig erarbeitet worden.
Dennoch erfolgen alle Angaben ohne Gewähr.
Weder Autor noch Verlag können für eventuelle Nachteile oder Schäden, die aus den im Buch gemachten praktischen Hinweisen resultieren, eine Haftung übernehmen.

FSC
Mix
Produktgruppe aus vorbildlich bewirtschafteten Wäldern und anderen kontrollierten Herkünften
Zert.-Nr. SGS-COC-1940
www.fsc.org

Verlagsgruppe Random House FSC-DEU-0100
Das für dieses Buch verwendete FSC-zertifizierte Papier *München Super* liefert Mochenwangen Papier.

Taschenbucherstausgabe 02/2009

Printed in Germany 2009
Redaktion: Dr. Juliane Molitor
Umschlaggestaltung: HildenDesign, München
unter Verwendung eines Motivs von © John Knelsen/Shutterstock
Herstellung: Helga Schörnig
Satz: Christine Roithner Verlagsservice, Breitenaich
Druck und Bindung: GGP Media GmbH, Pößneck

ISBN 978-3-453-70109-0

http://www.heyne.de

Inhalt

Vorwort

Fühlen Sie sich manchmal in Ihrem Leben gefangen und wünschen sich nichts sehnlicher als anders zu sein – glücklicher, gesünder, jünger, erfolgreicher und vor allem nicht ständig das Opfer irgendwelcher Umstände?

Wahrscheinlich schon, aber wie die meisten Menschen hat man auch Sie sicher von klein auf davon überzeugt, dass die Wirklichkeit, in der wir leben, eben so ist, wie sie ist. »Keiner kann so leben, wie er leben möchte« hören wir von allen Seiten – und glauben es? Ich glaube es nicht. Und tief innen glauben auch Sie es nicht, denn sonst hätten Sie dieses Buch wohl kaum gekauft.

Meine persönlichen Erfahrungen haben mich davon überzeugt, dass unsere Wirklichkeit keineswegs so fest gefügt ist, wie die meisten Menschen glauben.

Ich war zwölf Jahre alt, als sich in meinem Leben die Grenzen zwischen dieser Wirklichkeit und den größeren Traumwelten verwischt haben. Ich fand mich damals völlig unerwartet in der magischen Welt wieder, erlebte einen Strom unendlicher Energie, Liebe und Freude und tauchte ein in ein tieferes Begreifen meiner selbst und allen Seins. Es war wie eine zweite Geburt. Der Schleier, der unsere Welt von anderen Welten trennt, ist in meinem Leben also schon früh zerrissen und seither war ich getrieben von der Sehnsucht, die verschiedenen Wirklichkeitsräume zu erforschen und als große Wirklichkeit zu verstehen. Aus diesem Grund habe ich beschlossen, als Heiler, Medium und Sensitiver tätig zu sein und anderen Menschen nicht nur Lebenshilfe anzubieten, sondern ihnen auch zu zeigen, wie sie durch eine

Erweiterung ihrer begrenzten Sicht der Wirklichkeit Zugang zu ihren größeren Fähigkeiten finden.

Dieses Buch basiert auf den wesentlichen Erkenntnissen, die ich im Laufe meines Lebens gewonnen habe:

- Unsere Wirklichkeit ist keineswegs so fest gefügt, wie wir normalerweise glauben, und vor allem wird sie uns nicht von außen verordnet oder übergestülpt, auch nicht von unserem Schicksal.
- Was immer in unserem Leben geschieht, ziehen wir selbst an oder erschaffen es sogar, und zwar nicht so sehr durch das, was wir tun, sondern mehr durch das, was wir glauben und von der Wirklichkeit wahrnehmen, durch unsere Sicht der Dinge.

Wir haben eine vorgeprägte Sicht von uns selbst, unseren Möglichkeiten und der Welt, in der wir leben. Und mit dieser Sicht identifizieren wir uns. Ein Beispiel: Was tun Sie, wenn Sie jemanden gerade neu kennen gelernt haben? Erzählen Sie etwa nicht gleich, wer Sie sind und was Sie können oder beruflich machen, damit Ihr Gegenüber weiß, mit wem er es zu tun hat? Auf diese Weise stärken Sie, wenn auch unbewusst, Ihr geschichtlich geprägtes Bild von sich selbst und geben dem anderen keine Möglichkeit, Sie vielleicht mit ganz anderen Augen zu sehen. Und weil Sie auch von dem Menschen, dem Sie da begegnet sind, nichts anderes erwarten, als dass er Ihnen erzählt, was er beruflich macht, wo er herkommt und vielleicht sogar wie alt er ist, bringen Sie auch sich selbst um die Chance, ein Stück Wirklichkeit mit ganz neuen Augen zu sehen. Unsere Sichtweise prägt unsere Erwartungen und unsere Erwartungen prägen unsere Gedanken, Gefühle und Handlungen. Und so entsteht die Wirklichkeit, die wir erleben.

Wenn wir erfahren wollen, dass alles auch ganz anders sein könnte – einschließlich wir selbst – und dass alles veränderlich ist, und zwar von uns selbst, müssen wir zunächst wieder bereit werden, die Wirklichkeit mit all ihren Möglichkeiten in jedem Moment neugierig und offen zu beobachten, ohne jede Erwartungshaltung, nur in der Hoffnung, Neues zu entdecken. Nur wenn wir unsere Wahrnehmung über das Übliche hinaus erweitern, kommen wir in Kontakt mit Fähigkeiten und Möglichkeiten, die das Übliche hinter sich lassen. Dazu brauchen wir Phantasie und Neugier und die Bereitschaft, dem Unbekannten zu begegnen.

Die Übungen, die ich Ihnen auf den folgenden Seiten vorstellen werde, wurden bereits von unzähligen Teilnehmern meiner Seminare erprobt und werden auch Sie zu der Erfahrung führen, dass Sie mehr sind, als Sie zu sein glauben, und Fähigkeiten besitzen, von denen Sie bisher nicht einmal zu träumen wagten. Lassen Sie sich überraschen!

Harald Wessbecher

TEIL 1

Was ist
und was sein könnte

Der Tiger im Käfig

Sehr viele Menschen verlieren im Laufe ihres Lebens ihre Träume und Visionen aus den Augen und finden sich mit ihren Lebensumständen ab. Bei einigen geschieht dies früher, bei anderen später. Manche geben es offen zu, wenn auch mit einem gewissen Bedauern, andere hingegen sprechen stolz davon, dass sie sich in ihrem Leben »eingerichtet« haben, dass sie »sesshaft« oder »etabliert« geworden sind und dass bei ihnen alles problemlos »funktioniert«. Sie haben sich einen vertrauten und bequemen Rahmen geschaffen, in dem sie sich sicher fühlen und der nun um jeden Preis verteidigt werden muss – selbst wenn nicht alles so geworden ist, wie man es sich ursprünglich mal vorgestellt hatte; auch wenn man nicht die Freude empfindet, nach der man sich immer gesehnt hat.

Im Laufe der Zeit scheint sich dieser äußere Rahmen aus Umständen, unter denen man lebt, und Personen, mit denen man verkehrt, zu verselbstständigen. Die betreffenden Menschen verlieren sich darin und glauben schließlich, ein Teil davon zu sein. Weil sie sich mehr und mehr mit diesem vertrauten Rahmen identifizieren, entwickeln sie irgendwann Ängste, dass sich etwas daran ändern könnte. Die äußeren Umstände, die in der Vergangenheit gemachten Erfahrungen und sämtliche Rollen, die sie spielen, formen ihr Selbstverständnis (ihr Selbstbild). Sie halten ihre Bildung oder ihren Mangel an Bildung, ihren Beruf, ihren gesellschaftlichen Status, ihre langjährige Partnerschaft oder ihr Singledasein, ihre wohlgeratenen Kinder oder ihre Kinderlosigkeit, ihre einflussreichen Freunde, ihr Auto, ihr Boot, ihren guten Geschmack, ihre emotionale Intelligenz und – ganz wichtig – ihre Fähigkeit, aufgrund ihrer bisher erworbenen Kompetenz zu allem und jedem etwas sagen zu können, für natürliche Aspekte oder Manifestationen ihrer Persönlichkeit.

Aus diesem geschichtlich geprägten Selbstverständnis heraus verlieren sie die Fähigkeit, die Gegenwart neutral wahrzunehmen und sich immer wieder neu darauf einzulassen. Sie wiederholen sich in ihren Erfahrungen und Sichtweisen und können Neues nur schwer zulassen: »Ich habe das so erlebt ..., Meine Erfahrung sagt mir, dass ..., Das halte ich für ausgeschlossen ..., Man weiß ja, dass ..., Jeder vernünftige Mensch würde das so machen ..., Irgendwann weiß man doch, wie der Hase läuft ..., Ich bin doch nicht blöd. Sonst noch was?« Solche Aussagen spiegeln starre Standpunkte wider. Hier spricht das »geschichtliche Ich«, das genau weiß, was es erfahren und gelernt hat, wovon es überzeugt ist, was ihm angetan wurde und was es von der Welt zu erwarten hat. Es vertritt erprobte Standpunkte, aufgrund derer es Entscheidungen treffen will. Doch selbst wenn derart geschichtlich geprägte Menschen ihre Überzeugungen und Erwartungen nicht in Worte fassen, spürt man ihre eingefrorene Haltung. Man spürt genau, dass sie in festen Bahnen denken und fühlen und nichts Neues in ihr Leben lassen wollen. Und jedes Mal, wenn diese Menschen denken, fühlen und ihre Welt in Worte fassen, machen sie ihr Weltbild und ihr Selbstverständnis noch fester und noch stabiler. Sie zementieren ihre bis jetzt geschaffenen Lebensbedingungen geradezu ein, bis sie zu einer Art Gefängnis geworden sind, zu einem winzig kleinen Käfig für einen wilden Tiger. Dieser wilde Tiger ist das ureigene menschliche Wesen, das eigentlich nach Freiheit, Veränderung und Intensität strebt und seine natürlichen Sehnsüchte und Fähigkeiten zum Ausdruck bringen möchte.

Warum verhalten sich viele Menschen genau so? Weil sie nicht mehr spüren und nicht mehr wissen, dass alles auch ganz anders sein könnte und dass wir sehr viel mehr sind als unser geschichtlich geprägtes Ich mit seinen alten Überzeugungen und Erfahrungen, das uns so vertraut ist, an dem wir so sehr hängen und das wir so sorgfältig hegen und pflegen. In Wirklichkeit sind wir nämlich Bewusstsein mit einem riesigen Potenzial und haben ein Wesen, einen Kern, der nach Entfaltung drängt. Dieses Wesen, das wir als Kleinkinder noch stark gespürt haben und entschieden zum Ausdruck bringen wollten, ist wie ein wilder Tiger, den wir in den engen Käfig unserer gewohnten Lebensumstände gesperrt haben. Manchmal erinnert sich der Tiger vage an seine Freiheit. Dann fühlt er die gewaltige Urkraft von einst in sich und ist gleichzeitig wie gelähmt, denn er spürt, dass er seine Freiheit verloren hat und ihn seine Kraft mehr und mehr verlässt, weil er sie in diesem Käfig nicht leben kann.

Wann immer der Tiger aufwacht, sich an seine Freiheit erinnert und eingesperrt fühlt, sagt das geschichtliche Ich sofort: »Tja, man kann eben nicht alles haben. Wer Geborgenheit und Sicherheit im Leben will, kann nicht gleichzeitig nach der Erfüllung all seiner Sehnsüchte streben. Man muss Kompromisse machen und sich auf das Wesentliche konzentrieren. Wirklich wichtig ist nur das, was unsere äußere und innere Sicherheit stärkt und dem Überleben dient.«

Da diese Sichtweise von den meisten Menschen akzeptiert wird, führen viele von uns ein Leben, das die eigene Vergangenheit konsequent fortsetzt, das von Routine und Wiederholung geprägt ist, in dem alte Überzeugungen gepflegt werden und das sich ganz unauffällig verselbstständigt. Vertraut ist dieses Leben insofern, als es einem wegen der vielen Wiederholungen bekannt vorkommt, aber es entspringt nicht dem eigenen Wesen und wird auch nicht bewusst gestaltet, sondern ergibt sich meist irgendwie, weil die neuen Umstände stets aus den alten folgen. Viele Menschen glauben irgendwann auch nicht mehr daran, dass sie überhaupt die Freiheit besitzen, ihr Leben durch neue Entscheidungen beliebig zu verändern. Sie fühlen sich im Vertrauten, in den gegebenen Umständen gefangen und haben scheinbar nur noch die Wahl, mehr oder weniger erfolgreich an dem teilzunehmen, was nun mal da ist. Weil sie so sehr an ihr Leben und sogar an das Zusammenleben mit anderen Menschen gewöhnt sind, haben sie irgendwann nicht einmal mehr Ideen oder Visionen. Wer bei all dem erfolgreich ist, glaubt, es sei ihm gelungen, das Beste aus den vorhandenen Möglichkeiten zu machen, während sich der erfolglose Pechvogel, der die vorhandenen Möglichkeiten nicht so glücklich nutzen kann, für ein hilfloses Opfer der Umstände hält. Dabei geht es gar nicht so sehr darum, ob wir erfolgreich oder erfolglos mit den vorhandenen Gegebenheiten umgehen. Entscheidend ist vielmehr, dass wir sie als unveränderlich hinnehmen und irgendwann gar nicht mehr spüren, dass unser Leben nicht eigenständig abläuft, sondern in direktem Zusammenhang mit uns steht. Wir nehmen nicht mehr wahr, dass unser Leben aus uns selbst entspringt und dass es ein Resultat unserer geschichtlich geprägten Sichtweisen und Erwartungen ist, die wiederum unsere Gedanken, Gefühle, Handlungen und Reaktionsweisen bestimmen. Wir nehmen nicht mehr wahr, wie unsere Art, auf Dinge zu reagieren, und alles, wofür wir uns entscheiden, was wir erwarten und worauf wir unsere Wahrnehmung richten, den Fluss unseres Lebens lenkt. Wir glauben irgendwann, dass unser Leben, die äußeren Umstände und sogar unser Körper von uns unabhängig existieren und unsere Möglichkeiten darauf beschränkt sind, das Beste daraus zu machen. Wirtschaftliche Umstände scheinen unseren Erfolg zu bestimmen, die Politik unsere Freiheit und Lebensqualität, Viren und Krankheitserreger unsere Gesundheit. Der Tiger in uns hat vergessen, dass er den Bau seines Käfigs nicht nur zugelassen hat. Nein, er hat selbst beim Bauen geholfen, weil er sah, dass alle anderen Tiger es genauso gemacht haben, und er es deshalb für normal hielt, wenn auch nicht für natürlich. Jetzt fühlt er sich nur noch als Opfer, unfähig den Käfig zu verlassen oder gar niederzureißen.

Solange wir die Welt nur durch die Käfigstangen betrachten, werden wir immer befürchten, dass wir dem Leben hilflos ausgeliefert sind und dass Dinge geschehen, die uns Schaden, Leid, Enttäuschung, Kränkung und Verlust bringen, die unseren Erfolg verhindern und unser Leben in vielerlei Weise höchst beschwerlich machen, ohne dass wir etwas dagegen tun können. Natürlich kommt es gelegentlich auch vor, dass uns das Leben günstig gestimmt ist. Dann sind die Ereignisse eben angenehm, stimmen uns freudvoll und geben uns Energie.

Ob uns das Leben mehr oder weniger gut behandelt, ist aber gar nicht unser eigentliches Problem. Das besteht vielmehr darin, dass wir glauben, wir seien Opfer der Umstände und das Leben könne überhaupt irgendwie zu uns sein, ohne dass wir selbst aktiv daran beteiligt sind. Wir haben das Gefühl, das Leben zwar in vielen Aspekten erleben zu können, glauben aber, die positiven und negativen Aspekte ergäben sich irgendwie eigenständig, unabhängig von unseren Gedanken, Gefühlen und Erwartungen, hätten also ursächlich nichts mit uns zu tun. Daraus folgt, dass wir nur darauf reagieren können. Mit dieser Betrachtungsweise fühlen wir uns gewissermaßen als Opfer, auf welches das Leben unkontrollierbar und bedrohlich einwirkt. Aus diesem Opferbewusstsein heraus suchen wir nach materieller und emotionaler Sicherheit, nach dem Erprobten und Vertrauten. Viele Menschen machen sich Gedanken darüber, wie armselig sich wilde Tiere wohl im Käfig fühlen und ob ein solches Leben für die armen Tiere überhaupt noch einen Sinn macht. Aber wie viele kommen auf die Idee, dass sie selbst ein wildes Tier im Käfig sein könnten, und auch noch freiwillig? Viele Menschen spüren zwar, dass ihr Leben irgendwie leer und sinnlos ist, merken aber nicht, dass dies an den akzeptierten Grenzen liegt, innerhalb derer sich ihr Wesen mit seinen individuellen Sehnsüchten und Fähigkeiten nicht mehr entfalten kann.

Die Frage nach dem Sinn des Lebens

Sogar Menschen, die stets versuchen positiv zu denken und mit den gegebenen Umständen scheinbar gut zurechtkommen, haben häufig das Gefühl, dass ihr Leben wenig sinnvoll ist. Sie stellen sich Fragen wie: »Warum bin ich bei diesen Eltern geboren? Wer bin ich wirklich? Warum sind die Dinge, wie sie sind? Was ist der Sinn dieser Wirklichkeit? Wozu lebt der Mensch? Unterscheidet ihn überhaupt etwas von Tieren und Pflanzen? Gibt es ein Schicksal oder haben wir einen freien Willen?«

Weil ihnen die Leere in ihrem Leben und ihre eigene Hilflosigkeit oft schmerzlich bewusst sind, zerbrechen sich Menschen seit Jahrtausenden den Kopf über solche Fragen. Sie spüren, dass das Leben kein reiner Kampf ums Überleben sein kann und einen höheren Sinn haben muss, doch die meisten kommen früher oder später zu dem Schluss, dass man den Sinn des Lebens nicht erkennen kann. Da man sich ohnehin fügen muss, hat man es am besten, wenn man das Leben einfach so hinnimmt, wie es sich ergibt, und unterstellt, dass es irgendeinen höheren Sinn hat, auch wenn man diesen nicht versteht.

Es hat aber schon immer einige wenige Menschen gegeben, die sich auf die Suche nach Erklärungen machten, weil sie wissen wollten, wie das Leben zustande kommt und was den Lauf der Dinge bestimmt. So kam beispielsweise die Idee auf, die Menschen seien nichts weiter als Figuren im Spiel der Götter, die ihnen zu ihrer eigenen Belustigung und Befriedigung unterschiedliche, zum Teil sogar sinnlose Aufgaben stellen. Indem man glaubte, das Leben entspringe den Launen der Götter, verstand man den Lauf der Dinge zwar auch nicht besser, aber man hatte die Ursache von innen nach außen verlegt und musste nicht mehr erklären, wie man mit dem eigenen Schicksal verknüpft war. Die Götter waren dafür verantwortlich, und alles, was die Menschen selbst tun konnten, um Unheil und Gefahr auf ein Minimum zu reduzieren, bestand darin, eben diese Götter günstig zu stimmen.

Als moderne aufgeklärte Menschen glauben wir zwar nicht mehr, dass unser Schicksal von irgendwelchen Göttern bestimmt wird, fühlen uns aber gleichwohl als potenzielle Opfer, deren wichtigste Aufgabe darin besteht, sich möglichst viele Sicherheiten zu schaffen und möglichst perfekt vor Bedrohungen aller Art zu schützen. Wir streben nach materieller Sicherheit, indem wir unser Bedürfnis nach Nahrung, Wohnung und Kleidung mehr als genug befriedigen; nach emotionaler Sicherheit, indem wir alles tun, um von anderen Menschen Liebe, Geborgenheit und Anerkennung zu bekommen; nach religiöser Sicherheit durch Vertreter Gottes, die uns den Weg zu einem moralischen, ethischen und gottgefälligem Leben zeigen, damit Gott uns nach dem Tod wieder zu sich nimmt; nach körperlicher Sicherheit durch Gesundheit, Kraft und Jugend, die wir uns von irgendwelchen Gesundheitsprodukten erhoffen, und nach vielen anderen Formen von Sicherheit.

Bei dieser übertriebenen Suche nach Sicherheit übersehen wir jedoch, dass ein bestens abgesichertes Leben nicht notwendigerweise auch ein freudvolles Leben ist, das man liebt, mit dem man sich wohl fühlt und das einen Sinn hat. Im

Gegenteil: Wer ständig nur damit beschäftigt ist, die Illusion von Sicherheit zu festigen, wird am Ende feststellen, dass nichts wirklich sicher und er vor Angst wie gelähmt ist. Und natürlich kann, wer Angst hat, weder das Leben lieben noch sich selbst, jene bedeutungslose Figur im Spiel des Lebens. Sich selbst als Opfer einer bedrohlichen Welt zu empfinden, ist aber nicht die einzig mögliche Sichtweise, auch wenn sie sehr üblich und allgemein akzeptiert scheint.

Ich möchte Ihnen nun eine andere Betrachtungsweise vorstellen, welche die Wirklichkeit, den Menschen und die Fähigkeiten seines Bewusstseins in ein ganz neues Licht rückt und Einblick in eine Dimension von Freiheit gibt, die für die meisten Menschen kaum vorstellbar ist. Es ist auch meine eigene Sichtweise, die sich allmählich aus den Erfahrungen und Beobachtungen entwickelt hat, die ich seit meiner frühen Kindheit nicht nur im Alltag, sondern vor allem auch auf vielen Bewusstseinsreisen gemacht habe. Diese Erfahrungen und Beobachtungen legen nahe, dass die Menschen früher eine ganz andere Sicht von sich selbst und der Wirklichkeit hatten. Diese möchte ich Ihnen nun so darstellen, wie ich sie erlebt habe und wie auch Sie sie erleben können, wenn Sie sich dafür öffnen und Ihre tieferen Möglichkeiten nutzen.

Auf meinen Bewusstseinsreisen erlebte ich eine Zeit (nach unserer Zeitrechnung vor vielen Tausenden von Jahren), in der sich die Menschen nicht als Opfer einer von ihnen getrennten, feindlichen Welt empfanden, sondern als Schöpfer ihrer eigenen Wirklichkeit. Sie konnten wahrnehmen, dass alles, was ihnen begegnete, bis ins kleinste Detail mit ihnen selbst zu tun hatte und ihre Gedanken, Gefühle und Visionen widerspiegelte. Und sie freuten sich darüber und liebten sich selbst für die Gestaltung ihrer Welt. Sie liebten auch die Welt, die sie gestaltet hatten, und die Energie, die durch sie hindurchfloss und ihnen half, diese Welt zu gestalten.

Die damaligen Menschen glaubten an die Existenz einer übergeordneten Kraft, der Lebenskraft an sich, an das, was wir vielleicht als Gott, das Absolute, das Große Sein oder Heiligen Geist bezeichnen würden – eine ungerichtete Kraft, ein weder räumlich noch zeitlich begrenztes, ja nicht einmal ausgerichtetes Feld von bewusster Energie, ein riesiges Potenzial von Möglichkeiten, reine Lebensenergie. Damit sich diese ungerichtete Lebensenergie zum Ausdruck bringen und Form gewinnen kann, muss sie sich ausrichten und bündeln. Die Ausrichtung und Bündelung der Lebensenergie wird durch Ideen angeregt, die im göttlichen Feld selbst entstehen und dem Schöpfungslicht Struktur verleihen, ähnlich wie beispielsweise ein Dia dem Licht, das durch es hindurch fällt, Struktur verleiht. Das große Sein, der göttliche Urgrund wurde also als eine immense Menge an Lebenskraft verstanden, die das Bestreben hat, all das, was an Möglichkeiten in ihr schlummert, in eine wahrnehmbare und erlebbare Form zu bringen. Indem sich Gott als das absolute Sein zum Ausdruck bringt und Form gewinnt, kann er sich selbst wahrnehmen und erleben, auch wenn alles in ihm selbst stattfindet, denn alles was ist, ist Gott. Und indem Gott seine pure Lebenskraft durch seine Ideen formt und zur erlebbaren Wirklichkeit werden lässt, wird er sich über das, was er schafft, selbst bewusst. Seine Möglichkeiten nehmen Gestalt an und über diese Gestalt wird er sich seiner selbst, seiner Kraft und seines Seins bewusst. Die Flut der Ideen ist unendlich und mit jedem Schöpfungsakt entstehen neue Ideen, neue Formen, neue Wirklichkeiten. Das göttliche Bewusstsein wächst und mit ihm die Energie, die ausgerichtet und in eine neue Form gebracht werden kann. Ähnliche Schöpfungsideen ziehen sich an und bilden nach dem Gesetz der Entsprechung Ideenbündel, die sich gegenseitig befruchten und neue, dazu passende Ideen hervorbringen, die eine in sich geschlossene Wirklichkeit bilden. Die Bündelung gleichförmiger Ideen kann als Geburt eines neues Erlebnisraumes beschrieben werden, einer Dimension, in der die Wirklichkeit nach bestimmten, durch die entsprechenden Ideen vorgegebenen Gesetzmäßigkeiten abläuft, so wie beispielsweise unsere Wirklichkeit von Raum, Zeit und Polarität bestimmt wird.

In den verschiedenen Dimensionen oder Erfahrungsräumen, in denen sich Gott zum Ausdruck bringt und selbst erfährt, gibt es Ideen und Ideengruppen, die als Formen bewusster Energie automatisch dem natürlichen Fluss der Schöpfung folgen. Ihre Aufgabe besteht darin, dem Schöpfungsfluss Ausdruck zu verleihen und damit dem göttlichen Urgrund Erfahrung und Bewusstsein zu geben, ähnlich wie ein Pinsel der Absicht des Malers folgt und so seine Rolle bei der Erschaffung eines Kunstwerks spielt. Diese Schöpfungsideen sind passiv, ohne Eigenleben und freien Willen. Daneben gibt es aber auch aktive Schöpfungsideen oder Ideengruppen, die eine Art Gruppenidentität oder Selbstbewusstsein entwickeln. Sie besitzen die Freiheit, sich selbstständig in Bezug zu anderen Schöpfungsideen zu setzen, Kombinationen von Schöpfungsideen zu bilden und damit den Schöpfungsfluss mitzubestimmen. Solche aktiven Ideenformationen sind als Mitschöpfer im göttlichen Urgrund zu verstehen und haben die Fähigkeit, durch Kombinieren vorhandener Ideen neue Wirklichkeitsaspekte zu formen und daraus ständig neue Ideen zu entwickeln. Das Erschaffen eigenständiger Mitschöpfer potenziert den Schöpfungsprozess des Absoluten Seins, denn indem diese Mitschöpfer innerhalb des schon vorhandenen Schöpfungsstroms ständig neue Ideen entwickeln und manifestieren, explodiert sein eigenes Gefüge und Gott potenziert sich selbst. Das bedeutet: Das Schöpfungspotenzial, das Gott in sich trägt, wächst durch das Schaffen von Mitschöpfern erheblich und ganz von selbst.

Die meisten Menschen von damals glaubten, dass sich Gott, das absolute Sein mit seinem unendlichen Schöpfungspotenzial, gleichsam selbst in diesen Schöpfungsprozess hineinträumt und dass er dabei sowohl passive Träumer erschafft, über die er seine Schöpfungen erleben kann, als auch aktive Träumer, die seine Träume eigenständig und frei weiterträumen. Die aktiven Träumer träumen auch mit ihm gemeinsam, aber jeweils eigenständige Träume. Auf diese Weise ergänzen sie die Träume seiner Schöpfung zu einer unendlichen Vielfalt. Die Menschen dieser Zeit hielten sich aber nicht nur für aktive Träumer, die ihre Träume frei gestalten und ihre Lebenserfahrung folglich selbst manifestieren konnten, sondern waren auch überzeugt, dass sie die Schöpfungsideen, aus denen sie ihre Träume entwickelten, nicht zufällig in sich trugen. Sie glaubten, dass ihnen ihr Wesen als die Summe all der Schöpfungsideen, die sie zu Beginn ihres Lebens in diese Welt mitgebracht hatten, vom großen Sein mit dem Ziel verliehen worden war, ihr Leben, also das, was sie als freien Traum in ihrer Wirklichkeit betrachteten, mithilfe dieser Schöpfungsideen unendlich vielfältig zu gestalten, um dem göttlichen Urgrund die Erfahrungen, die sie damit machten, zurückschenken zu können.

Als freie Träumer wussten diese magischen Menschen auch, dass ihre wache, bewusst erträumbare Wirklichkeit nur eine von vielen möglichen Wirklichkeiten oder Wirklichkeitsräumen war, die sie jederzeit verändern konnten. Anders als die meisten von uns waren sie nicht der Überzeugung, in einer fest gefügten Wirklichkeit festzusitzen. Vielmehr wussten sie, dass jeder einzelne Aspekt ihrer Wirklichkeit jederzeit beliebig veränderbar war, und sogar, dass sie von Wirklichkeitsraum zu Wirklichkeitsraum wechseln konnten, indem sie ihre Träume bewusst veränderten oder sich in einen anderen Traumraum hineinträumten. Sie konnten sich aus der Identifizierung mit ihrer Wirklichkeit und deren Ideen lösen, von ihrer bekannten Dimension in neue Dimensionen reisen, sich dort mit immer neuen

Schöpfungsideen identifizieren und diese sogar in ihre alte Wirklichkeit mitbringen. Als freie Träumer war es ihr Ziel, größtmögliche Freiheit im Erträumen ihrer Wirklichkeit zu erreichen, was bedeutete, nicht nur in einer einzigen, sondern in vielen Dimensionen und Schöpfungsräumen zu leben, viele Formen von Wirklichkeit zu erschaffen und letztendlich genug Schöpfungsideen an sich zu binden, um sich irgendwann von einem Wesen einer Dimension in eine eigene Dimension zu verwandeln, in der all diese Formen von Wirklichkeit stattfinden können. Die meisten dieser alten magischen Träumer lebten stets im Einklang mit dem göttlichen Gefüge, und wenn sie einen eigenen Traum träumten und ihren Ideen Ausdruck verliehen, dann geschah dies immer im Einklang und in Harmonie mit dem großen göttlichen Traum, in dem nur Raum für Freude, Liebe und Freiheit war.

Unter diesen aktiven Träumern gab es aber auch einige, die von der Kraft des freien Träumens so fasziniert waren, dass sie größenwahnsinnig wurden und glaubten, sich unabhängig vom großen Schöpfungsstrom bewegen zu können. Es waren dunkle Meisterträumer, die das schöpferische Prinzip souverän lebten und sich mit dem absoluten Sein gleichgestellt fühlten. Dabei übersahen sie jedoch die Tatsache, dass die Energie, die sie in ihren Träumen formten und Wirklichkeit werden ließen, aus dem großen göttlichen Urmeer kam. Sie glaubten, diese Energie selbst erzeugen zu können, und weigerten sich anzuerkennen, dass dies nicht möglich war. Als sie schließlich merkten, wie ihre Schöpferkraft langsam nachließ, verlegten sie sich darauf, Einfluss auf andere Träumer zu nehmen, diese von der göttlichen Urkraft abzuschneiden, ihrer Eigenständigkeit zu berauben und so zu schwächen, dass sie deren Energie absaugen konnten. Dies gelang ihnen auf zwei Arten: Erstens, indem sie die anderen Träumer ebenfalls zum Größenwahn verführten und eine Gier nach jener Macht in ihnen erzeugten, die sie ihnen scheinbar geben konnten, und zweitens, indem sie ihnen so lange Angst machten zu versagen, bis sie ihr Urvertrauen in den göttlichen Strom verloren hatten und glaubten, Schutz und Hilfe zu brauchen, die ihnen dann von den dunklen, scheinbar so überlegenen Träumern angeboten wurden. Die dunklen Träumer hatten sich in ihrem Größenwahn selbst vom Schöpfungslicht des großen Seins abgeschnitten und waren deshalb darauf angewiesen, andere Träumer durch Erzeugen von Gier und Angst zu lähmen, um sie dann aussaugen zu können.

Die hellen Träumer hingegen träumten ihre Schöpfungsideen im Einklang mit dem Großen Sein und gestalteten ihre persönliche Wirklichkeit innerhalb des großen göttlichen Traums und in Harmonie mit diesem, was ihnen unbegrenzte Schöpfungsenergie gab. Auch die dunklen Träumer waren grundsätzlich in der Lage, jede beliebige Wirklichkeit zu gestalten, aber ihre Energie verbrauchte sich schnell, weil sie sich nicht im Einklang mit dem großen Schöpfungsstrom bewegten und deshalb immer weniger Schöpfungsenergie durch ihre Träume und die von ihnen erträumte Wirklichkeit floss. Das hatte zur Folge, dass ihre Träume immer schwächer und kleiner wurden und sich schließlich nur noch auf die Erfüllung ihrer persönlichen Wünsche richteten. Zu mehr reichte ihre Energie nicht und selbst dafür brauchten sie die Energie, die sie anderen Träumern abgezogen hatten.

Als die dunklen Träumer nicht mehr länger ignorieren konnten, dass ihre Kraft allmählich schwand und ihr Schöpfungslicht am Erlöschen war, versuchten sie, so viele freie Träumer wie nur irgend möglich auf die dunkle Seite zu ziehen, um an deren Energie teilhaben zu können. Dabei bedienten sie sich immer der gleichen Methode, indem sie durch großzügige Angebote Gier oder durch finstere Visionen Angst erzeugten. Auf diese Weise gewannen sie neue dunkle Träumer, die ebenfalls Energie verloren und deshalb wiederum andere helle Träumer unter ihren Einfluss bringen mussten. So wurden in immer kürzerer Zeit immer mehr dunkle Träumer gewonnen, deren Hauptziel es war, helle Träumer zu verunsichern, ihr Urvertrauen zu erschüttern und sie aus der Einheit mit dem großen Sein herauszuziehen. Sie verbreiteten Informationen wie: »Es gibt kein großes göttliches Gefüge, das euch nährt, schützt und liebt. Ihr seid allein in einer feindlichen Wirklichkeit, in der nur der Starke überlebt, aber wir haben die Kraft, diese Wirklichkeit für euch zu verändern, ihr allein seid zu schwach dafür. Wenn ihr uns glaubt und euch uns anschließt, werden wir euch helfen, und nicht nur das, wir schenken euch auch Macht und Reichtum, wenn ihr für uns seid und uns eure Energie zur Verfügung stellt!«

Verführung und Panik sorgten dafür, dass aus freien Träumern unfreie Träumer wurden, die irgendwann noch nicht einmal mehr fähig waren, in ihren Träumen eine eigenständige neue Wirklichkeit zu formen. Die dunklen Meisterträumer hingegen bauten ihre Machtposition weiter aus, indem sie sowohl die Energie als auch die Ideen der von ihnen in Abhängigkeit geratenen Träumer in sich aufnahmen.

Von unserem Wesen her sind wir Menschen freie Träumer, die aber schon lange vergessen haben, dass sie überhaupt Träumer sind und dass sie ihre eigene Wirklichkeit erschaffen und beliebig verändern können. Wir leben als Produkt unserer Geschichte in einer scheinbar starren Welt und glauben, diese Welt und was in ihr geschieht habe nichts mit uns zu tun, wir hätten keinerlei Einfluss auf sie und seien sogar von ihr abhängig. Wir empfinden sie als feindselig, gefährlich und unberechenbar und suchen ständig nach Erlösern, die uns helfen und unser Leben für uns gestalten, nach Menschen, Orten und Dingen, die uns in die richtige Stimmung versetzen und uns Freude, Gesundheit und Intensität schenken sollen. In unserer Unselbstständigkeit glauben wir denen, die behaupten, etwas zu wissen, und geben unsere Freiheit in der Hoffnung an sie ab, dass sie uns aus unserem Opferdasein befreien. Je länger wir aber in dieser Haltung verharren, desto gründlicher vergessen wir, dass unsere Welt von unseren eigenen Energien geformt wird, und desto weniger können wir darauf Einfluss nehmen. Je mehr Verantwortung wir abgeben, desto weniger sind wir fähig, ein eigenes Energiefeld zu erzeugen und gezielt jene Träume zu träumen, aus denen unser Leben frei und nach unseren Wünschen entstehen könnte.

Die Vorstellung, einer bedrohlichen Welt allein und machtlos ausgeliefert zu sein, ist aber nichts als eine Idee, die von den dunkeln Träumern systematisch in die Welt gesetzt wurde und immer noch verbreitet wird, damit die freien Träumer keine eigenen Träume mehr haben können. Im Gegensatz zu Tieren und Pflanzen, die als passive Träumer nur ihrem Instinkt und ihren Anlagen folgen können, haben wir Menschen einen freien Willen und auch freie Träume, aber wir suchen sie nicht mehr! Wir begeben uns freiwillig in Anhängigkeiten, wir lassen uns die Mode von anderen erträumen, die Gesetze, die Ethik und das Recht, ja sogar unsere Stimmung, weil wir das Vertrauen in uns selbst und unsere eigene Kraft verloren haben und sich immer irgendwelche Menschen finden, die scheinbar mehr wissen, mehr können und mehr Erfahrung haben als wir selbst und denen wir uns deshalb blind anvertrauen. Diejenigen von uns, die sich als Opfer fühlen, sind tatsächlich Opfer, aber einzig und allein deshalb, weil sie ihre Macht, ihren freien Willen und ihre Fähigkeit, kraftvolle Visionen und Träume zu entwickeln und ihre Wirklichkeit selbst zu bestimmen, an irgendjemanden abgegeben haben.

Ich hoffe, es ist inzwischen klar geworden, dass ich, wenn ich von den Träumen spreche, mit denen die freien Träumer ihre Wirklichkeit gestalten, nicht die üblichen nächtlichen

Träume meine, in denen unser Unterbewusstsein all das verarbeitet und ordnet, was wir tagsüber erlebt haben. Ich spreche vielmehr von aktiven, bewussten Träumen, die in der großen Traumdimension stattfinden, der Dimension unseres magischen Selbst, wo wir Schöpfungsenergien über unsere Träume lenken – ganz in der Tradition der magischen Menschen von früher. Solche aktiven Träume können wir nur träumen, wenn wir bewussten Zugang zu unserem magischen Selbst haben, jenem großen Teil unseres Bewusstseins, der unbegrenzt, ewig und frei ist und in dem eine riesige Flut von Schöpfungsideen integriert ist, über die wir frei verfügen und mit denen wir die Schöpfungsenergien des göttlichen Seins lenken können. Unser kleines wachbewusstes Ich und unser großes Bewusstsein, unser magisches Selbst, sind wie ein großer und ein kleiner Bruder. Der kleine Bruder ist unser wachbewusstes Ich, das sich in der wachen Wirklichkeit gefangen fühlt. Der große Bruder ist unser ewiges magisches Selbst, das schon seit Tausenden von Jahren seinen multidimensionalen Traum träumt und viele Wirklichkeiten und Erlebnisräume entstehen lässt, zu denen wir als wachbewusstes Ich kaum direkten Zugang haben und deren Möglichkeiten wir deshalb auch nicht bewusst nutzen können.

In diesem Buch geht es nun darum, diesen magischen Teil von uns Schritt für Schritt wieder zu entdecken und seine enormen Fähigkeiten integrieren und nutzen zu lernen. Nur so kann es uns gelingen, unsere Opferrolle als Illusion zu erkennen und in der Verbindung zu unserem magischen Selbst auch in der wachen Wirklichkeit das Leben führen zu können, das unserer Bestimmung und unseren Fähigkeiten als freier Träumer entspricht.

Als ersten Schritt auf dem Weg in diese neue Freiheit schlage ich die folgende Meditation vor. Sie erinnert uns daran, dass jede Form von Wirklichkeit ein Traum ist, in dem Schöpfungsenergien zum Ausdruck kommen und Form finden. Sprechen Sie diese und alle folgenden Meditationen entweder selbst auf Tonband oder lassen Sie sie von einer Person sprechen, zu der Sie Vertrauen haben. Wenn Sie sich in einem entspannten Zustand befinden, können Sie die Meditationen, vielleicht begleitet von leiser meditativer Musik, auch ablesen – leise oder noch besser halblaut.

ABENDMEDITATION

Dem Schöpfungsfluss folgen

Schließe die Augen. Atme langsam tief ein und aus.
Denke an deine beiden Knie. Atme weiter ein und aus.
Denke an deine beiden Schultern. Atme weiter ein und aus.
Denke an deinen Solarplexus. Atme weiter ein und aus.
Denke an dein Herz. Atme weiter ein und aus.
Stell dir jetzt vor: Du atmest mit jedem Atemzug strahlende, kraftvolle Energie ein, und beim Ausatmen verteilst du diese Energie in deinem Körper, in deinen Gedanken, in deinen Gefühlen.
Atme weiter ein und aus.
Mit jedem Atemzug atmest du Energie ein, und beim Ausatmen atmest du diese Energie über die Grenzen deines Körpers hinaus, hinein in diesen Raum. Fülle den Raum mit strahlender, kraftvoller Energie.
Diese Energie hat die Kraft, deine Gedanken, Gefühle und Sehnsüchte Wirklichkeit werden zu lassen, wenn du dies möchtest.
Atme langsam tief ein und aus.
Sage dann leise in Gedanken zu dir selbst, wenn du möchtest, sage und empfinde: »Ich bin mehr als mein Körper. Ich bin Bewusstsein, unbegrenzt, ewig und frei.

Ich bin auf der Suche nach meiner Bestimmung, auf der Suche nach Freiheit, auf der Suche nach Gott.«
Atme langsam tief ein und aus.
Jetzt stell dir vor, dass du mit deinen inneren Augen die vier Jahreszeiten betrachtest. Betrachte den Frühling mit der Kraft des Wachstums; die Vielfalt der Blumen, Pflanzen, Bäume, Tiere; das Spiel von Licht und Schatten, das sich ergibt; den Wechsel von der Nacht zum Tag, vom Tag zur Nacht; die Vögel, die erwachen und zurückkehren; das Grün, das sich durch den letzten Schnee schiebt. Und dann spüre in dieser Betrachtung die Freude an der Schöpfung. Spüre die Vielfalt der Erscheinungsbilder, die Freude an der Kraft, die all dies entstehen lässt, die Freude am Schaffen an sich.
Sind all diese Dinge nicht liebenswert?
Ist diese Freude an der Vielfalt und am Wachsen nicht auch in dir?
Atme weiter tief ein und aus und sieh dann den Sommer vor deinen inneren Augen. Spüre die Kraft der Sonne, die Wirkung des blauen Himmels; die klaren Schatten, die alle Formen betonen; spüre, wie alles vor Kraft strotzt. Spüre die Lebendigkeit der Tiere und Pflanzen; spüre, wie sie sich freuen über den Wind, den Regen, das Licht und die Wärme.
Spürt die Lebenskraft, die alles erfüllt, lenkt und nährt.
Atme langsam tief ein und aus.
Denke nun an den Herbst; daran, wie sich die Blätter der Bäume verfärben und alles bunt wird. Wie sich die Pflanzen darauf vorbereiten, zur Ruhe zu gehen.
Wie die Tiere noch eifrig Vorräte sammeln für den langen Schlaf.
Spüre, wie perfekt und harmonisch alles zusammenwirkt.
Wie die Natur im Rhythmus ist, im Einklang mit allem Leben, sich gegenseitig nährend und stützend.
Spüre die Sorgfalt, mit der alles geschaffen ist, spüre die

Liebe zu diesem Sein, die vom göttlichen Urgrund ausstrahlt, und die Freude darüber, dass die Dinge so sind, wie sie sind.
Atme langsam tief ein und aus und betrachte dann vor deinen inneren Augen den Winter. Sieh, wie die Natur schlafen geht, wie die Pflanzen und Tiere zur Ruhe kommen, wie alles friedlich ist.
Spüre diesen Frieden.
Dies sind die vier Phasen des schöpferischen Traumes. Der Frühling ist die Phase der neuen Ideen. Schöpferkraft fließt in diese Ideen und ein neuer Traum entsteht. Der Sommer ist die Phase, in der sich dieser Traum entwickelt und kraftvoll bewegt. Die Energie hat ihren Fluss gefunden und die Wirklichkeit ist stark und neu geprägt. Im Herbst geht dieser Traum zu Ende und zeigt, was er bewirkt hat. Der Herbst bringt Erkenntnisse und Erfahrungen und offenbart die schöpferischen Kräfte in ihrer Wirkung, in ihrem Ergebnis. Im Winter ist der Traum zu Ende. Die Schöpfungsideen lösen sich auf und geben Raum für einen neuen Frühling.
Wenn wir zum aktiven Träumer werden, können wir diese Schöpfungsphasen durch uns hindurchfließen lassen und immer neue Träume gestalten. Wir können uns an diesen Träumen freuen, immer neue Schöpfungsideen sammeln und miteinander verbinden und Freude an diesem Spiel entwickeln, am Spiel des Traumes.
Der göttliche Urgrund – Gott – träumt und lässt in seinen Träumen alle Wirklichkeit entstehen, denn er will sich selbst erfahren, zum Ausdruck bringen und wachsen.
Weil wir ein Teil des göttlichen Urgrundes sind, ein göttlicher Funke, haben auch wir die Freiheit zu träumen – unsere Wirklichkeit zu erträumen, Erlebnisse und Erfahrungen zu erträumen, immer wieder neu, in diesen vier Phasen.
Atme langsam tief ein und aus.

Erinnere dich heute Nacht, wenn du schlafen gehst, dass du die Freiheit hast, aktiv zu träumen, dir deine Welt zu erträumen. Erinnere dich an das magische Selbst, von dem du ein Teil bist. Es schaut dir zu, wie du deine wache Welt erträumst, aber es nimmt nur dann aktiv Einfluss auf deine Träume, wenn du es willst.
Und wenn du möchtest, kannst auch du deinem großen Traum-Ich, deinem magischen Selbst dabei zuschauen, wie es seinen Traum in anderen Dimensionen träumt.
Erinnere dich heute Nacht vor dem Einschlafen daran, dass du ein Träumer bist, der zusammen mit allen anderen Menschen die Wirklichkeit geträumt hat, die du erlebst und die sie alle erleben.
Erinnere dich daran, dass du diesen Traum deiner Wirklichkeit neu formen kannst, gemeinsam mit deinem großen Traum-Ich, deinem magischen Selbst.
Atme langsam tief ein und aus.
Erinnere dich heute Nacht vor dem Einschlafen daran, dass du ein Träumer bist, und öffne jetzt langsam die Augen.

Später, wenn Sie schlafen und nicht mehr so sehr in Ihren üblichen Sichtweisen, Erwartungen und Ängsten gefangen sind, wird Ihnen diese Meditation helfen, Ihre Wahrnehmung von sich selbst und der wachen Wirklichkeit zu erweitern.

Schattenträume und die Stimme des Herzens

Ich habe bereits über die dunklen Träumer gesprochen. Das sind in unserer Dimension Menschen, die sich außerhalb des göttlichen Flusses bewegen und rücksichtslos ihre egoistisch motivierten Träume wahr werden lassen wollen, egal ob das auch für den Rest der Schöpfung gut ist und ob es Liebe und Freude bringt. Die dunklen Träumer, die vom Zufluss der großen Schöpfungsenergie abgeschnitten sind, haben größtes Interesse daran, dass andere Menschen ihnen ihre Traumenergie zur Verfügung stellen. Das erreichen sie, indem sie die Menschen von sich oder von Dingen abhängig machen und dazu verführen, unwesentliche Dinge deshalb für wichtig zu halten, weil sie scheinbar entweder ihre Gier befriedigen oder ihre Ängste beschwichtigen. Und wer der Gier oder der Angst erst einmal verfallen ist, verliert von da an ständig mehr Energie und kann nur noch Schattenträume erzeugen, die nicht von Liebe, Freude und Freiheit geprägt sind, sondern Enge und Abhängigkeit bringen, so wie beispielsweise die Schattenträume von Geld und äußerem Erfolg, in denen sich so viele Menschen verlieren.

Oder warum tun so viele Menschen für Geld Dinge, die für ihr Herz völlig bedeutungslos sind, die sie nicht berühren und ihnen keine Freude bringen? Warum verkaufen so viele ihre Seele für einen sicheren Job? Warum bleiben so viele bei einem Partner, der ihnen überhaupt nicht mehr gut tut, nur um ihre materielle oder auch emotionale Sicherheit nicht zu verlieren?

Die Antwort ist: Gier und Angst lassen die Menschen vergessen, dass sie vom Leben berührt werden wollen, dass sie lieben, sich freuen und spielen möchten und dass ein Leben ohne Freude nicht lebenswert ist. Die dunklen Träumer haben die Illusion erzeugt, das Wichtigste im Leben sei das Überleben, und dies sei nur mit viel Geld und über gefühlsmäßige Verbindlichkeiten mit anderen Menschen möglich. Materielle Sicherheit, feste Bindungen und Lebensqualität erscheinen immer mehr identisch. Also investieren immer mehr Menschen ihre vorhandene Energie in Geld und Erfolg und sind dafür sogar bereit, ein Leben in Abhängigkeit und Freudlosigkeit zu führen. Statt heller, freudvoller Träume voller Liebe zum Sein träumen mehr und mehr Menschen Schattenträume, die von Angst und der Suche nach illusionärer Sicherheit geprägt sind. Vorbilder sind nicht mehr die glücklichen Menschen, die mit großen Kinderaugen durch die Welt gehen, sondern diejenigen, die noch mehr Erfolg haben als man selbst, noch mehr Geld und noch mehr Freunde. Die scheinen zu wissen, wie man gut und sicher lebt, und müssen demnach wohl auch glücklich sein.

Doch kaum hat man sich auf deren Level hochgearbeitet, entdeckt man schon wieder neue Vorbilder, die noch erfolgreicher, noch einflussreicher sind, und orientiert sich an diesen. Der Wunsch nach Lebensfreude, nach Liebe und Freiheit rückt allmählich in den Hintergrund, wird verdrängt durch die Annahme, dass sich all dies mit dem materiellen Erfolg und der scheinbaren Sicherheit wie von selbst einstellt – was natürlich nie wirklich überprüft wird, aus Angst vor der möglichen Erkenntnis, dass es letztendlich vielleicht doch nicht so ist.

Wenn wir Schattenträume träumen, fällt uns in unserer Gier und Angst auch nicht mehr auf, dass sich andere Menschen unsere Energie, unsere Zeit, ja sogar unsere Gefühle zunutze machen, um ihre eigenen Träume voranzutreiben. Wenn unsere Schattenträume beispielsweise mit einer erfolgreichen Schreinerlehre begonnen haben, stellen wir schon bald fest, dass man als Geselle nicht weit kommt. Also lernen wir eifrig weiter und legen uns mächtig ins Zeug, um auch noch die Meisterprüfung machen zu können. Wir fragen uns gar nicht mehr, ob es vielleicht noch etwas anderes gibt, das uns wichtig sein und Freude machen könnte, sondern ersetzen die fehlende Freude automatisch durch Ersatzfreuden wie Rauchen, Trinken, Sex etc. Mit der bestandenen Meisterprüfung ist die Reihe unserer Schattenträume aber noch lange nicht zu Ende. Schon bald darauf wird uns nämlich die Idee in den Kopf gesetzt, dass wir, wenn wir wirklich frei werden wollen, eine eigene Firma brauchen. Also gründen wir unsere eigene Firma und fragen nicht weiter nach, ob wir es eigentlich gut finden, dass unser Leben fast nur noch aus Arbeiten, Essen und Schlafen besteht. Dazu kommen wir aufgrund unserer knappen Zeit auch kaum, und es dauert nicht lange, bis wieder eine neue Schattenidee auftaucht: »Ja, eine eigene Firma ist ganz nett, aber wirklich erfolgreich und frei ist man doch erst, wenn man zwei oder drei Firmen hat.« Dann haben wir die zwei oder drei Firmen, aber schon wieder macht sich die Energie der dunklen Träumer in uns bemerkbar und lässt uns denken: »Zwei, drei Firmen? Ich sollte wohl mal ein Erfolgsseminar besuchen. Ich bin ja kleinkrämerisch, nicht mal Mittelklassestandard.« Wir hängen die Messlatte immer höher, und natürlich gibt es keine Grenze nach oben, wie ja auch ein Bankkonto nie wirklich voll ist. Es geht auf jeden Fall immer noch was drauf.

Diejenigen, die anderen solche Schattenideen in den Kopf setzen, haben natürlich kein Interesse daran, dass die Menschen glücklich werden, ihr Leben genießen und sich wie Kinder von Freude und schönen Gefühlen leiten lassen. Glückliche Menschen lassen sich nämlich weder manipulieren noch benutzen, sondern schützen ihren Freiraum und gestalten ihr Leben immer so, dass es sie berührt. Nur Menschen, die ständig unter Zeitdruck stehen und durchs Leben jagen, die ihre Gefühle nicht mehr wahrnehmen können, sich im Kreis drehen und in reiner Routine sinnlos wiederholen, nutzen ihre Lebensenergie nicht mehr für sich selbst und ihre eigenen Träume. Sie spüren sich nicht mehr, wissen nicht mehr, was ihnen wirklich gut tut. Sie hängen nur noch in ihrem Leben fest und wollen den einmal geschaffenen Rahmen nicht mehr verlassen, aus Angst, Sicherheit und Geborenheit zu verlieren. Damit wird ihre ungenutzte Traumenergie frei, ihre Phantasie stirbt und sie bleiben, was sie sind und wo sie sind. Das ist das Ziel der dunklen Träumer. Sie benutzen die frei werdende Traumenergie jener Menschen, die sich von ihrer Kreativität und ihrer Phantasie verabschiedet haben. Je mehr Traumenergie auf diese Weise abgeben wird, desto besser für die dunklen Träumer. Selbstständige Denker stellen eine Gefahr für sie dar, denn sie könnten die Sinnlosigkeit durchschauen. Deshalb fördern die dunklen Träumer auch Ansichten wie die, dass alle Menschen einander ähnlich sein wollen und dass sie sich in Rudeln wohl fühlen, wo alle in etwa die gleichen Träume haben, sich deshalb verstehen, zusammengehören und sich in ähnlicher Weise ständig wiederholen. Moralische, ethische, religiöse, soziale, wissenschaftliche oder auch geschichtliche Ideen fördern die Ähnlichkeit der Träume und lassen das selbstständige Träumen, das unsere natürliche Fähigkeit wäre, immer mehr in Vergessenheit geraten.

Auf diese Weise wird eine scheinbar starre Wirklichkeit geschaffen, und kaum noch jemand ist sich bewusst, dass alles auch ganz anders sein könnte und wir beliebig viele andere Träume erschaffen könnten. Der gemeinsame Traum des Rudels wird als einzig erlebbare Wirklichkeit erfahren und dadurch aufrechterhalten, dass alle Menschen im Rudel die gleichen Trauminhalte nähren und sich an den gleichen Vereinbarungen und Gesetzmäßigkeiten orientieren. Und schließlich stehen diejenigen als die »wahrhaft großen Meister« der Wirklichkeit da, die den Rudeltraum komplettieren und perfekt beherrschen. Genau das ist es, was die dunklen Träumer wollen. Sie können die schöpferischen Traumenergien all jener abziehen, die sich in den Massenträumen verloren haben und ihr schöpferisches Potenzial nicht mehr nutzen.

Doch was passiert, wenn in der allgemein akzeptieren Wirklichkeit nun ein bewusster, aktiver Träumer auftaucht und sich seine eigene Wirklichkeit erträumt, in der andere Werte gelten und die anderen Gesetzmäßigkeiten folgt? Wie wirkt er auf die Rudelträumer? Entweder wird er in seiner Andersartigkeit gar nicht zur Kenntnis genommen oder er wird als Bedrohung empfunden. Das hängt ganz davon ab, wie sehr anders er ist, wie revolutionär seine Ideen erscheinen und wie diese sich auf den Rudeltraum auswirken. Meist kann das Rudel die sich anbahnende Bedrohung einfach dadurch abwenden, dass es die neuen Ideen lächerlich macht und ihren Schöpfer ausgrenzt. Wenn eine Idee jedoch allzu ketzerisch klingt und als Bedrohung empfunden wird, wird ihr Verursacher als gefährlicher Verführer dargestellt, als jemand, der Recht und Ordnung untergräbt und an den Pfeilern der Gesellschaft rüttelt.

Doch wer den Rudeltraum durchschaut und seine eigenen Träume hat, ist solchen Strategien gegenüber meist unempfindlich. Er folgt der Stimme seines Herzens, egal, wohin sie ihn führt, egal, was das Rudel dazu sagen mag, und egal, welche Konsequenzen das für ihn hat. Er spürt, dass sein Lebensglück davon abhängt, ob er sein Wesen zum Ausdruck bringen kann. Das reine Überleben macht für ihn keinen Sinn.

Von unserer Natur her sind wir aktive Träumer, auch wenn die meisten von uns das leider vergessen haben. Wie können wir uns wieder daran erinnern, nachdem wir vielleicht viele Jahre als Rudelträumer verbracht haben, angepasst an eingeschränkte, aber übliche Sichtweisen, in Gedanken, Gefühlen und Taten geprägt von Angst und der Suche nach Sicherheit, gewöhnt an ein relativ freudloses Leben, gezeichnet von Routine, Verpflichtungen und Abhängigkeiten? Wie können wir wieder lernen, auf die Stimme unseres Herzens zu hören und uns von den Ideen der dunklen Träumer abzugrenzen? Wie können wir wieder Zugang zu unserer schöpferischen Traumenergie finden und unsere Wirklichkeit so gestalten, dass sie lebendig wird, unseren Sehnsüchten entspricht, uns berührt und uns Liebe und Freude schenkt?

Die Ideen der dunklen Träumer haben uns mehr und mehr zu Opfern gemacht. Frei werden wir durch den Kontakt zu unserem magischen Selbst und mithilfe unserer Traumenergie. Die Möglichkeiten, auf die sie uns hinweist, sind in der Regel völlig anders als alles, was wir uns selbst hätten ausdenken können. Außerdem stehen ihre Aussagen in so krassem Gegensatz zu allem, was mit Gier und Angst zu tun hat, dass man sie nur höchst selten begründen und vernünftig erklären kann. Sie leitet uns in der Regel an, eine Wirklichkeit zu erträumen, die uns aus der Gewohnheit heraus merkwürdig oder sogar unmöglich erscheint. Aber interessanterweise deuten gerade solche scheinbar abwegigen, nicht nachvollziehbaren Ideen darauf hin, dass sie aus unserem Herzen stammen und uns den Weg in ein Leben weisen, das nicht nur unserem Wesen entspricht, sondern auch eine Bedeutung im großen Sein und im göttlichen Traum hat. Wir können erst dann anfangen, eigene Träume zu träumen und dem Fluss des Herzens zu folgen, wenn wir erkennen, wie wir uns in den Ideen des Rudels verloren haben und wie sinnlos die Rudelträume waren. Dann müssen wir uns klar entscheiden, aus unserer Vergangenheit mit ihren alten Sichtweiten und Zwängen auszusteigen, unser geschichtliches Ich als Grundlage unseres Lebens sterben zu lassen und uns unserem magischen Selbst zuzuwenden.

Die Wahrnehmung magischer Menschen

In alter Zeit, vor vielen Tausenden von Jahren, lange vor Beginn unserer geschichtlichen Überlieferung, in einer Zeit, die nur in den Mythen und Legenden alter Völker und in der schamanischen Tradition beschrieben wird, gab es Menschen, die in einer magischen Wirklichkeit lebten, wo sie eins mit ihrem magischen Selbst waren und über Fähigkeiten verfügten, von denen wir nicht einmal zu träumen wagen. Die Art und Weise, wie diese magischen Menschen die Wirklichkeit wahrnahmen, hat nichts mit unserem Wirklichkeitsverständnis gemein. Sie gestalteten ihr Leben nach ganz anderen Gesetzmäßigkeiten als wir, sie hatten andere Werte und andere Ziele, aber vor allem hatten sie ein inniges und vertrautes Verhältnis zum Ursprung allen Seins, zu Gott. Ihre Beziehung zu Gott, zum Großen Sein, war viel vertrauter als alles, was heute selbst von so genannten religiösen Menschen gelebt und gelehrt wird.

Sie fühlten sich von ihm getragen und geführt, erfüllt von seiner unendlichen Kraft und waren überzeugt: Wo immer das Große Sein mich auch hinträgt, es ist in Ordnung. Wie immer das Große Sein mein Leben auch ordnet, es ist in Ordnung. Was immer es mir an Gedanken, Gefühlen und Erkenntnissen vermittelt, ist in Ordnung. Ich werde es in Liebe und Freude annehmen. Ich werde am Tanz der Schöpfung teilhaben und das Meine dazu beitragen. Allen Ideen, die es an mich heranträgt, werde ich nachgehen, auch wenn ich nicht weiß, wohin das führt.

Wenn einer dieser magischen Menschen morgens mit dem Impuls aufwachte, drei Tage lang Richtung Süden zu gehen, machte er sich unverzüglich auf den Weg. Er musste nicht wissen, wozu er sich auf den Weg machte und was am Ziel auf ihn wartete, aber er hörte nicht auf zu laufen, bis er dort war. Am Ziel angekommen wurde ihm seine Aufgabe klar und er widmete sich ihr ohne Zögern mit all seiner magischen Kraft. Er fragte sich nicht, ob diese Aufgabe auch woanders hätte erfüllt werden können, ob es vielleicht einen anderen Menschen gab, der sie hätte besser machen können, ob er selbst womöglich wichtig war, weil er diese Aufgabe übernommen hatte, ob er sie richtig oder falsch machte. Er hatte nur einen einzigen Gedanken: »Ich gehe dorthin und tue, wozu ich mich veranlasst fühle, weil ich einer höheren Absicht folge. Ich kann sie nicht verstehen und versuche auch gar nicht, sie zu verstehen. Was ich verstehe, ist meine Aufgabe in diesem Moment.«

Diese magischen Menschen waren leichten Herzens, ohne Zweifel, gegenwärtig und voll Vertrauen. Sie öffneten sich für die Wunder des Lebens und saugten sie auf. Sie vertrauten sich dem Fluss des Lebens an und dachten nicht einen Moment darüber nach, ob ihr Leben leer oder bedeutungslos sein könnte. Sie genossen das Abenteuer Leben, freuten sich an Gottes wunderschöner, vielfältiger Schöpfung und sahen den Sinn des Lebens darin, sich seinem Fluss hinzugeben und einfach lebendig zu sein. Ihre magischen Fähigkeiten entsprachen diesem Weltbild und ihrer Fähigkeit, sich dem Fluss der göttlichen Schöpfungsenergie zu öffnen, ihn durch sich hindurchfließen zu lassen und zu lenken.

Davon sind unser Verständnis der Wirklichkeit und unsere Art, mit dem Leben umzugehen, weit entfernt. Statt nach Freude und Liebe zu suchen und uns vertrauensvoll zum Ausdruck zu bringen, machen wir uns ständig Gedanken darüber, was richtig ist und was falsch, was geschehen muss und nicht geschehen darf, wo wir hingehen und was wir festhalten müssen. Ständig werden wir geplagt von der Angst, Dinge, die wir erkämpft haben, wieder zu verlieren oder überhaupt an der widrigen, feindseligen Welt zu scheitern. Unser Leben ist geprägt von Vermutungen, Befürchtungen, Erwartungen, Bewertungen und der Frage nach richtig oder falsch. Wir unterstellen nicht, dass das Leben auf unserer Seite ist, und fühlen uns allein gelassen. Wir sehen die Wirklichkeit nicht wie sie.

Wir können jedoch versuchen, unsere Sichtweise allmählich wieder der Sichtweise jener magischen Menschen anzunähern, indem wir sie zunächst einfach nachahmen, auch wenn wir noch kein Vertrauen in den Prozess haben.

Beispielsweise könnten wir uns jeden Morgen fragen: »Gibt es etwas, wovon ich glaube, dass ich es heute tun sollte, auch wenn es keinen Sinn macht? Etwas, das ich tun sollte, nur weil mein Gefühl es mir sagt?«

Solche Fragen kommen uns in der Regel absurd vor, weil unser Tagesablauf ja irgendwie festgelegt ist. Aber wenn wir ihn nie infrage stellen, wenn wir uns nie klar machen, dass alles, was wir tagsüber tun und erleben, ja auch ganz anders sein und an ganz anderen Orten stattfinden könnte, werden wir nie ein Gefühl dafür entwickeln können, ob uns die Dinge, die uns tagsüber erwarten, auch Freude machen. Wir haben einfach keinen direkten Vergleich mit möglichen Alternativen. Warum machen wir uns nicht mal Gedanken über andere Jobs, über neue Arten des Arbeitens oder darüber, ob wir vielleicht mal gern neben einem anderen Menschen aufwachen würden oder möglicherweise sogar allein. Vielleicht möchten wir auch gern etwas anderes sehen, wenn wir aus dem Fenster schauen, oder mal ein anderes Auto fahren.

Wenn wir abends vor dem Schlafengehen oder morgen nach dem Aufwachen – Phasen, in denen unser kritischer Geist noch nicht so aktiv ist – in neuen Phantasien baden, entwickeln wir langsam wieder ein Gespür darüber, wie wir uns mit den verschiedenen Aspekten unseres Lebens fühlen, ob wir uns wirklich darüber freuen oder einfach nur davon ausgehen, dass alles angenehm und in Ordnung ist. Wir werden sensibilisiert und können sehr bald unterscheiden, ob uns lediglich unsere Vernunft zu gewissen Dingen veranlasst oder ob wir all das wirklich wollen und es uns gut tut. Wenn wir auf die Stimme unseres Herzens hören, wird sie allmählich immer lauter und kann sich gegen unser geschichtliches Denken durchsetzen.

Die magischen Menschen von früher freuten sich an ihrem Leben und an allen Aspekten der Schöpfung. Überall sahen und spürten sie Gott in Aktion und bestaunten die

Vielfalt, mit der Er sich genial und vollkommen zum Ausdruck gebracht hat. Sie freuten sich über die unterschiedlichen Blumen auf einer Sommerwiese: rote, gelbe, kurze, lange, kleine, große – einzeln und als Komposition ein Kunstwerk. Sie waren begeistert von der Rinde der Bäume, von den Formen der Steine, von den unterschiedlichen Tieren. Wie kleine Kinder freuten sie sich über die unendliche Kreativität, mit der Energie in Form gebracht werden kann. Sie wussten, dass es keinen zwingenden Grund für diese Vielfalt gibt, außer dass Gott sich selbst daran freut und allen Formen seiner Schöpfung Freude bereiten will. Die magischen Menschen betrachteten die Welt nicht nur selbst staunend und voll Freude, sondern wussten, dass sich auch die Blumen, die Tiere und die Steine an sich selbst freuen und als Ausdruck des Göttlichen empfinden.

Wir dagegen sind so beschäftigt mit dem Erledigen von scheinbar wichtigen Dingen, die unserer Sicherheit und der Steigerung unserer Lebensqualität dienen sollen, dass wir weder Muße noch Zeit haben, unsere Wahrnehmung auf das Wunder des Lebens zu richten. Wir konzentrieren uns auf das Notwendige, und wenn unser Blick im Vorbeigehen auf ein Blümchen fällt, denken wir: »Kenn ich. Ich weiß sogar, wie viele Staubgefäße es hat und zu welcher Familie es gehört. Weiß ich alles, habe ich abgespeichert, ist nicht mehr interessant.« Wir kommen gar nicht auf die Idee, dass das Blümchen in seiner Schönheit auf uns wirken und unsere Stimmung verändern könnte.

Die magischen Menschen wussten noch, dass jedes einzelne Blümchen eine besondere Kraft hat, die auf das Umfeld wirkt und beispielsweise klärend oder heilend sein kann. Sie kommunizierten mit den Pflanzen, verbanden ihre Energie mit der Pflanzenenergie und erlebten dabei, dass sich ihre eigene Energie durch die Energie der Pflanze veränderte und umgekehrt. Sie wussten aus eigener Erfahrung: Keine Energieform und kein Lebewesen ist in sich stabil.

Alles kann sich ständig verändern, indem es andere Energien integriert. Deshalb hatten diese magischen Menschen weder ein festes Bild von sich selbst noch von irgendetwas anderem. Sie wussten, dass durch Wahrnehmung und Integration anderer Schöpfungsaspekte alles jederzeit veränderbar ist. Aus der Bibel kennen wir das göttliche Gebot: »Ihr sollt euch kein Bild von mir machen.« Denn jedes Bild wird sofort starr, staut die Flut der Möglichkeiten, hemmt Wandlung und Entwicklung und behindert den Schöpfungsfluss.

Die magischen Menschen hatten also auch kein starres Selbstbild. Sie sagten nie »Ich bin so und so«, wie wir es gewöhnlich tun, weil wir glauben, es sei wichtig, sich selbst zu kennen und ein festes Bild von sich nach außen zu präsentieren. Sie wussten sich im Fluss der ewigen Veränderung, suchten die Nähe zu vielen neuen Erscheinungsbildern der Schöpfung, integrierten sie und veränderten sich. Das taten sie, um ihr Bewusstsein zu entwickeln, mehr Fähigkeiten zu erlernen, aber vor allem aus der Freude an der Vielfalt ihrer Möglichkeiten. Außerdem wussten sie: Nur was wir integrieren, können wir verstehen und lieben.

Wir dagegen sagen voll Stolz: »Ich bin so und so. Ich denke dies und das. Das Gute an mir ist …« Das ist unser Image, das macht uns wichtig. Dadurch sind wir jemand, nämlich der und der mit der und der Meinung. Auf der anderen Seite verhindert dieses starre Selbstbild natürlich, dass wir uns dem Fluss der Möglichkeiten hingeben und durch Integration von immer Neuem wachsen und uns weiterentwickeln. Wir bleiben immer gleich, bewegen uns in einer Art Sackgasse und unsere Wirklichkeitssicht wird immer starrer. Auf diese Weise beschneiden wir unsere Fähigkeiten als freie Träumer und berauben uns unserer wahren Natur.

Faszinierend an der Welt der magischen Menschen ist aber nicht nur die enorme Freude, die sie hervorbringt, die immense Liebe zum Sein in all seinen Aspekten, sondern vor allem auch die Freude am eigenen Wandel, an der Veränderung sowie an der Erforschung der Wirklichkeit mit all ihren Möglichkeiten. Die magischen Menschen von damals hatten überhaupt keine Sehnsucht, irgendetwas zu erhalten oder sich gar in irgendeiner Form zu wiederholen, egal wie gut oder vertraut das Alte schien. Sie wollten Neues erforschen und integrieren, daran wachsen und ständig mehr werden, als sie vorher waren. Sie brauchten kein Selbstbild, um sich identifizieren und abgrenzen zu können. Sie brauchten noch nicht einmal ein festes Bild von der Wirklichkeit, weil sie keinerlei Angst vor Veränderung hatten oder davor, Vertrautes loszulassen. In ihrer Wandelbarkeit waren sie nie beschreibbar. Im einen Moment waren sie so, im nächsten schon wieder ganz anders. Der Austausch, den diese Menschen mit dem Sein, mit Menschen, Tieren und Pflanzen pflegten, war natürlich auch immer fließend und stets dem Wandel unterworfen. Sie waren nicht daran interessiert, einen festen Standpunkt zu haben, auf alten Erfahrungen aufzubauen und altes Wissen zu vertreten, sondern hatten Freude an der Erneuerung und Entfaltung. Sie ließen sich im Schöpfungsfluss treiben und veränderten sich selbst, indem sie integrierten, was sie bewusst wahrnahmen. Wenn sie etwas wahrnahmen, beobachteten sie es genau und stellten sich immer wieder neu darauf ein. Wenn wir dagegen etwas wahrzunehmen glauben, sehen oder hören wir in der Regel nur, was wir zu sehen oder zu hören erwarten. Daher lautet der Slogan eines bekannten Reisebuchverlags ja auch: »Man sieht nur, was man weiß.« Diese Art der geschichtlich geprägten Wahrnehmung lässt uns kaum etwas wirklich Neues erkennen. Und wir suchen ja auch gar nicht nach etwas Neuem. Meist genügt es uns völlig, uns im vertrauten Rahmen zu bewegen. Wie extrem diese eingefrorene Erwartungshaltung uns verschließen kann, konnte ich einmal an einem Menschen beobachten, der mit einem Begleiter durch eine schöne Landschaft ging. Der Begleiter sagte: »Schau mal, wie schön es hier ist.« Und der andere entgegnete, ohne auch nur aufzuschauen: »Ja, ich kenne die Gegend.« Die früher mal wahrgenommene Gegend ist abgespeichert, ein für allemal, und es besteht kein Bedürfnis, dort irgendwelche neuen Eindrücke zu sammeln. Und falls sich nun doch irgendetwas hier abspielen würde, das aber nicht ins gespeicherte Bild passt, würde es wahrscheinlich überhaupt nicht zur Kenntnis genommen.

Die magischen Menschen hatten aber nicht nur eine große Sehnsucht, die Schöpfung in ihrer Vielfalt zu erforschen, sie wollten sich auch aktiv daran beteiligen, sie mit ihren Träumen nähren und den vorhandenen Ideen des Schöpfergeistes eigene hinzufügen. Sie waren Mitschöpfer, und bis sich die dunklen Träumer absonderten, waren sie stets im Einklang mit dem großen Schöpfergeist. Diese Menschen hatten keine persönlichen, egoistischen Ziele. Sie hatten nicht einmal eine Vergangenheit, die sie konsequent fortführen wollten und als deren Produkt sie sich sahen. Vielmehr wollten sie sich in der Gegenwart ständig neu gestalten, unabhängig von einer bestimmten Vergangenheitsidee und ohne bestimmte Absicht für die Zukunft. Das ist eine Fähigkeit, die wir, wenn überhaupt, nur noch im Wachtraum haben, denn dort können wir uns und unser Selbstbild beliebig verändern, egal wie unsere Vergangenheit war.

Wenn sich die magischen Menschen mit den verschiedenen Aspekten ihrer Wirklichkeit austauschten, taten sie dies, weil sie neue Träume träumen wollten, und nicht um alte Träume zu bestätigen oder fortzuführen. Wenn wir uns mit der Welt austauschen, besonders mit anderen Menschen, tun wir das in der Regel, um uns selbst und unsere Standpunkte zu bestätigen.

Wenn die magischen Menschen Nahrung zu sich nahmen, dann nicht in erster Linie, weil sie Energie brauchten (sie integrierten Energie direkt vom Schöpfergeist), sondern weil sie die Schöpfungsideen, die sich beispielsweise in einer Beere manifestierten, integrieren wollten, und zwar sowohl physisch als auch geistig. Um ihre eigene Energie zu erweitern, nahmen sie die Wirkung von Form, Farbe und Geschmack der Nahrung ebenso in sich auf wie die Wirkung des Bodens, auf dem sie gewachsen war. Während wir glauben, essen zu müssen, um Energie aufzunehmen (was für die meisten von uns auch stimmt, weil wir nur noch sehr wenig Kontakt zur großen Schöpfungsenergie haben), aßen sie, um sich zu wandeln.

In ihrer Wahrnehmung gab es keine starren Grenzen zwischen den verschiedenen Bewusstseinsformen der Steine und Mineralien, der Pflanzen, der Tiere und der Menschen. Sie erlebten die verschiedenen Bewusstseinsformen zwar als unterschiedlich, wohl aber als miteinander verwoben. Insofern war ein Teil der magischen Menschen auch in den Tieren, den Pflanzen und den Steinen enthalten, und andererseits war das Wesen der Steine, der Pflanzen und der Tiere irgendwie auch ein Teil des Menschen. Menschen, Tiere, Pflanzen und Mineralien ergänzten sich und lebten in Harmonie miteinander.

Demgegenüber glaubt man in unserer modernen Zeit, dass menschliche Ziele und menschliches Tun Priorität haben und dass sich die Natur – die Pflanzen, die Tiere, ja sogar das Mineralreich – dem unterordnen muss und benutzt und ausgebeutet werden darf. Doch damit schneiden wir uns von den nährenden und helfenden Möglichkeiten ab und schwimmen gegen den Schöpfungsstrom. Wir tun das, weil wir glauben, daraus entstünde Lebensqualität. Doch wie kann Lebensqualität entstehen, wenn die Produkte des Schöpfergeistes auf diese Weise bedroht, systematisch missbraucht und zerstört werden?

Dies zu übersehen setzt viel Blindheit und Ignoranz voraus, die nur entstehen konnte, weil wir zugelassen haben, dass unsere Wahrnehmung von Angst und dem Wunsch nach Sicherheit sowie von Gier und menschlichem Größenwahn bestimmt wird. Und weil wir ständig unter Zeitdruck stehen und so dem Wahn verfallen sind, alles optimieren zu müssen, spüren wir es nicht einmal mehr.

Die folgende Übung kann der erste Schritt sein, wenn es darum geht, sich die Sichtweise der magischen Menschen wieder anzueignen, Standpunkte aufzuweichen und sich der natürlichen Vielfalt zu öffnen.

ÜBUNG

Nachempfinden der magischen Wahrnehmungsweise

Für diese Übung brauchen Sie mindestens einen Partner, am besten aber mehrere. Setzen Sie sich zu zweit oder in einer kleinen Gruppe zusammen. Schließen Sie die Augen und bleiben Sie eine Weile einfach nur sitzen. Während Sie ruhig ein- und ausatmen, warten Sie darauf, dass es in Ihren Gedanken und Gefühlen etwas stiller wird. Dann beginnt einer zu erzählen, was ihm zu irgendeinem Aspekt im Leben einfällt. Ziel der Übung ist es, die Wahrnehmung für die enorme Vielfalt zu erweitern, in welcher die verschiedenen Aspekte der Welt in Erscheinung treten. Es gibt nicht nur eine typische Birke, sondern jeder einzelne Birkenbaum sieht ein wenig anders aus. Jedes Blatt ist anders, jeder Stamm, jeder Standort. In dem Maße, in dem wir unsere Wahrnehmung schulen und mehr und mehr Unterschiedliches in der Welt zur Kenntnis nehmen, erweitert sich auch unsere Phantasie und das Spektrum dessen, was wir für möglich halten.

Während der ganzen Übung sollten alle die Augen geschlossen halten, damit sich die Bilder und Gefühle leichter entwickeln können. Am Anfang wird es nicht leicht sein, viele Unterschiede zusammenzutragen, aber wenn alle sich bemühen, wird es mit der Zeit immer besser gehen. In welchem Bereich die Unterschiede gesucht werden, spielt keine Rolle. Es können zum Beispiel Unterschiede in Gesichtern beschrieben werden: dicke Nase, Knollennase, Hakennase, Stupsnase; große Augen, kleine Augen, runde, mandelförmige, braune, blaue, grüne; eingefallene Wangen, Pausbacken; schmale Lippen, volle Lippen; die verschiedenen Frisuren: Stoppelhaare, Glatze, lange Haare, dicke Haare, dünne Haare, glatte, lockige und so weiter. Oder Unterschiede in den verschiedenen Erscheinungsformen der Natur: Pflanzen, Tiere, Steine, Wetter, Klima; oder im Bereich Kunst und Technik: Architektur, Malerei, Autos, Handys, Computer.

Bleiben Sie möglichst lange bei einem Thema, und suchen Sie nach möglichst vielen Unterschieden, die Sie in möglichst vielen Details beschreiben. Wenn Sie nicht lange genug bei einer Sache bleiben, laufen Sie Gefahr, lediglich aufzulisten, was Sie üblicherweise wahrnehmen, und es kommt nichts Neues hinzu.

Zunächst spricht immer nur eine Person und alle anderen hören zu. Wenn dem ersten Sprecher nichts mehr einfällt, ist der nächste an der Reihe und ergänzt, was immer ihm zu diesem Thema einfällt. Dabei sollte er die Augen wieder möglichst geschlossen halten, damit die Phantasie oder auch Erinnerungen und Assoziationsketten leichter in Fluss kommen können. Sie werden schon bald deutlich spüren, wie sich Ihr Sinn für Details entwickelt und Sie mehr und mehr Gefallen an der Wahrnehmung von Vielfalt finden. Und mit der Zeit werden nicht nur Ihre Phantasie und Ihre Kreativität lebendiger werden, auch die Welt wird sich zusehends reicher und interessanter für Sie darstellen.

Im zweiten Teil der Übung versucht jeder für sich zu spüren, welche Aspekte der neu entdeckten Vielfalt ihn besonders begeistern. Dazu sitzen alle weiterhin ganz ruhig mit geschlossenen Augen da, lassen das Gehörte auf sich wirken und es in ihrer Phantasie so lebendig werden, dass sie schließlich verschiedene Empfindungen dazu entwickeln.

Im dritten Teil der Übung versucht dann jeder Einzelne zu beschreiben, wie die verschiedenen Details auf ihn wirken, was sie mit ihm machen. Angenommen, es wurden alle möglichen Nasenformen genannt: kurz, lang, große Löcher, kleine Löcher, schief, gerade, flach, lang, breit, Stupsnase, Hakennase, Adlernase und so weiter. Welche Gefühle haben Sie, wenn Sie sich solche Nasen in einem Gesicht vorstellen? Gibt Ihnen die jeweilige Nasenform eine Idee von der Persönlichkeit des dazugehörigen Menschen? Lässt sich eine Stupsnase vielleicht mit Neugierde, Kindlichkeit und Frechheit in Verbindung bringen oder eine Adlernase mit Entschiedenheit und Klarheit? Versuchen Sie Ihre Eindrücke zu beschreiben. Es geht zunächst gar nicht so sehr darum, ob das, was Sie fühlen, objektiv richtig ist. Wichtig ist nur, dass Sie sich Ihrer Gefühle und Reaktionen auf die vorgestellten Phantasien bewusst werden, indem Sie sie auch sprachlich zum Ausdruck bringen. Dabei werden Sie recht bald feststellen, dass es in der Welt nicht nur eine unendliche Vielfalt an Details gibt und jede Erscheinungsform irgendwie ein Unikat zu sein scheint, sondern dass jedes dieser Unikate auch eine ganz einzigartige Wirkung auf den Beobachter hat. Und je mehr unterschiedliche Erscheinungsformen Sie entdecken, desto mehr eigene Ideen dazu, wie etwas sein könnte, entstehen in Ihnen und desto mehr Lust bekommen Sie, Ihr Leben zu verändern und immer wieder Neues zu entdecken.

Den vierten Teil der Übung machen Sie entweder in einer kleinen Gruppe, was den Vorteil hat, dass Sie sich in Ihrer

Wahrnehmung von den anderen inspirieren lassen können (viele Augen sehen mehr als zwei), oder Sie machen sich ganz allein auf den Weg und bestaunen die Vielfalt der Welt ganz in Ruhe und in Ihrem eigenen Rhythmus.

Sie können sich zum Beispiel in ein Straßencafé setzen und die Menschen beobachten, die an Ihnen vorbeigehen. Achten Sie auf ihre Kleidung, ihre Frisur, ihren Gesichtsausdruck, ihre Gangart. Wirken sie ruhig, hektisch, aufmerksam oder nach innen gekehrt? In welcher Stimmung sind sie gerade? Wo gehen sie wohl hin? Sie werden erstaunt sein über die Vielfalt dessen, was Sie wahrnehmen, und sich gar nicht satt sehen können. Und wahrscheinlich werden Sie - inspiriert durch das, was Sie gesehen haben - über sich selbst nachdenken und vielleicht fühlen, dass vieles an Ihnen oder Ihrem Leben doch auch ganz anders sein könnte.

Die ersten Stufen der Übung sollen Ihre Wahrnehmung erweitern, Ihre Phantasie anregen und Sie veranlassen, mehr zu sehen als bisher und damit auch immer mehr über die Welt und Ihre eigenen Möglichkeiten zu begreifen. Diese Art der aufmerksamen Wahrnehmung öffnet unser Herz uns selbst und der Welt gegenüber. Ohne sie ist kein Verstehen möglich und damit auch keine Freude und keine Liebe.

Ergänzend zu diesen aktiven Übungen schlage ich die folgende Abendmeditation vor. Kurz vor dem Einschlafen denken wir an unser magisches Selbst, unsere größere Dimension und entwickeln Sehnsucht nach Kontakt mit ihr, denn unsere Sehnsüchte prägen das nächtliche Traumgeschehen mehr als alles andere.

Erste Kontaktaufnahme mit dem magischen Selbst

Schließe die Augen. Atme langsam tief ein und aus.
Denke an deine beiden Knie. Atme weiter ein und aus.
Denke an deine beiden Schultern. Atme weiter ein und aus.
Denke an deinen Solarplexus. Atme weiter ein und aus.
Denke an dein Herz. Atme weiter ein und aus.
Stell dir jetzt mit jedem Atemzug vor: Du atmest strahlende, kraftvolle Energie ein, und beim Ausatmen verteilst du diese Energie in deinem Körper, in deinen Gedanken, in deinen Gefühlen.
Atme weiter ein und aus.
Mit jedem Atemzug atmest du Energie ein, und beim Ausatmen atmest du diese Energie über die Grenzen deines Körpers hinaus, hinein in diesen Raum. Fülle den Raum mit strahlender, kraftvoller Energie.
Diese Energie hat die Kraft, deine Gedanken, Gefühle und Sehnsüchte Wirklichkeit werden zu lassen, wenn du dies möchtest.
Atme langsam tief ein und aus.
Sage dann leise in Gedanken zu dir selbst, wenn du möchtest, und empfinde: »Ich bin mehr als mein Körper.
Ich bin Bewusstsein, unbegrenzt, ewig und frei.
Ich bin auf der Suche nach meiner Bestimmung.«
Atme langsam tief ein und aus und dann sage und empfinde: »Ich möchte meine Wahrnehmung in der Zeit zurückschicken, zurück in die Zeit der magischen Menschen. Ich möchte spüren und wahrnehmen wie diese magischen Menschen. Ich möchte ihre Sehnsucht nach Veränderung, Wachstum und Ausdruck spüren.

Wie sie möchte ich staunend die Welt betrachten, die Vielfalt des göttlichen, schöpferischen Tanzes bewundern und mich daran freuen.
Ich möchte mein magisches Selbst in mir spüren und meine Fähigkeit, mein Leben zu erträumen.
Ich möchte mit meiner Wahrnehmung in die Zeit der magischen Menschen zurückgehen. Ich möchte sie spüren in ihrer Art, die Welt zu sehen.«
Atme langsam tief ein und aus.
Ich suche den Kontakt zu meinem Traum-Ich, zu meinem magischen Selbst.
Ich suche seine Energie, seine Art der Wahrnehmung und seine Freiheit. Ich möchte zum Kanal werden für den schöpferischen Fluss der Urenergie, für den göttlichen Wind, aus dem alles entsteht.
In diesem Wind möchte ich träumen, auf diesem Wind möchte ich reiten, wohin er mich auch trägt.
In diesem Wind möchte ich mein Wesen spüren und meine wirklichen Träume.
In diesem Wind möchte ich erleben, wie sich die Schatten in meinem Leben aufzulösen beginnen und wie in mir und um mich herum alles klar wird und hell.
Ich möchte mein Traum-Ich in mir spüren. Ich möchte spüren, wie es durch mich hindurch wirkt, und ich werde Raum schaffen in meinem Leben für dieses traumhafte Ich – Raum, damit es ein Leben erträumen kann, das meinem Wesen entspricht, für mich und mit mir zusammen.
Ich möchte spüren und erleben, dass ich unbegrenzt bin, ewig und frei.«
Atme langsam tief ein und aus.
Erinnere dich heute Nacht, wenn du schlafen gehst, an die magischen Menschen, an ihre Art, im göttlichen Wind zu fließen. Denke an dein Traum-Ich und bitte es, Kontakt mit dir aufzunehmen. Bitte alle freien Träumer, die

verkörperten und die geistigen, dich auf diesen Kontakt vorzubereiten.
Nimm diese Sehnsucht mit in den Schlaf und sage vor dem Einschlafen so laut, dass du es hören kannst: »Ich bin unbegrenzt, ewig und frei, ein freier Träumer.
Deshalb entscheide ich mich, nur das in mein Leben zu lassen, was es mir leicht macht, hell und frei zu träumen.«
Atme langsam tief ein und aus und öffne dann die Augen.

Alles könnte auch ganz anders sein

Unser Problem als kleiner Träumer besteht also hauptsächlich darin, dass wir ein festes Bild von der Wirklichkeit haben. Weil wir alles immer auf die gleiche Weise betrachten und für selbstverständlich halten, kommen wir gar nicht auf die Idee, dass wir etwas übersehen oder projizieren und sehen, was gar nicht da ist. Demnach können wir uns auch kaum vorstellen, dass alles auch ganz anders sein könnte. Das ist der Grund, warum unsere Phantasie wie gelähmt ist und unsere Träume keine Kraft mehr haben. Wir wiederholen uns selbst und frieren damit unser Leben und unsere Wahrnehmung ein. Doch wenn die Phantasie der Schlüssel zu unseren Träumen ist, müssen wir sie wieder lebendig machen und eine andere Haltung gegenüber den Alltagsdingen entwickeln.

Wann immer Sie sich dabei ertappen, dass Sie Dinge und Situationen sehen, wie Sie sie schon immer gesehen haben, sagen Sie sich einfach: »Es könnte auch völlig anders sein« oder »Diesmal könnte etwas völlig anderes dabei herauskommen.« Werden Sie wieder neugierig und aufmerksam, statt zu erwarten, dass alles so abläuft, wie Sie es gewohnt sind. Warten Sie doch einfach mal ab oder phantasieren Sie Alternativen. Vielleicht sagt Ihr Partner ja mal etwas Unerwartetes, auch wenn Sie ihn genau kennen. Vielleicht verhalten sich Ihre Kunden ja mal ganz anders.

Wahrscheinlich wird sich dann sofort das alte Ich melden und sagen: »Da kann aber nichts anderes herauskommen, weil …« oder »Was soll sich schon ändern?« Dann sagen Sie einfach ganz locker: »Es könnte aber auch mal ganz anders ausgehen. Vielleicht passiert etwas Unerwartetes. Vielleicht habe ich Vorurteile und die Dinge liegen anders, als ich denke.«

Es ist, als ob in uns zwei Stimmen miteinander diskutierten. Die eine hat viel zu sagen, weil sie immer so vernünftig ist und immer eine logische Beweiskette aufbauen kann, die sich aus der Geschichte ableiten lässt. Die andere hat zwar nichts Beweiskräftiges zu sagen, ist aber frech und neugierig und unterstellt einfach, dass alles anders sein könnte, weil sie es gern mal anders hätte. Jeder von uns möchte irgendwann einmal ausbrechen und hofft, dass sich ungewöhnliche Dinge ereignen, aber meist neigen wir dazu, uns an dem zu orientieren, was wir schon kennen.

Ganz unabhängig davon ist es aber einfach so, dass das Vertreten von Standpunkten und Sichtweisen, egal, wie sinnvoll und gut sie erscheinen mögen, unsere Wahrnehmungsfähigkeit begrenzt. Erst wenn wir unterstellen, dass alles, was ist, auch ganz anders sein könnte, werden wir in unserer Wahrnehmung wieder offen und können uns flexibel verhalten. Starre Sichtweisen lassen unsere Phantasie verkümmern. Trainieren Sie deshalb Ihre geistige Beweglichkeit und Ihre Phantasie in praktischen Alltagssituationen. Nehmen Sie nichts mehr einfach als gegeben hin, hinterfragen Sie, suchen Sie nach neuen Möglichkeiten und Perspektiven. Wenn Sie beispielsweise einen Laden eröffnen wollen, und Ihr bester Freund, ein Profigeschäftsmann, sagt »Dieser Laden kann unmöglich mehr als tausend Euro im Monat abwerfen, in dieser Lage, zu dieser Zeit und in solchen Räumlichkeiten«, dann vertreten Sie eine andere Vision, die Ihren Sehnsüchten entspricht. Sie können zum Beispiel sagen: »Du sprichst sicher aus Erfahrung. Mein Gefühl ist aber, dass es auch ganz anders sein könnte. Gerade weil dies nicht der übliche Standort ist und der Laden etwas schrullig wirkt, könnte er besonders auffallen und das Vierfache abwerfen. Vielleicht mache ich ihn sogar noch schrulliger und gebe ihm ein einzigartiges Flair, dass er schon allein deshalb viele Menschen anzieht, und vielleicht kann ich schon bald eine weitere Filiale aufmachen, und in ein paar Jahren steht möglicherweise in jedem Dorf auf der Welt, das etwas auf sich hält, einer meiner Läden.« Und wenn Ihr Freund entgegnet, dass Ihr Gefühl ja völlig unrealistisch und nicht nachvollziehbar sei, sagen Sie: »Genau! Ich bin unrealistisch. Ich folge meinen Gefühlen und entwickle neue Visionen. Realistisch zu sein heißt nur, sich an alte Überzeugungen zu hängen und zu tun, was man schon immer getan hat. Aber so kann nie etwas wirklich Neues entstehen, und deshalb verhalte ich mich jetzt nicht mehr so. Ich möchte alles für möglich halten, zu jeder Zeit und an jedem Ort. Ich möchte meine Phantasie wieder in Fluss bringen, lebendig sein und Visionen schaffen, die die Welt prägen.«

Solche Wortgeplänkel mögen Ihnen bedeutungslos und nicht sehr fruchtbar vorkommen, aber allein indem Sie versuchen, andere Standpunkte klar zu vertreten und neue Sichtweisen zu finden, öffnen Sie Ihre Wahrnehmung für Informationen, zu denen Sie vorher keinen Zugang hatten.

Je mehr unterschiedliche Aspekte und Details Sie wahrnehmen lernen, je mehr Sie das, was ist, hinterfragen und nach Alternativen suchen, desto lebendiger wird Ihre Phantasie. Und je mehr sich Ihre Phantasie entwickelt und Ihre Wahrnehmungsfähigkeit erweitert, desto flexibler wird Ihr Verhalten und desto weniger scheinen automatische Reaktionen Ihr Leben zu bestimmen. Man könnte auch sagen, dass die Wirklichkeit, wie Sie sie erleben, ihre Stabilität verliert und die Dinge für Sie wieder in Fluss kommen. Das Einzige, was die erlebte Wirklichkeit stabil hält, ist unsere Wahrnehmung und unsere Erwartungshaltung. Wenn wir nichts anderes erwarten, als dass alles gegeben ist, gibt es natürlich kaum noch Raum für wirklich Neues oder wird alles Neue als Bedrohung der Stabilität angesehen. Warum sonst verteidigen manche Menschen ihre Komfortzone, den vertrauten Rahmen, in dem sie sich bewegen, so vehement, auch wenn sie sich dort längst nicht mehr wohl fühlen?

Unterstellen Sie also grundsätzlich, dass alles, was ist, auch ganz anders sein könnte, und bringen Sie diese Unterstellung zum Ausdruck, wann immer sich die Gelegenheit dazu bietet, für Sie selbst, aber auch in der Konfrontation mit anderen Menschen. Wenn Sie es mit einem Gesprächspartner zu tun haben, der Sie mit einer logischen Beweisführung konfrontiert, dann lassen Sie erkennen, dass Sie diese verstanden haben, schließen sich ihr aber trotzdem nicht an. Das mag ungewöhnlich oder sogar provokant erscheinen, weil wir alle gelernt haben, dass etwas, wenn es in sich logisch und schlüssig ist, auch richtig sein muss. Aber ist es nicht legitim, von anderen Meinungen unbeeindruckt zu sein und eine eigene zu vertreten, selbst wenn sie nur auf Gefühlen aufbaut und zukünftige Möglichkeiten berücksichtigt, die zunächst nur Spekulation sind? Warum könnte nicht etwas ganz Neues passieren? Innere Unabhängigkeit und Selbstständigkeit in Verbindung mit einer reichen Phantasie und einer guten Beobachtungsgabe sind ganz wichtige Begleiter auf dem Weg in die Freiheit. Sie signalisieren dem kleinen Traum-Ich in Ihnen: »Früher habe ich geträumt wie er oder sie, aber das muss nicht mehr so sein. Jetzt bin ich bereit für ganz andere Träume.« Und Ihr kleines Traum-Ich, das bisher hauptsächlich Ihren gewohnten Traum unterstützt und versucht hat, Probleme dort zu klären, zu ordnen und zu heilen, wird

Ihr Signal aufnehmen und eine Verbindung zu Ihrem magischen Selbst herstellen. Wenn dieses spürt, dass Sie für grundsätzliche Veränderungen in Ihrem Traum der wachbewussten Wirklichkeit bereit sind, wird es Ihre Phantasie mit seiner Energie aktivieren. Sie signalisieren ihm Ihre Bereitschaft, sich für eine größere Dimension der Wirklichkeit zu öffnen, und darauf wird es reagieren.

Einfach ausgedrückt heißt das: Sie müssen sich lediglich bemühen, sich zu allem, was Ihnen im Leben begegnet, andere Gedanken zu machen als bisher, und zwar grundsätzlich andere. Denken Sie quer, unlogisch, unsachlich und inkonsequent! Entdecken Sie neue Aspekte, entwickeln Sie alternative Vorstellungen und phantasieren Sie wild drauflos. Besser ein Phantast als ein eingefahrener Vernunftmensch, der nur seinen alten Überzeugungen folgt. Wenn überholte Gedanken wie »Es muss so sein, weil ...« oder »Es kann nicht so sein, weil ...« oder »Es geht nicht« in Ihrem Kopf auftauchen, halten Sie sich an James Bond: »Es ist unmöglich, aber machbar.«

Wenn Sie Ihre Phantasie so richtig lebendig machen wollen, damit Sie später lebendige, detaillierte Träume erzeugen können, sollten Sie Ihre Wahrnehmungsfähigkeit schulen und erweitern, wann immer Sie können.

ÜBUNG

Das ist mir ja noch nie aufgefallen

Eine einfache und wirksame Übung zur Schulung der Wahrnehmungsfähigkeit besteht darin, dass Sie in Ihrem Umfeld mehr und mehr kleine Details zu entdecken versuchen, die Ihnen bisher entgangen sind. Vielleicht bemerken Sie plötzlich, dass von den Bäumen in Ihrer Straße jeder anders aussieht, dass Ihre Nachbarn keineswegs alle griesgrämige Langweiler sind, dass die Kieselsteine auf dem Weg kurz vor Sonnenuntergang ganz lange Schatten werfen, dass die Luft nach Schnee riecht oder nach Regen oder was auch immer ... Riechen Sie, schauen Sie, schmecken Sie, tasten Sie, überall und dauernd, steigern Sie Ihre sinnliche Wahrnehmung und lassen Sie Ihre Gefühle davon prägen und immer intensiver werden. Essen Sie nicht einfach einen Apfel. Betrachten Sie ihn, spüren Sie ihn, riechen Sie ihn. Wie knackt er beim Zubeißen?

Ihre Wahrnehmungsfähigkeit wird durch den bewussten Einsatz aller Sinne enorm wachsen. Genauso steigern Sie auch die Lebendigkeit Ihrer Erinnerungen. Wenn Sie sich an etwas von früher erinnern, stellen Sie sich die betreffende Szene vor, beschreiben Sie sie in Gedanken und versuchen Sie Ihre Erinnerung möglichst deutlich und umfassend werden zu lassen. Erinnern Sie sich an immer mehr Details, an immer mehr von dem, was gesagt wurde und geschehen ist, an immer mehr Einzelheiten des Umfeldes. Wenn Sie sich beim Erinnern ganz in diese Detailflut hineinfallen lassen, wird Ihnen nebenbei auffallen, dass damals vieles auch ganz anders hätte ablaufen und Sie sich in dieser Situation völlig anders hätten verhalten können, wenn Sie Ihre gegenwärtige Freiheit und Beweglichkeit der Wahrnehmung schon damals gehabt hätten. Je umfassender und genauer Ihre Wahrnehmung wird, desto lebendiger und kraftvoller wird die Erinnerung, die ja Ihr zukünftiges Wahrnehmungsverhalten und Ihre Phantasie prägt.

Versuchen Sie dann, mit Ihrer Wahrnehmung den Bereich des Sinnlichen zu verlassen, und öffnen Sie sich für Wahrnehmungen, die allein über Ihre Sinnesorgane nicht möglich sind. Nehmen Sie zum Beispiel nicht einfach nur wahr, wie ein Mensch dasitzt, sondern fühlen Sie ihn. Empfinden Sie nach, wie er denkt, wie er fühlt, welche Sehnsüchte er hat, was ihn blockiert, wo seine Probleme sind, wo sein Körper krank ist. Fühlen Sie seine Vergangenheit, seine Freunde, die Ungerechtigkeit, die er erlebt hat. Wenn Sie anfangs nichts fühlen oder sich nicht sicher sind, tun Sie einfach so, als ob Sie etwas fühlten, und phantasieren. Diese Einstellung wird Ihr Gefühl mit der Zeit öffnen, denn auch hier gilt: Alles könnte auch ganz anders sein. Sagen Sie sich: »Ich könnte fühlen, wie es diesem Menschen geht, wenn er zu Hause ist. Ich könnte fühlen, wie seine Mutter ihn behandelt hat. Ich könnte fühlen, welches Verhältnis er zu seinem Auto hat.« Und während Sie das sagen, wird ein Teil von Ihnen Ausschau nach all diesen Informationen halten und sich dafür bereitmachen. Ihre Phantasie kreiert Träume und Ihre Träume nehmen Einfluss auf Ihre Wirklichkeit und Ihre Möglichkeiten dort. Allein dadurch, dass Sie unterstellen, Sie könnten mehr wahrnehmen, als Sie tatsächlich im Moment wahrnehmen, erweitert sich Ihre Wahrnehmung, langsam aber sicher.

ÜBUNG

Auf den Flügeln der Phantasie

Wenn Sie Ihre Phantasie noch mehr beflügeln wollen, sollten Sie Ihre wachsende Aufmerksamkeit und Ihr gesteigertes Wahrnehmungsvermögen abends vor dem Einschlafen nutzen, um sie intensiv zu prägen und in Ihre Träume einfließen zu lassen. Denken Sie dabei an irgendeinen Bereich Ihres Lebens und gestalten Sie diesen Bereich in Ihrer Phantasie um. Verändern Sie ihn deutlich, und zwar in so vielen neuen Details wie nur möglich. Denken Sie zum Beispiel an Ihr geliebtes Auto und gestalten Sie es völlig um. Ändern Sie Form, Farbe, Marke, Ausstattung, Alter. Lassen Sie es schneller fahren, lauter, leiser, höher, tiefer. Stellen Sie sich einen anderen Beifahrer vor. Stellen Sie sich vor, wie Sie dann ganz andere Dinge mit diesem Auto erleben. Auf diese Weise können Sie auch Ihre Wohnung umgestalten oder Bilder malen. Was Sie sich vornehmen, spielt nicht wirklich eine Rolle. Es kann sogar etwas völlig Sinnloses sein, das überhaupt keinen praktischen Nutzwert hat.

In gewisser Weise ist es sogar ratsam, anfangs nur über etwas Belangloses zu phantasieren, das die Stabilität der wachen Wirklichkeit nicht bedroht, denn dann bleibt man beim Phantasieren entspannter und das kleine Traum-Ich kann leichter Träume gestalten, ohne sich in alten Ängsten oder Zweifeln zu verfangen. Wenn Sie die vielen Details zu einer ganzen Phantasie zusammensetzen und dabei viel Gefühl erzeugen können, wandelt das kleine Traum-Ich diese Phantasien in Träume um. Je häufiger Sie diese abendlichen Phantasien ins Leben rufen, desto besser wird ihre Übertragung in Träume funktionieren.

Später können Sie Träume ganz bewusst in der Absicht aktivieren, damit eine Wirkung auf Ihre wachbewusste Wirklichkeit auszuüben, zum Beispiel Selbstheilungsprozesse in Gang zu setzen, Lerninhalte abzuspeichern oder Dinge in Ihr Leben zu ziehen, die Ihnen wichtig sind. Momentan geht es jedoch nur darum, mehr innere Beweglichkeit zu gewinnen.

Die folgende Abendmeditation soll Ihre Sehnsucht nach mehr Phantasie, gesteigerter Wahrnehmungsfähigkeit und mehr Flexibilität tief in Ihrem Unterbewusstsein und Ihrem kleinen Traum-Ich verankern.

MEDITATION

Die Wahrnehmung erweitern

*Schließe die Augen. Atme langsam tief ein und aus.
Denke an beide Knie. Atme weiter ein und aus.
Denke an beide Schultern. Atme weiter ein und aus.
Denke an deinen Solarplexus. Atme weiter ein und aus.
Denke an dein Herz. Atme weiter ein und aus.
Stelle dir jetzt mit jedem Atemzug vor: Du atmest strahlende, kraftvolle Energie ein, und beim Ausatmen verteilst du diese Energie in deinem Körper, in deinen Gedanken, in deinen Gefühlen.
Atme weiter ein und aus.
Mit jedem Atemzug atmest du Energie ein, und beim Ausatmen atmest du diese Energie über die Grenzen deines Körpers hinaus, hinein in diesen Raum. Fülle den Raum mit strahlender, kraftvoller Energie.
Diese Energie hat die Kraft, deine Gedanken, Gefühle und Sehnsüchte Wirklichkeit werden zu lassen, wenn du dies möchtest.
Atme langsam tief ein und aus.
Sage dann leise in Gedanken zu dir selbst, wenn du möchtest, sage und empfinde: »Ich bin mehr als mein Körper, ich bin unbegrenzt, ewig und frei. Ich bin auf der Suche nach meinem Wesen und nach meinen Möglichkeiten.«
Atme langsam tief ein und aus.
»Ich bin bereit, meine Wahrnehmung zu erweitern. Ich möchte mehr und mehr im Außen wahrnehmen, die vielen liebevollen Details dieser Wirklichkeit. Ich möchte wahrnehmen, was hinter der äußeren Form verborgen ist. Ich möchte die Energie wahrnehmen, die Idee und alles, was hinter der äußeren Form verborgen ist.*

Ich möchte spüren, dass alles, was ist, immer auch ganz anders sein könnte.
Alte Standpunkte, alte Erfahrungen, übernommene Sichtweisen – all dies möchte ich infrage stellen in dem Wissen, dass es auch ganz anders sein könnte.
Ich möchte mich auf die Suche machen nach dem wirklich Neuen, das keinen Bezug zu dem hat, was war. Ich möchte meine Phantasie erweitern und neue Verknüpfungen herstellen zwischen dem, was ich wahrnehmen kann.
In meiner Wahrnehmung und in meiner Phantasie möchte ich die alte Welt, die ich erlebte, mein altes Leben in immer neue Formen wandeln.
Jeden Abend vor dem Einschlafen werde ich diese neue Phantasie üben, indem ich irgendeinen Aspekt meines Lebens in Gedanken neu gestalte und diesen Gedanken mit in den Schlaf nehme, in den Traum. Denn mit jedem neuen Traum wird meine Fähigkeit zu träumen größer und der Traum der wachen Wirklichkeit, an dem ich bis jetzt so hing, verliert seine Beständigkeit und kann von neuen Träumen durchdrungen werden. Ich mache mich auf die Suche nach neuen Träumen, um sie in meinem Erfahrungsraum wahr werden zu lassen.«
Atme langsam tief ein und aus und spüre dann tief in dich hinein: »Alles, was ist, könnte auch ganz anders sein. Mein Körper, meine Persönlichkeit, meine Art zu wohnen, meine Partnerschaft, mein Beruf, mein Erfolg. Alles könnte ganz anders sein und neuen Träumen folgen.«
Atme langsam tief ein und aus und öffne dann die Augen.

TEIL 2

Das magische Selbst und unser starres Selbstbild

Was ist das magische Selbst?

Trotz seiner immensen Größe und seiner gewaltigen Möglichkeiten ist das magische Selbst nur ein winziger Bereich des großen göttlichen Seins, von dessen Schöpferkraft es durchdrungen und getragen wird. Man kann es sich als ein riesiges Feld bewusster Energie vorstellen, angefüllt mit unglaublich vielen unterschiedlichen Schöpfungsideen. Mithilfe dieser Schöpfungsenergien kann es neue Räume von Wirklichkeit entstehen lassen und ein neues Wesen hervorbringen, das als freier Träumer ebenfalls Wirklichkeit gestalten und sich selbst in dieser Wirklichkeit erleben kann.

Wir Menschen sind solche Wesen: hervorgegangen aus unserem größeren, magischen Selbst und als freie Träumer in der Lage, unsere raumzeitliche Wirklichkeit zu erforschen, sie durch die in unserer Ursprungsdimension gemachten Erfahrungen mit neuen Schöpfungsideen zu bereichern und ihr damit mehr Bewusstsein und Potenzial zu verleihen.

Doch damit wir in die von unserem magischen Selbst geschaffene Wirklichkeit von Raum und Zeit eintauchen und sie als geschlossenes System mit eigenen Gesetzmäßigkeiten wahrnehmen und erleben können, müssen wir uns zunächst mehr mit dieser Wirklichkeit identifizieren als mit unserem Ursprung. Es ist so ähnlich, wie wenn wir ins Kino gehen und uns einen Film anschauen: Um ihn intensiv erleben zu können, müssen wir vergessen, dass wir aus der Welt außerhalb des Kinos kommen, mit dem Film eigentlich nichts zu schaffen haben und dass der Film ursprünglich von uns selbst beziehungsweise von Menschen wie uns gemacht wurde. Diese Verlagerung der Aufmerksamkeit beziehungsweise der Wahrnehmung unseres Wesens (das natürlich nach wie vor im magischen Selbst ruht und von diesem getragen wird) findet im Moment der Zeugung statt: Unser Wesen schlüpft in den Embryo, identifiziert sich damit und nimmt die Wirklichkeit, die das magische Selbst als eine von vielen Wirklichkeiten erträumt hat, aus dieser Perspektive wahr. Die ausschließliche Konzentration auf unseren neuen Körper und den Körper unserer Mutter, in dem wir auf unser neues Leben vorbereitet werden, bewirkt, dass das magische Selbst, unsere Ursprungsdimension, nach und nach aus unserem Wahrnehmungsfeld treibt und wir den neuen Traum, unsere wache, raumzeitliche Wirklichkeit, mit der Zeit für die einzige Wirklichkeit halten, die es gibt. Spätestens mit etwa sechs oder sieben Jahren glauben wir dann fast alle, es gäbe keine andere Wirklichkeit als diese und sie folge ganz bestimmten Gesetzmäßigkeiten, die unabhängig von uns ablaufen und in denen wir nun mal gefangen sind.

Obwohl sich unser Bewusstsein im Laufe der Kindheit extrem entwickelt und wir enorme Fähigkeiten erlernen, sind wir als wachbewusste Wesen nur ein winziger Teil unseres großen Seins, unseres magischen Selbst. Dieses magische Selbst umgibt uns, hüllt uns ein und durchdringt uns, führt aber auch ein Eigenleben als freie Traumdimension, die ständig neue Wirklichkeiten erschafft, durchlebt und mit anderen Dimensionen verbindet. Doch davon wissen wir als wachbewusste Wesen in Raum und Zeit kaum noch etwas. Damit wir uns nun nicht in der neuen Wirklichkeit verlieren und völlig vergessen, dass wir von unserem Wesen her immer noch freie Träumer sind, die mit einer bestimmten Absicht, einer Bestimmung in diesen wachbewussten Traum unseres magischen Selbst eingetaucht sind, hat unser magisches Selbst einen Teil von sich an unser Wesen gebunden. Es schlägt eine Art Brücke zwischen unserem wachbewussten Ich und unserem magischen Selbst mit all seinen Schöpfungsideen. Diese Brücke nenne ich das kleine Traum-Ich. Es nährt uns Tag und Nacht mit Inspiration und Energie und übernimmt vor allem in der Nacht die Aufgabe, unsere Gedanken, Gefühle und Körperenergien zu ordnen, zu klären und zu heilen. Wir sind zwar selbstständige, freie Träumer, aber ohne diese Verbindung wären wir nicht nur nicht lebensfähig, sondern gar nicht da.

Wir können uns das magische Selbst als ein Wesen vorstellen, von dem wir ein kleiner, aber eigenständiger Teil sind, ähnlich wie eine Hand Teil eines Körpers ist. Die Hand ist irgendwie selbstständig, in unserem Fall hat sie sogar einen eigenen Willen. Sie kann also bewusst oder auch unbewusst vor sich hin spielen, scheinbar aus eigener Kraft, aber in Wirklichkeit wird sie vom Körper getragen und genährt und soll ihre Rolle bei der Umsetzung seiner Ziele und Absichten spielen. Natürlich hat der Körper großes Interesse daran, sich um die Hand zu kümmern, sie zu pflegen, auszubilden und zu üben, und dieses Interesse ist umso größer, je mehr die Hand bereit ist, sich seinen Absichten zu fügen oder für den Körper interessanten Aktivitäten zu widmen.

Würde sich die Hand von der Körperabsicht lösen und beispielsweise immerzu sinnlos auf dieselbe Stelle klopfen, dann würde das große Wesen sie zwar nicht wegreißen, aber es würde ihr irgendwelche Signale schicken, die ihr sagen: »Du, hör mal, du klopfst da immer auf dieselbe Stelle, wiederholst dich, entdeckst nichts Neues und ignorierst deine Möglichkeiten. Eigentlich habe ich etwas ganz anderes mit dir vor. Du verfügst über Fähigkeiten, die dein Leben spannend und sinnvoll machen können und die auch für mich interessant sind. Versuche, dich an mich zu erinnern, versuche, wieder zu fühlen, dass es einen Grund für dein Dasein gibt, dass du nicht allein bist, dass ich bei dir bin und mit dir zusammen etwas bewegen möchte. Du brauchst mir nur deine Aufmerksamkeit zu schenken. Dann führe ich dich!«

Wir sind die Hand, die manchmal sinnlos vor sich hin klopft, statt ihre Fähigkeiten und Möglichkeiten zu nutzen. Und das magische Selbst sehnt sich danach, seine und die Möglichkeiten des göttlichen Urgrundes zu vergrößern, indem es ständig neue Dinge erschafft und sich in seiner eigenen Schöpfung erlebt. Es ist ein großer freier Träumer, der einen kleinen Teil seiner Fähigkeiten und Absichten an uns weitergibt. Es ist Ausdruck des göttlichen Seins, genau wie wir. Und es ist voller Liebe zu allem Sein und freut sich an dessen Vielfalt. Es erträumt neue Räume von Wirklichkeit und fließt im Einklang mit dem großen Sein.

Die Schöpfungsideen, die es in seiner Traumdimension bewegt, wurden ihm vom großen göttlichen Sein gegeben, damit es Wirklichkeiten erträumen und diese für den göttlichen Urgrund erfahrbar machen kann. Und deshalb hat es auch uns zu freien Träumern gemacht. Das Schöpfungspotenzial des magischen Selbst ist riesig und keineswegs auf jene Räume von Wirklichkeit begrenzt, die es mit seinen eigenen Schöpfungsideen erschaffen kann. Das magische Selbst kann sogar in andere Räume mit fremden Schöpfungsideen hineingreifen, sich mit diesen anderen Dimensionen vernetzen und damit immer mehr werden. Wir hingegen stecken in der Regel in der wachbewussten Wirklichkeit fest und können kaum unsere eigenen Möglichkeiten nutzen, geschweige denn in andere Dimensionen vorstoßen, es sei denn, wir erinnern uns an unser magisches Selbst und nehmen wieder bewusst Kontakt mit seinen Ideen und Möglichkeiten auf. Ein solcher Erinnerungsprozess ergibt sich normalerweise nicht von selbst, sondern muss bewusst in Gang gesetzt werden. Vielleicht haben wir gelegentlich Geistes- oder Erkenntnisblitze, in denen das enorme Potenzial des magischen Selbst kurz aufscheint, aber normalerweise sind wir in unserem gewohnten Selbstverständnis gefangen und empfinden uns weder selbst als freie Träumer noch unser Leben und die Wirklichkeit als freien, veränderlichen Traum.

Das magische Selbst besitzt die Fähigkeit, beliebig in unsere Wirklichkeit einzutauchen und Einfluss auf uns, unser Leben oder die Wirklichkeit an sich zu nehmen. Doch weil unser Erfahrungshorizont so klein ist und wir uns ständig nur im Hamsterrad drehen, flammt das Interesse des magischen Selbst, sich hier bemerkbar zu machen, nur ganz selten auf, beispielsweise wenn unser Leben in Gefahr ist. Dann allerdings kann es recht drastisch einschreiten und den Gang der Dinge überraschend verändern. Normalerweise aber müssen wir es bewusst um seine Hilfe, seine Energie und seine Inspiration bitten und uns auch darauf vorbereiten.

Das magische Selbst bringt sich in seinem riesigen Erfahrungsraum zum Ausdruck und lebt dort in der Sehnsucht, immer weiter zu wachsen, immer mehr zu werden – mehr Liebe, mehr Freude, mehr Schöpfung, mehr Erkenntnis – und so das göttliche Sein zu nähren und zu vergrößern. Bei all dem spielen wir und unser Leben nur eine kleine Rolle, die aber umso bedeutender wird, je mehr wir selbst unser Potenzial zum freien Träumen nutzen. Im Verhältnis zu uns ist das magische Selbst so etwas wie ein persönlicher Gott. Seine Überlegenheit ist gewaltig, seine Fähigkeiten, seine Energie und seine Möglichkeiten sind so groß, dass sie die Grenzen unserer Vorstellungskraft sprengen. Das magische Selbst ist die Basis, auf der wir leben. Es ist seine Energie, die uns nährt, und seine Liebe, die uns erhält. Unsere Energie kann dem magischen Selbst zwar auch Nahrung geben, aber nur dann, wenn wir uns im Einklang mit dem großen Sein als freie Träumer betätigen. Unsere Erfahrung, unsere Erkenntnis, unsere Phantasie und Schöpferkraft und vor allem unsere Liebe zum Sein geben ihm Nahrung.

Wie ich schon mehrfach erwähnt habe, ist das große Sein, das göttliche Urmeer auf der einen Seite Schöpfungskraft pur und enthält auf der anderen Seite eine unendliche Menge an Schöpfungsideen, die wie Magnete oder Filter auf den

Strom der göttlichen Schöpfungsenergie wirken und die Schöpfungsenergie ausrichten, ihr eine Form geben, sie Wirklichkeit werden lassen. Diese Schöpfungsideen formen sich im großen Sein zu Gruppen von zueinander passenden Ideen, durch die Schöpfungsenergie fließt und Schöpfung entstehen lässt. Die von einer Gruppe von Schöpfungsideen gebildeten Schöpfungsräume bezeichne ich als Dimensionen. Es gibt unendlich viele Dimensionen, die jeweils durch die in ihnen vorhandenen Schöpfungsideen gekennzeichnet sind, aus denen sich entsprechende Wirklichkeitsräume formen können.

Unser magisches Selbst ist eine Dimension, denn es enthält sehr viele, wenngleich mengenmäßig begrenzte Schöpfungsideen, die Wirklichkeit formen können. Auch unser menschliches Wesen besteht aus Schöpfungsideen mit entsprechenden Schöpfungsmöglichkeiten. Wir sind also ebenfalls eine Summe von Schöpfungsideen und demnach eine Dimension, aber eben nur eine kleine. Im Vergleich dazu ist die Dimension unseres magischen Selbst so riesig groß, dass wir sie uns ebenso wenig vorstellen können wie ihre Möglichkeiten, auf unser Leben einzuwirken. So, wie wir normalerweise leben, sind wir kaum fähig, bewusst mit unserem magischen Selbst in Kontakt zu treten und diesen Kontakt zu halten, um unsere begrenzten Möglichkeiten in dieser wachen Wirklichkeit durch die enormen Möglichkeiten zu ergänzen, die unser magisches Selbst hat. Wenn wir jedoch mit dem magischen Selbst in Kontakt kämen, könnten wir die Grenzen dieser Wirklichkeit sprengen und ihre Regeln außer Kraft setzen. Dann wären wir nämlich nicht mehr eindimensional, sondern multidimensional und hätten Schöpfungsideen verinnerlicht, die nicht aus unserer wachen Wirklichkeit kommen und für welche die Grenzen von Raum und Zeit keine Bedeutung haben. Multidimensionale Wesen sind nicht nur an die Schöpfungsideen einer Dimension gebunden, sondern haben auch Ideen aus anderen Dimensionen verinnerlicht und können ganz unterschiedliche Wirklichkeitsräume beziehungsweise Wirklichkeitsprinzipien erleben. Wir zum Beispiel leben in Raum und Zeit. Wären wir multidimensional, könnten wir uns verjüngen, durch die Zeit reisen, durch Wände gehen, auf Wasser stehen und so weiter.

Das Ziel einer jeden Dimension, also auch unseres magischen Selbst, ist es, um des Erlebens willen Neues zu schaffen und das so Geschaffene, sobald es geschaffen ist, wieder zu wandeln – getrieben von der Sehnsucht, immer mehr Schöpfungsideen stets neu miteinander zu verknüpfen und daraus Neues entstehen zu lassen. Genauso begreift sich ein Wesen selbst als Schöpfer. Durch das, was aus seinen Ideen entstanden ist, wächst es an Bewusstsein und Kraft und entwickelt sofort wieder neue Schöpfungsideen. Am leichtesten verständlich wird dieser ständige Schöpfungsprozess, wenn wir ihn mit dem vergleichen, was ein Maler tut. Ein Maler hat eine bestimmte Idee und beginnt vielleicht mit zwei Farben, ein Bild zu malen. Kaum ist er damit fertig, hat er auch schon begriffen, wie es geht, und leitet neue Ideen aus dem Prozess des Malens und seinem Ergebnis ab: Er malt mit vier und mit sechs Farben. Dann mischt er die Farben wieder neu und malt, bis das Bild immer mehr zu ihm spricht. Er versteht und malt weiter. Mit jedem Bild versteht er mehr über sich und das Malen. Und dann malt er noch ein Bild und noch eines. Auf diese Weise entwickeln sich sein Bewusstsein und seine Kunst ohne Ende weiter.

Mit unserem magischen Selbst ist es ähnlich. Es ist wie ein liebevoller Künstler, der in einem künstlerischen Akt Wirklichkeit entstehen lässt, denn es fügt Schöpfungsideen zu etwas Neuem zusammen, erkennt sich selbst in diesen Schöpfungsideen und wächst sowohl an Bewusstsein als auch an Schöpfungspotenzial. Die Kraft, die Schöpfungsideen miteinander in Beziehung setzen kann, heißt Phantasie.

Phantasie ist eine magnetische Kraft mit der Fähigkeit, eine Schöpfungsidee mit einer anderen zu verbinden und daraus etwas Neues entstehen zu lassen.

Alle freien Träumer sind beseelt von der magnetischen Kraft der Phantasie. Diese Kraft entspringt der Liebe zum Sein und all seinen Möglichkeiten und steht auch jedem von uns zur Verfügung. Wir könnten sie zur Gestaltung unseres Lebens nutzen, wenn wir aufgrund der geschichtlichen Prägung unseres Elternhauses und des Zeitgeistes nicht so sehr auf eine bestimmte Anzahl von Schöpfungsideen fixiert wären, die unsere Wahrnehmung bestimmen und mit denen wir uns meist ein Leben lang beschäftigen. Diese Prägungen sind meist so dominant, dass wir nur Ideen zulassen, die dazu passen. Wenn uns beispielsweise berufliche Sicherheit wichtig scheint, entwickeln wir nur dazu passende Ideen. Wenn uns Partnerschaft wichtig ist, entwickeln wir nur Ideen, die unsere Partnerschaft nicht bedrohen. Wenn wir der Ansicht sind, dass Mediziner immer Recht haben, haben wir unbewusst ein entsprechendes Verhältnis zu unserem Körper. Unser Schöpfungsraum wird statisch, starr und immer kleiner. Schöpfungskraft geht verloren, unser Energiepegel sinkt und irgendwann ist unsere Phantasie so verkümmert, dass wir keine neuen Schöpfungen mehr hervorbringen können, weil wir keine neuen Ideen mehr haben. Unsere Welt dreht sich endlos im Kreis und mit ihr unser Bild von uns selbst: »Ich bin dick; ich bin dünn; ich bin alt; ich bin jung; ich bin krank; ich bin gesund; ich habe diese Fähigkeit und jene nicht. Ich habe diese Geschichte, also bin ich so und kann nicht anders sein.« Wir haben ein bestimmtes Bild von uns selbst, das aber eigentlich nur die Zusammenfassung all der Überzeugungen ist, die wir im Laufe unseres Lebens gesammelt haben. Und weil unsere Überzeugungen unsere Gedanken, Gefühle und Handlungen prägen, erleben wir natürlich auch nur das, was wir erwarten, fühlen uns dadurch bestätigt und glauben nun erst recht: So bin ich nun einmal und so ist die Welt. Auf diese Weise wird nicht nur der Raum für Phantasie und neue Ideen immer kleiner, sondern auch unsere Motivation.

Im Gegensatz dazu ist unser magisches Selbst immer im Wandel. Es bringt immer neue Ideen hervor und prägt seine Wirklichkeit stets neu. Von Zeit zu Zeit wandert es sogar in andere Wirklichkeiten, identifiziert sich dort mit neuen Ideen und bringt Elemente davon mit zurück. *Unser magisches Selbst will, dass wir uns am Leben freuen, dass wir Liebe, Energie und Freiheit finden und keinerlei Verpflichtungen eingehen, außer uns selbst gegenüber.* Denn nur dann sind wir lebendig und nähren das magische Selbst mit Erfahrung, Erkenntnis und neuen Schöpfungsideen. Wenn wir keinen Zugang zu unserem magischen Selbst suchen, werden wir zwar noch eine Zeit lang von der Energie zehren können, die wir ursprünglich in dieses Leben mitgebracht haben, aber wenn diese Energie aufgebraucht ist und wir selbst keine neuen Energien anziehen, werden wir für unser magisches Selbst uninteressant und es zieht sich allmählich zurück. Das ist ein Grund dafür, dass wir ab einem bestimmten Alter immer schwächer und kränker werden und letztendlich viel zu früh sterben – als kaum mehr als das, was wir durch die Zeugung geworden sind. Als wir gezeugt wurden, hat das magische Selbst bestimmte Schöpfungsideen zu einem Wesen zusammengefügt und dieses von sich abgespalten, damit es an Energie und Bewusstsein wachsen kann. Dieses Wesen wurde in die raumzeitliche Welt geboren, hat sich dort aber nur im Kreis gedreht und nur wenig dazugelernt, weil es seine Fähigkeiten als freier Träumer nicht nutzte. Das Wenige, was dazugelernt wurde, geht am Ende zwar als Erkenntnis in das magische Selbst ein, aber die ursprünglich zu einem Wesen zusammengefügten Schöpfungsideen fallen wieder auseinander, sodass im magischen Selbst neue Wesen daraus entstehen können.

Wer seine Fähigkeiten als freier Träumer hingegen nutzt, wird vom magischen Selbst genährt und unterstützt. Er altert weniger schnell, wird nicht krank und kann überragende Fähigkeiten entwickeln, die später zwar auch in das magische Selbst eingehen, aber auf eine Weise, die das Wesen intakt lässt, sodass es weitere Wirklichkeiten erträumen kann und irgendwann selbst zu einer Dimension heranwächst.

Das magische Selbst und das kleine Traum-Ich

Solange wir noch keinen Zugang zu unserem magischen Selbst haben, tendieren wir dazu, uns in unserem wachbewussten Leben, in alten Überzeugungen, Ängsten, Zweifeln und Pflichten zu verlieren, und es kommt häufig vor, dass wir vieles von dem, was wir am Tag erleben, nicht verarbeiten können. Wir brauchen den Schlaf in der Nacht, um Abstand von den Geschehnissen des Tages zu bekommen und alles, was tagsüber unkontrolliert auf uns eingestürmt ist, ordnen, klären und heilen zu können. Dies geschieht in einer Bewusstseinsphase, die ich als den unbewussten oder passiven Traum bezeichne, und den Teil unseres Bewusstseins, der die gesammelten Eindrücke verarbeitet, bezeichne ich als das kleine Traum-Ich. An passive Träume erinnern wir uns nur gelegentlich, was aber auch nicht notwendig ist, da der Traum an sich bereits klärend und heilend ist. Das kleine Traum-Ich ist aber nicht nur für unsere körperliche und geistige Gesunderhaltung zuständig, sondern kann uns auch helfen, Kontakt mit dem magischen Selbst aufzunehmen. Wie das vor sich gehen könnte, macht die folgende Geschichte deutlich:

Angenommen, wir leben auf einer Lichtung mitten im Wald und diese Lichtung ist die einzige Vorstellung, die wir von der Welt haben. Wir kennen nichts anderes: Die Welt ist so groß wie diese Lichtung und danach kommt nur noch der undurchdringliche Wald. Wir erleben und erfahren die Welt als Lichtung. Vielleicht stellen wir gelegentlich Spekulationen darüber an, ob die Welt in den Wald hineingreift, ob sie größer ist als gedacht oder was im Wald sein könnte. Aber letztlich ändern solche Spekulationen nichts daran, dass unsere Weltsicht sehr klein ist. Sie beschränkt sich auf die Lichtung, alles andere ist Spekulation. Jetzt gibt es aber einen Teil von uns, der uns nachts in den Wald führt und uns zeigt, dass es dort eine ganz andere Art von Leben gibt. Morgens sind wir dann wieder zurück und können uns nicht mehr bewusst an den nächtlichen Ausflug erinnern. Doch nun halten wir die kleine Welt auf der Lichtung besser aus, weil wir in der Nacht im Wald waren und plötzlich alles besser verstehen.

Unser magisches Selbst lebt weder auf der Lichtung noch im Wald, sondern in einem Bereich darüber. Man kann auch sagen, dass alles irgendwie in ihm stattfindet. Es ist die Lichtung, der Wald und noch viel mehr. Das kleine Traum-Ich, das uns nachts in den Wald führt, weiß, dass es nicht nur die Lichtung, sondern auch der Wald ist, aber was es noch ist, hat es vergessen. Es sieht seine Aufgabe nur darin, uns zu der Erfahrung im Wald zu verhelfen. Dennoch wäre es für das kleine Traum-Ich sehr viel leichter als für unser wachbewusstes Ich, den Kontakt zum magischen Selbst herzustellen und sich zu erinnern, woher es kam und warum es sich danach sehnt, uns auf unserem Lebensweg zu helfen. Je mehr das kleine Traum-Ich damit beschäftigt ist uns zu helfen, desto weniger Gelegenheit hat es, seine Aufmerksamkeit zum magischen Selbst fließen zu lassen und sich an seinen Ursprung zu erinnern. Wenn es uns jedoch gelingen würde, uns zum einen leichter mit dieser Wirklichkeit auseinander zu setzen und zum anderen weniger als Opfer zu fühlen, hätte unser kleines Traum-Ich mehr Energie für sich selbst. Und wenn wir dem kleinen Traum-Ich helfen würden, sich an seine höheren Fähigkeiten und eigentlichen Freiheiten zu erinnern, könnte es mit dem magischen Selbst in Kontakt kommen und dessen Energien bewusst in sich und uns einfließen lassen. Dann würde es erkennen, dass es im Wald noch eine andere Lichtung gibt und außerhalb davon weites Land und Meer und dass sich dies alles auf einer Kugel befindet, auf der Erde. Und dass es noch mehr von diesen Kugeln gibt …

Und während sich das kleine Traum-Ich an immer mehr erinnert, wachsen das magische Selbst und das kleine Traum-Ich allmählich wieder zusammen und die nächtlichen Ausflüge beginnen sich zu verändern. Sie führen dann nicht mehr nur in den Wald, sondern überall hin. Und dann beginnt das kleine Traum-Ich, das, woran es sich wieder erinnert hat, an den Teil, der in der Lichtung lebt, weiterzugeben, an unser wachbewusstes Wesen. Und alle drei verschmelzen allmählich wieder miteinander.

Weil wir ein so starres Selbstbild haben und aus diesem Selbstbild ein so starres Weltbild erwachsen ist, leben wir in einer starren Wirklichkeit. Mit der nächsten Meditation bereiten wir uns drauf vor, unser altes Selbstbild zu erweitern, zu verändern oder sogar auszutauschen. Das wird auch unser nächtliches Traumgeschehen erweitern. Bald sind immer weniger unbewusste, passive Träume erforderlich, um unsere Starrheit aufzulösen und die daraus resultierenden Probleme zu heilen. Wir können uns neuer Schöpfungsenergien bewusst werden und unser kleines Traum-Ich entwickelt sich.

ABENDMEDITATION

Selbsterkenntnis

*Schließe die Augen. Atme langsam tief ein und aus.
Denke an beide Knie. Atme weiter ein und aus.
Denke an beide Schultern. Atme weiter ein und aus.
Denke an deinen Solarplexus. Atme weiter ein und aus.
Denke an dein Herz. Atme weiter ein und aus.
Stell dir jetzt mit jedem Atemzug vor: Du atmest strahlende, kraftvolle Energie ein und beim Ausatmen verteilst du diese Energie in deinem Körper, in deinen Gedanken, in deinen Gefühlen.
Atme weiter ein und aus.
Mit jedem Atemzug atmest du Energie ein, und beim Ausatmen atmest du diese Energie über die Grenzen deines Körpers hinaus, hinein in diesen Raum. Fülle den Raum mit strahlender, kraftvoller Energie.
Diese Energie hat die Kraft, deine Gedanken, Gefühle und Sehnsüchte Wirklichkeit werden zu lassen, wenn du dies möchtest.
Atme langsam tief ein und aus.
Sage dann leise in Gedanken zu dir selbst, wenn du möchtest, sage und empfinde: »Ich bin mehr als mein Körper. Ich bin Bewusstsein, unbegrenzt, ewig und frei. Ich möchte mich an meine Fähigkeit, frei zu träumen, erinnern. Ich suche den Kontakt mit meinem magischen Ich, dem großen magischen Selbst, von dem ich ein Teil bin.
Mein magisches Selbst ist auf der Suche nach Freiheit, Liebe, Freude und Erkenntnis.
Es ist getrieben von der Sehnsucht zu schaffen, um den göttlichen Möglichkeiten Ausdruck zu verleihen.
Auch ich als Teil von ihm habe alle Möglichkeiten, meine eigenen Welten zu erschaffen, die schöpferische Energie*

und das Geschaffene zu lieben und mich an seiner Vielfalt zu freuen.
Ich suche die Einheit mit meinem magischen Ich, damit ich wieder frei träumen kann.
Durch mein Bewusstsein fließen göttliche Schöpfungskräfte. Die Inhalte meines Bewusstseins geben ihnen Form und Ausrichtung.
Meine Ideen, meine Gefühle, meine Gedanken über mich und die Welt geben ihnen Form und schaffen meine Welt.
Mein Selbstbild, alles, was ich über mich denke und fühle und von mir erwarte, meine Meinungen und Sichtweisen über mich selbst und die Welt, geben den Schöpferkräften Richtung und gestalten meine Welt.
Meine Welt, so wie ich sie erlebe, ist mein Traum, so wie alles, was ist, Teil des göttlichen Traumes ist.
Wenn ich mein Leben als meinen Traum verändern will, brauche ich nur mein Selbstbild verändern und meine Sicht der Welt.
Dazu muss ich wissen, wie mein Selbstbild ist und welche vielen verschiedenen Formen es noch haben könnte.
Deshalb frage ich mich jetzt: Wer bin ich? Was denke ich über mich, meine Persönlichkeit, meine Fähigkeiten, meine Ansichten über mich und die Welt?
Wer bin ich?
Und wer könnte ich stattdessen sein? Welche Persönlichkeit, welche Fähigkeiten, welche Eigenheiten könnte ich haben?
Welche andere Person könnte ich sein, in welchem Körper, mit welchen Eigenschaften und Merkmalen?«
Atme langsam tief ein und aus und sage dann leise zu dir selbst, wenn du möchtest, sage und empfinde: »Ich möchte mein bisheriges Selbstbild erforschen und es durch viele neue Bilder ersetzen lernen, neue Bilder von meinem Körper, meiner Persönlichkeit, meinen Fähigkeiten und allem, was ich tue. Mit diesen neuen Bildern möchte

ich phantasieren und in der Phantasie mein Leben neu gestalten.
Um diese Phantasien lebendig werden zu lassen, werde ich auch die Selbstbilder anderer Menschen erforschen, die mir begegnen, und die von Tieren und Pflanzen ebenso. Meine Phantasien sollen kraftvoll werden, voller neuer Bilder und Möglichkeiten.
Und dann möchte ich diese Bilder mit in den Traum nehmen, damit mein Traum-Ich in sie hineinschlüpfen und sie lebendig machen kann. Aus diesen Traumwelten werde ich Energie beziehen und mir einen eigenen neuen Traum schaffen, viele Träume, immer wieder neu.«
Atme langsam tief ein und aus.
Denke heute Abend, wenn du schlafen gehst, an dein Traum-Ich und betrachte dein jetziges Leben als einen Traum, der um dein Selbstbild herum gestaltet ist. Beschreibe dieses Selbstbild neu und nimm das neue Selbstbild mit in den Schlaf.
Erinnere dich beim Einschlafen, dass alles, was ist, auch ganz anders sein könnte, dass aber nur das, was in dir und deinem Traum tatsächlich geändert wird, dich frei macht.
Atme langsam tief ein und aus und öffne dann die Augen.

Mithilfe der folgenden Übung können Sie Ihr gewohntes Selbstbild erforschen und hinterfragen mit dem Ziel, es irgendwann ganz abzulegen oder auszutauschen.

Übung

Mein Selbstbild, Teil 1

Diesen ersten Teil der Übung, machen Sie allein, den zweiten, der ab Seite 91 beschrieben wird, mit mindestens einem Übungspartner.

Suchen Sie sich zunächst ein stilles, angenehmes Plätzchen, wo Sie ganz in Ruhe über sich nachdenken können, und nehmen Sie einen Stift und genügend Schreibpapier mit. Nachdem Sie es sich bequem gemacht und ein wenig entspannt haben, schreiben Sie Ihre Antworten auf folgende Fragen auf:

Frage 1: Wie schätze ich meine Persönlichkeit ein?
Erinnern Sie sich bei Ihrer Suche nach Antworten immer wieder daran, dass das, was Sie beschreiben, möglicherweise weit von dem entfernt ist, was Sie in Wirklichkeit, also von Ihrem Wesen her sind. Sie beschreiben Ihr Selbstbild als Kostüm, das aus einzelnen Flicken zusammengesetzt ist, die Sie teilweise selbst aufgenäht haben, teilweise aber auch von anderen Menschen haben aufsetzen lassen. Sie haben sich an dieses Kostüm gewöhnt, sehen die einzelnen Flicken gar nicht mehr und spielen die passenden Rollen. Das ist alles. Sie sind nicht das Kostüm, und es wirkt nur so lange auf Sie und Ihr Leben, wie Sie es tragen wollen.

Wenn Sie Ihr Selbstbild beschreiben, schreiben Sie zum Beispiel: »Ich bin vergnügt; ich nehme das Leben leicht; ich bin schwerfällig; ich bin reizbar; ich bin jähzornig; ich bin ausgelassen; ich bin kleinlich; ich bin pedantisch; ich bin ängstlich; ich bin eine tragische Figur; ich bin ein Dramatiker; ich bin zäh, unüberlegt, wertend ...«

Schreiben Sie auf, was immer Ihnen einfällt. Sie können sich dabei in verschiedenen Situationen oder Umständen sehen, damit Sie sich besser spüren können, aber anders als bei der nächsten Frage geht es hier ausschließlich um Sie und nicht um die Umstände.

Frage 2: Wie gehe ich normalerweise mit Situationen um, mit angenehmen und mit unangenehmen?

Vielleicht regen Sie sich in unerwarteten oder schwierigen Situationen schnell auf, sind jähzornig, unnahbar, können andere Menschen nicht in Ihr Herz lassen, betrachten alles wertend und automatisch nur durch Ihre eigene Brille, hegen Ängste und Zweifel, legen bestimmte Reaktionsmechanismen an den Tag oder haben Knöpfe, die man leicht drücken kann. Vielleicht sind Sie in angenehmen Situationen ausgelassen, kindisch, oberflächlich, spontan, handeln nur nach dem Lustprinzip und wollen um keinen Preis vernünftig sein.

Beschreiben Sie Ihre Gedanken, Gefühle und Handlungen in den jeweiligen Situationen.

Frage 3: Was ist meine typische Art, mit Menschen umzugehen?

Haben Sie vielleicht die Tendenz, Menschen, von denen Sie sich übervorteilt oder ausgenutzt fühlen, wüst zu beschimpfen? Oder stecken Sie um »des lieben Friedens willen« immer ganz schnell zurück und fressen Ihren Ärger in sich hinein? Sind Sie tolerant und großzügig? Machen Sie gern Geschenke? Hören Sie auf den Rat anderer Menschen oder lassen Sie sich nur allzu leicht von fremden Meinungen verunsichern? Sind Sie schüchtern oder eher frech zu anderen?

Machen Sie möglichst viele verschiedene Aussagen, aus denen sich ein ganzheitliches Bild ergibt, das die Rollen, die Sie anderen Menschen gegenüber spielen, möglichst gut beschreibt.

Wenn Sie genügend Fragen zu Ihrem Selbstbild beantwortet haben, gehen Sie zu Ihrem Weltbild über, das einerseits den vorherrschenden Zeitgeist, andererseits aber auch Ihr Selbstbild widerspiegelt.

Frage 4: *Was denke ich über die Welt; was erwarte ich von der Welt – von der Wirtschaft, von der Politik, von der Wissenschaft, vom Gesundheitswesen, vom Klima, von der Natur, von der Erde an sich?*

Haben Sie eher ein düsteres oder helles Bild von der Zukunft der Welt? Fühlen Sie sich von äußeren Einflüssen – beispielsweise von der allgemeinen Wirtschaftslage und der Politik – unterstützt oder aufgehalten, bedroht oder gefördert. Kommt Ihnen die Welt bedrohlich oder freundlich vor? Glauben Sie, dass Sie einen Einfluss darauf haben, oder fühlen Sie sich machtlos?

Versuchen Sie beim Beantworten der Fragen auch zu beobachten, ob und wie sehr Ihr Selbstbild Ihrem Weltbild ähnelt und wie sich dies in Ihrem Leben widerspiegelt. Denken Sie dann noch etwas größer: an den Ursprung aller Dinge, an Ihre Beziehung zu Religion und Spiritualität.

Frage 5: *Wie denke ich über meine Beziehung zu Gott?*

Ist Gott für Sie erfahrbar? Glauben Sie an eine größere, lenkende Kraft und daran, dass Ihr Dasein einen Sinn hat? Glauben Sie, dass Gott Sie sieht und für Sie da ist? Dass er Sie liebt und trägt? Oder fühlen Sie sich allein in einer fremden Welt? Haben Sie Angst vor dem Tod?

Versuchen Sie anschließend herauszufinden, welchen Eindruck Sie wohl auf andere Menschen machen. Es ist sehr spannend, dies später zu überprüfen.

Frage 6: *Wie sehen andere mich meiner Meinung nach?*

Grundsätzlich können Sie davon ausgehen, dass andere selten das über Sie denken, was Sie über sich selbst denken. Wenn andere sehen, was Sie tun, was Sie von sich preisgeben und wie Sie sich kleiden, zu welchen Schlüssen könnten sie dann kommen? Wie schätzen sie Ihr Verhalten wohl ein? Suchen andere Ihre Nähe? Sind Sie attraktiv und wichtig für andere Menschen? Machen Sie mit dem, was Sie sind und tun, einen Unterschied im Leben anderer?

Wenn Sie diese Fragen ehrlich beantworten, werden Sie wahrscheinlich spüren, dass sich Ihre Selbsteinschätzung nicht so ganz mit dem Bild deckt, das andere von Ihnen haben. Und wenn Sie deren Meinung tatsächlich erfragen, gibt es vielleicht mehr Abweichungen nach oben und unten, als Sie sich vorstellen können. Vielleicht aber auch nicht. Aber das ist nicht wirklich wichtig, denn hier geht es gar nicht darum herauszufinden, was andere wirklich denken. Nur Ihre eigenen Annahmen bezüglich dessen, was andere denken könnten, sind von Interesse. Was immer Sie für Ihre künftige Freiheit tun, hat überhaupt nichts mit anderen Menschen und deren Erwartungen zu tun, denn es geht allein um Ihre Freiheit und Unabhängigkeit. Wer diesen Weg geht, braucht sich nicht darum zu kümmern, was andere denken oder sagen, denn damit entstünden nur wieder Verwicklungen und Abhängigkeiten. Allenfalls könnte es interessant sein, auf jemanden zu hören, der in Bezug auf seine Freiheit schon einen gewissen Vorsprung hat und damit eine objektive und ganzheitliche Sichtweise vertreten kann. Doch warum sollte man Leute fragen, die im selben Boot sitzen oder sogar ein Boot dahinter?

Mithilfe der letzten Frage untersuchen Sie, welchen Einfluss Ihr Selbstbild auf das Erreichen Ihres Zieles hat: ein freier Träumer zu werden.

Frage 7: Was an diesem Selbstbild macht mich frei und beweglich und bringt mir Liebe und Freude?

Hilft Ihnen Ihr Selbstbild, auf Ihr Herz zu hören? Schafft es Abhängigkeiten? Sucht es Wiederholung und Sicherheiten? Lässt es Neues in Ihr Leben? Schafft es Raum für Wachstum und Entwicklung, für Ausdruck und Lebendigkeit? Glauben Sie, so das Glück verdient zu haben?

Das sind Fragen fürs Leben, nicht nur für diese Übung. Sie werden sie immer wieder neu beantworten müssen und allmählich werden Sie sich selbst immer besser verstehen und zu wahrem Selbstbewusstsein finden.

Nehmen Sie sich genügend Zeit für das Beantworten dieser Fragen und machen Sie es sich beim Schreiben möglichst gemütlich. Schreiben Sie ganz locker, nicht verkniffen und lassen Sie sich von Ihren Gefühlen weder mitreißen noch blockieren. Schuldgefühle, Reue und Bedauern sind hier ebenso fehl am Platz wie Wut oder Verzweiflung. Machen Sie sich immer wieder klar: »Dieses Selbstbild entspricht nicht dem, was ich bin.« Schreiben Sie diesen Satz als Motto über Ihre Aufzeichnungen. Das hilft.

Denken Sie daran: Bei der Beantwortung dieser sieben Fragen geht es darum, Ihr momentanes Selbstbild möglichst genau zu erforschen, damit Sie erkennen, was daran anders sein könnte, was Sie ablegen könnten oder welche neuen Selbstbilder möglich wären. Dieser Erkenntnisprozess verschafft Ihnen die Klarheit, die für eine gezielte Veränderung nötig ist. Die Arbeit am eigenen Selbstbild ist der wichtigste Türöffner zum magischen Selbst und seinen Möglichkeiten. Ihr gelebtes Selbstbild ist der Kern, um den herum sich alles formt: Ihre Träume, Ihr Leben, Ihre Möglichkeiten. Wenn Sie also jetzt versuchen, Ihr Selbstbild zu begreifen, dann nicht um es zu bestätigen, sondern um es ganz bewusst neu aufzubauen. Sie ziehen sozusagen ein neues Kostüm an, in dem Sie neue Rollen spielen, neue Möglichkeiten erforschen und neue Abenteuer erleben können.

Zum Abschluss Ihrer Betrachtungen versuchen Sie, das Ganze auch mal ganz locker zu sehen. Wenn Ihr Selbstbild ein Kostüm wäre, wie würde dieses Kostüm an Ihnen aussehen? Welche Farben hätte es, welchen Schnitt und in welchem Zustand wäre es? Wäre es aus lauter bunten Flicken zusammengesetzt oder eher einheitlich? Wäre es trübselig schwarz, fröhlich gelb, zerfranst, ordentlich geschnitten, überladen, schwerfällig, pompös, steif, wasserdicht, transparent? Hätte es vielleicht eine Schleppe?

Als Einstimmung auf Ihre nächtlichen Träume schlage ich die folgende Meditation vor. Mit ihr erinnern Sie Ihr Wesen daran, dass es ein freier Träumer ist und dass diese Wirklichkeit von Raum und Zeit ein Traum ist, den wir nur deshalb scheinbar schwer verändern können, weil wir ihm mit unserem starren Welt- und Selbstbild eine Gültigkeit verleihen, die er eigentlich gar nicht hat. Wenn es uns gelingt, unsere Phantasie zu befreien, verliert der Traum der wachen Wirklichkeit seine Starrheit und wird genauso veränderbar wie wir selbst.

ABENDMEDITATION

Befreiung der Phantasie

Schließe die Augen. Atme langsam tief ein und aus.
Denke an beide Knie. Atme weiter ein und aus.
Denke an beide Schultern. Atme weiter ein und aus.
Denke an deinen Solarplexus. Atme weiter ein und aus.
Denke an dein Herz. Atme weiter ein und aus.
Stell dir jetzt mit jedem Atemzug vor: Du atmest strahlende, kraftvolle Energie ein, und beim Ausatmen verteilst du diese Energie in deinem Körper, in deinen Gedanken, in deinen Gefühlen.
Atme weiter ein und aus.
Mit jedem Atemzug atmest du Energie ein, und beim Ausatmen atmest du diese Energie über die Grenzen deines

Körpers hinaus, hinein in diesen Raum. Fülle den Raum mit strahlender, kraftvoller Energie.
Diese Energie hat die Kraft, deine Gedanken, Gefühle und Sehnsüchte Wirklichkeit werden zu lassen, wenn du dies möchtest.
Atme langsam tief ein und aus.
Sage dann leise in Gedanken zu dir selbst, wenn du möchtest, sage und empfinde: »Ich bin mehr als mein Körper. Ich bin Bewusstsein, unbegrenzt, ewig und frei. Ich bin angeschlossen an meine eigene Ebene II, mein magisches Selbst, eine Dimension, die nicht in den Grenzen von Raum und Zeit gefangen ist. Diese Ebene II ist mein magisches Selbst. Es ist getrieben von der Sehnsucht, Neues zu schaffen. Es will sich freuen, es will lieben, es will wachsen.
Mein magisches Selbst ist eine Dimension des freien Träumens und ich bin ein Teil von ihr. Es träumt beliebige Träume in seiner eigenen Welt und kann sich auch in andere Welten hineinträumen. Es kann andere Dimensionen erforschen und sie in das eigene Bewusstsein integrieren.
Mein magisches Selbst ist die Manifestation, die Verkörperung göttlicher Schöpferkraft, und ich bin ein Teil davon.
In meiner wachbewussten Wirklichkeit träume ich bis jetzt aber nur einen Traum, den Traum meines wachen Ich, der sich aus den Rollen ergibt, die dieses wache Ich spielt. Diesen Traum wiederhole ich unendlich oft. Ich erweitere ihn gelegentlich, aber im Prinzip bleibt dieser Traum immer gleich, weil mein Selbstbild immer gleich bleibt. Jede Veränderung ist gering, weil die Rollen, die ich in diesem Traum spiele, immer gleich bleiben und weil es so wenige sind.
Ich gebe diesem Traum eine Wichtigkeit, die er nicht hat. Ich gebe den Rollen, die ich in diesem Traum spiele, eine

Bedeutung, die sie nicht haben. Ich halte auch mein Selbstbild für wichtig, obwohl es nicht wichtig ist.
Mein magisches Selbst hat mich mit der Fähigkeit zum freien Träumen beseelt. Ich kann mich an diese Fähigkeit erinnern und wie mein großes magisches Vorbild beliebige Träume in dieser Wirklichkeit von Raum und Zeit schaffen. Doch dann darf ich mein wachbewusstes Leben in seiner jetzigen Form nicht mehr wichtig nehmen, darf nicht mehr versuchen, es um jeden Preis in der Form zu erhalten, in der ich es jetzt erträume. Dann muss ich bereit sein, mein Selbstbild grundlegend zu verändern und neu zu formen.
Wenn ich mich für das freie Träumen entscheide, werde ich die Fähigkeiten meines großen magischen Vorbilds anziehen. Es wird zu mir kommen, mich mit seiner Energie und seinen Möglichkeiten erfüllen und in seine Dimension eintauchen lassen. Seine Dimension und die wache Welt, die ich bis jetzt erträumt und als einzige Wirklichkeit erlebt habe, werden verschmelzen und mir gleichermaßen zugänglich sein.
Mein Körper ist ein Traum, den ich im Einklang mit den Rollen träume, die ich gespielt habe und noch spiele, im Einklang mit meinem Selbstbild.
Wenn ich mein Selbstbild und die Rollen, die ich spiele, neu träume, kann ich auch meinen Körper neu träumen und ihm eine neue Form geben, neue Gesundheit und neue Jugend.
Jeder Traum beginnt in meiner Phantasie.
Phantasie ist die Anziehungskraft zwischen den Möglichkeiten des göttlichen Schöpfungsstromes und seiner Schöpfungsideen. Meine Phantasie lässt die Traumelemente entstehen, die ich in ihr vorbereite.
Alle göttlichen Träume entspringen der göttlichen Phantasie. Alle meine Träume entspringen meiner Phantasie und formen meine Wirklichkeit.

Meine Phantasie soll nicht mehr durch mein Selbstbild und mein Weltbild begrenzt werden. Ich möchte frei träumen.
Der erste Schritt zum freien Träumen besteht in der Befreiung meiner Phantasie.
Meine Phantasie ist die Grundlage all meiner Träume. Meine vernünftigen, realistischen Gedanken sind ein Ausfluss meines alten Selbst- und Weltbilds.«
Atme langsam tief ein und aus und entscheide dich dann, deine Phantasie zu befreien, deinen Körper neu zu erträumen, dein Selbstbild neu zu erträumen, deine Rollen neu zu erträumen.
Ein Wunder geschieht in dem Moment, in dem die Möglichkeiten deines jetzigen Traumes von den Möglichkeiten eines neuen Traumes überlagert werden, eines Traumes mit den Gesetzmäßigkeiten eines anderen Selbst- und Weltbilds. Träume, die in deiner normalen Wahrnehmung nicht auftauchen, ja nicht einmal möglich scheinen, erlebst du als Wunder. Dein altes Selbstbild kann sie nicht verstehen, wohl aber dein Wesen. Also gib dich deinem Wesen hin und befreie deine Phantasie!
Beschließe heute Abend vor dem Schlafengehen noch einmal, deine Phantasie zu befreien und Wunder möglich zu machen. Öffne dich für neue Träume, die sich in deiner wachen Wirklichkeit zeigen sollen und zeigen werden.
In der Phantasie und im Traum ist alles möglich, sobald du dich von deinem alten Selbst- und Weltbild befreit hast.
Heute Nacht, wenn du schlafen gehst, fällt die Entscheidung für die Befreiung deiner Phantasie.
Atme langsam tief ein und aus und öffne dann allmählich die Augen.

Die Ideen aus dieser Meditation werden in der Nacht tief in Ihrem Unterbewusstsein verankert und aktivieren Träume, die Ihr altes Selbstbild auflockern und allmählich neue Selbstbilder entstehen lassen. Der zweite Teil der Übung zum Selbstbild treibt diesen Prozess dann im Wachbewusstsein weiter voran.

Übung

Mein Selbstbild, Teil 2

Suchen Sie sich einen gleichgesinnten Partner oder auch eine kleine Gruppe von Gleichgesinnten. Es sollte sich um Menschen handeln, die genug Interesse an diesem Thema haben, dass Sie Ihnen entsprechende Rückmeldungen geben können, oder die die Übung selbst machen wollen und auf Ihre Kommentare Wert legen. Auch dieser Teil der Übung sollte in einem angenehmen, ungezwungenen und ungestörten Rahmen stattfinden.

Zunächst erzählen Sie Ihrem Partner oder der Gruppe, was Sie über Ihr bisheriges Selbstbild herausgefunden haben. Sprechen Sie möglichst offen und legen Sie kurz und präzise dar, was Sie aufgeschrieben und vielleicht dabei gefühlt haben: Ihre Wahrnehmung Ihrer Persönlichkeitsstruktur, Ihrer üblichen Gedanken und Gefühle, Ihrer Gesundheit, Ihres Körpers, Ihrer üblichen Verhaltensweisen, der Rollen, die Sie spielen, Ihrer Automatismen und Gewohnheiten ...

Für die Zuhörenden ist dies einerseits eine Wahrnehmungsübung, andererseits besteht ihre Aufgabe auch darin, das Gehörte zu einem Persönlichkeitsbild zusammenzusetzen, das sie mit ihrem jeweils eigenen Bild von Ihnen vergleichen können. Dazu müssen sie sich ganz in das von Ihnen Gesagte einfühlen und Sie als die Person spüren können, für die Sie sich selbst halten. Dann können die Zuhörer ihr eigenes Bild von Ihnen mit dem dargestellten Bild vergleichen. Mit der Diskussion über die gefundenen Unterschiede ist die Übung aber noch lange nicht abgeschlossen, denn nun bringt Ihr Gegenüber (jemand aus der Gruppe) zu möglichst jedem Punkt, über den Sie gesprochen haben, sechs Alternativen vor, die Ihr Selbstbild beziehungsweise Ihre Persönlichkeit drastisch verändern würden.

Wenn Sie sich zum Beispiel als schwerfällig beschrieben haben, beschreibt Ihr Partner Sie als leichtfüßig, abenteuerlich, spontan, spritzig, hemmungslos, entscheidungsfreudig und verdeutlicht dies vielleicht noch durch entsprechende bildhafte Phantasien. Sie selbst sollten dabei in die Beobachterrolle gehen. Damit meine ich, dass Sie nicht denken, nicht fühlen und keine Meinung zu dem haben sollten, was gesagt wird, auch keine positive. Sie hören einfach nur zu, was Ihr Gegenüber sagt, und lassen es auf sich wirken. Dabei geschieht etwas sehr Wichtiges, auch wenn es Ihnen selbst im Moment noch nicht auffällt. Dadurch dass Sie wahrnehmen, ohne zu denken und ohne eine Meinung zu dem Gesagten zu haben, geht das Gesagte direkt in Ihr Energiesystem und kann dort verwertet werden. Es bleibt nicht in Ihrem Wertesystem hängen und wird dort verfälscht, sondern passiert ungestört Ihre kritische Wahrnehmungsschwelle. Hätten Sie hingegen eine Meinung zu dem Gehörten, würden Gefühle dazu entwickeln oder sich Gedanken dazu durch den Kopf gehen lassen, dann könnte das Gesagte gar nicht mehr so bei Ihnen ankommen, wie es gesagt wurde, sondern nur noch als das, was Sie daraus gemacht haben. Die Wirkung auf Ihren Energiekörper wäre viel schwächer, eventuell verfälscht und wirklich neue Phantasien wären schwieriger zu entwickeln. Damit hätte diese Übung ihren Zweck verfehlt.

Nur wenige Menschen sind zu einer derart neutralen Wahrnehmung in der Lage, und gerade weil ihre Wahrnehmung ständig von ihren eigenen Gedanken, Gefühlen und Erwartungen geprägt ist, haben sie die Tendenz, sich immer nur zu wiederholen und etwas wirklich Neues kaum zuzulassen.

Wer hingegen meinungsfrei zuhört, ist äußerst konzentriert und hat in diesem Moment Zugang zu einem absoluten Gedächtnis. Er wird sich an alles erinnern können, was er in diesem neutralen Zustand aufgenommen hat.

Sollte es Ihnen in dieser Übung gelingen, einander neutral zuzuhören, werden Sie nach einiger Zeit beobachten, wie sich Ihr Selbstbild allmählich zu wandeln beginnt und Sie sich in neuen Rollen erleben, um die herum sich Ihre erlebte Wirklichkeit neu gestaltet. Neue Träume entstehen, Sie fühlen sich freier und bekommen Lust, Ihren alten Käfig hinter sich zu lassen.

Warum es so wichtig ist, das starre Selbstbild aufzuweichen

Das größte Hindernis auf dem Weg zum magischen Selbst ist unser starres Selbstbild, eine geschichtliche Konstruktion, die aus all dem zusammengesetzt ist, was wir vom Moment unserer Zeugung bis jetzt selbst erlebt, von Vorbildern übernommen und als scheinbare Tatsachen akzeptiert haben. Dieses Selbstbild bewirkt natürlich auch eine bestimmte Weltsicht, und auf der Grundlage von beidem entwickeln wir gewisse Rollen und Strategien, erfolgreich mit dem Leben umzugehen.

Normalerweise ist uns nicht bewusst, dass dieses Selbstbild nicht nur von außen erzeugt wurde und wird, sondern auch auf das Außen wirkt und unser Leben prägt. Wir werden geprägt von dem, was von außen auf uns einwirkt. Und das, was wir dann sind, denken und fühlen, prägt wiederum das Außen. So entsteht eine Art geschlossener Kreislauf, aus dem sich die Illusion ergibt, dass wir in einer in sich geschlossenen Wirklichkeit leben, denn was wir zu sein glauben und aufgrund unserer Weltsicht von außen erwarten, scheint sich ja zu bestätigen. Die Wirklichkeit erscheint aber nur deshalb in sich schlüssig, weil wir sie durch unsere Erwartungen geprägt haben und unsere Erwartungen in ihr bestätigt finden. Erst wenn wir in der Lage sind, unser Selbstbild und damit auch unser Weltbild aufzulösen und durch ein anderes zu ersetzen, können wir diesen Kreislauf der ständigen Wiederholung und Bestätigung unseres Selbstbildes durchbrechen und ein gänzlich neues Leben gestalten.

Bis dahin beschert uns jeder Morgen eine Wiedergeburt unseres alten Selbstbildes, weil wir in der Nacht zwar mit unserem kleinen Traum-Ich unterwegs sind, aber nicht weit genug, um am Morgen mit einem veränderten, freieren Selbstbild aufzuwachen. Gelegentlich kommt es zwar vor, dass jemand in trübsinniger Stimmung und mit dem Gefühl, ein armes Opfer zu sein, einschläft und am nächsten Morgen vergnügt und zuversichtlich aufwacht, ohne wirklich einen triftigen Grund dafür zu haben. Er scheint immer noch der Alte zu sein und auch seine Lebensumstände haben sich nicht verändert, aber dennoch hat in der Nacht etwas stattgefunden, das seine Erwartungen und seine Sichtweisen verändert hat. Aus diesem Grund wird gesagt, man sollte vor wichtigen Entscheidungen oder bevor man sich in neue Aktionen stürzt, eine Nacht schlafen, weil der Schlaf etwas Klärendes hat und oft eine Quelle unerwarteter Einsichten und Inspirationen ist.

In der Nacht steigen wir aus unserem Selbst- und Weltbild aus, vielleicht nicht völlig, aber immerhin so weit, dass sich unser kleines Traum-Ich für Informationen vom magischen Selbst öffnen kann, besonders dann, wenn wir dafür bereit sind oder sie sogar bewusst einladen. Informationen, Antworten oder Lösungen für Probleme können auch direkt auf unser waches Leben einwirken und Dinge in Gang setzen, die vorher vielleicht nicht möglich waren, weil wir zu wenig Energie dafür hatten. In diesem Kontakt ist es sogar möglich, die eigene Wirklichkeit völlig umzuträumen, inklusive der eigenen Persönlichkeit und des Körpers, aber darauf werde ich erst später eingehen. Im Moment geht es vor allem darum, das bisherige Selbstbild nicht weiter zu bestätigen und so die Möglichkeit zu schaffen, aus dem alten Leben auszusteigen und neue Erfahrungen zu machen. Jedes Mal, wenn Sie das Wort »ich« benutzen und zum Beispiel »ich denke, ich fühle, ich kann, ich kann nicht …« sagen, bestätigen Sie Ihr bisheriges Selbst- und Weltbild, weil Sie »Ihr Ich«, »Ihr Selbstbild« und »Ihr Weltbild« für das gleiche halten und sich durch diese Formulierungen immer wieder neu damit identifizieren. Jedes Mal, wenn Sie Ihr Wissen und Ihre Erfahrungen zum Besten geben, wenn Sie Ihre Meinung äußern, wenn Sie kritisch oder gar skeptisch sind, bestätigen Sie Ihr altes Selbstbild. Was also können Sie tun?

Versuchen Sie entweder, Ihre Meinung und Ihre Perspektive immer wieder zu ändern – wie Sie es im zweiten Teil der Übung zum Selbstbild gelernt haben – oder erziehen Sie sich dazu, gar keine Meinung mehr zu etwas zu haben oder diese zumindest nicht mehr zu äußern. Nehmen Sie sich vor: Ich werde keine Kommentare mehr abgeben, ich werde nicht mehr kritisch sein, ich werde keine Skepsis mehr äußern, ich werde nicht sagen: »Es geht nicht, weil …« oder »es geht, weil …« Ich werde nicht mehr sagen: »Ich bin ein armes Schwein.« Ich werde nicht mehr sagen: »Ich bin ganz toll.« Ich werde überhaupt nichts mehr über mich oder meiner Einstellung zu etwas sagen. Das leiste ich mir erst wieder, wenn ich mit meinen Selbstbildern spielen kann, meine Rollen nicht mehr ernst nehme und mich überhaupt nicht mehr für so wichtig halte.

Ein Selbstbild erzeugt immer eine Art Größenwahn, denn wenn wir uns selbst betrachten, kommen wir nicht umhin, uns wichtig zu nehmen und in ein Verhältnis – ein möglichst gutes natürlich – zu anderen zu setzen. Und wenn es uns wichtig ist, ob unser Selbstbild von außen bestätigt wird, ob andere begreifen, wie kompetent wir sind, und uns entsprechend anerkennen, werden wir immer größenwahnsinniger.

Inzwischen ist wahrscheinlich klar geworden, dass es ein größeres Unterfangen ist, das eigene Selbstbild infrage zu stellen, denn es fordert alles heraus, woran wir uns bislang gehalten haben. Es genügt sicher nicht, ab und an die vorgeschlagenen Übungen zu machen. Wir müssen sie auch in den Alltag tragen und in unser Leben integrieren, indem wir uns beispielsweise immer wieder sagen: »Wann immer ich glaube etwas zu wissen, hänge ich fest. Immer wenn ich glaube, dass alles möglich und nichts wahrscheinlich ist, bin ich frei – in meiner Wahrnehmung, in meinen Gedanken, Gefühlen, Handlungen und ganz besonders in meinen Phantasien und Träumen.«

Spielregeln für den Umgang mit dem Selbstbild

- Geben Sie grundsätzlich keine ungefragten Kommentare ab wie: »Ich sehe das so ..., Ich finde, man sollte es so machen ...«
- Behalten Sie kritische Anmerkungen möglichst für sich. Beobachten Sie in diesem Zusammenhang auch, wie groß Ihr generelles Bedürfnis ist, ständig irgendwelche Kommentare abzugeben oder Ihre Meinung kundzutun.
- Lassen Sie die Kommentare anderer Menschen über sich oder Ihre Art mit dem Leben umzugehen an sich ab-

gleiten wie Wasser am Gefieder einer Ente. Es muss Ihnen völlig egal sein, was andere Menschen über Sie sagen oder wie sie sich Ihnen gegenüber verhalten. Sagt jemand: »Du siehst aber gar nicht gut aus«, sagen Sie: »Danke für die Information.« Sagt jemand: »Du siehst heute blendend aus«, sagen Sie ebenfalls: »Danke für die Information.« Sie nehmen wahr, was gesagt wird, reagieren aber nicht zwanghaft darauf.

- Verzichten Sie darauf, unbedingt Recht haben zu wollen oder sich ständig zu rechtfertigen.
- Vermeiden Sie Wiederholungen und brechen Sie Ihre Routine immer wieder ganz bewusst. Ein Mensch, der seine Routine nicht brechen kann, der beispielsweise immer im selben Bett oder mit dem selben Kissen schlafen und um dieselbe Zeit essen muss, der grundsätzlich nur dies isst und auf keinen Fall das, wird irgendwann an der Starrheit seines Selbstbildes zerbrechen.
- Laden Sie Ihr Umfeld zum Mitspielen ein, suchen Sie Gleichgesinnte. Klären Sie Freunde und Familienmitglieder über Ihr Vorhaben auf. Sagen Sie ihnen: »Ich will anders werden, als ich je war. Ich will Neues erleben, Neues tun, Neues begreifen. Ich will nie wieder alte Geschichten aus meinem Leben erzählen. Ich will mich nie wieder hinter meiner Krankheit verstecken oder mit meiner Unfähigkeit entschuldigen. Ich will nie wieder Recht haben und auf meine Erfahrung und mein Wissen pochen, damit ich mich und die Welt neu erleben kann.« Bitten Sie dann diejenigen, die dafür offen sind, Ihnen zu helfen, indem sie Ihnen deutlich und rücksichtslos Bescheid geben, wenn Sie wieder in Ihre alten Rollen zurückfallen. Vereinbaren Sie vielleicht ein einfaches, aber deutliches Stichwort wie »Vergangenheitsliebe«. Sobald Sie dieses Stichwort von jemandem hören, halten Sie sofort inne, egal was Sie gerade tun oder sagen, und nehmen wahr, wo Sie in die Falle Ihres alten Selbstbildes gegangen sind.

- Beobachten Sie mehr und reden Sie weniger, auch mit sich selbst. Denn selbst wenn Sie sich nicht mit Ihrem Umfeld oder anderen Personen austauschen und nur Selbstgespräche in Ihrem Kopf führen, bestätigen Sie alte Sichtweisen, Meinungen, Erwartungen und damit Ihr Selbstbild. Auch immer wenn Sie über sich selbst, Ihre Vergangenheit oder Ihr momentanes Verhalten nachdenken, festigen Sie Ihr Selbstbild. »Wie sehe ich aus? Ich habe schon wieder zugenommen. Ich glaube, ich krieg das nicht auf die Reihe. Warum passiert mir das immer, das habe ich doch gar nicht verdient?« Sicher kennen Sie diese Art von innerem Geschwätz. Hören Sie ganz bewusst auf damit, und nehmen Sie einfach wahr, was Sie tun und was um Sie herum geschieht, wertfrei und ohne Reaktion. Wer zum wachen Beobachter wird, hat keine Zeit, Dialoge mit sich selbst zu führen. Dagegen kann, wer ständig spricht, nicht gleichzeitig wahrnehmen. Achten Sie einmal darauf, wie viel Sie reden, wie oft und wann, egal ob laut oder leise. Je mehr Gespräch, desto weniger Wahrnehmung! Das gilt für die Kommunikation mit anderen ebenso wie für innere Dialoge oder das Nachdenken über sich selbst.

Die folgende Meditation verankert Ihre Entscheidung, sich von Ihrem alten Selbstbild zu verabschieden, tief in Ihrem Unterbewusstsein und macht Sie nicht nur entschiedener, sondern auch aufmerksam dafür, wann Sie Gefahr laufen, sich wieder davon einfangen zu lassen.

Neues Selbstbild

Schließe die Augen. Atme langsam tief ein und aus.
Denke an beide Knie. Atme weiter ein und aus.
Denke an beide Schultern. Atme weiter ein und aus.
Denke an deinen Solarplexus. Atme weiter ein und aus.
Denke an dein Herz. Atme weiter ein und aus.
Stell dir jetzt mit jedem Atemzug vor: Du atmest strahlende, kraftvolle Energie ein, und beim Ausatmen verteilst du diese Energie in deinem Körper, in deinen Gedanken, in deinen Gefühlen.
Atme weiter ein und aus.
Mit jedem Atemzug atmest du Energie ein, und beim Ausatmen atmest du diese Energie über die Grenzen deines Körpers hinaus, hinein in diesen Raum. Fülle den Raum mit strahlender, kraftvoller Energie.
Diese Energie hat die Kraft, deine Gedanken, Gefühle und Sehnsüchte Wirklichkeit werden zu lassen, wenn du dies möchtest.
Atme langsam tief ein und aus.
Sage dann leise in Gedanken zu dir selbst, wenn du möchtest, sage und empfinde: »Ich bin mehr als mein Körper. Ich bin Bewusstsein, unbegrenzt, ewig und frei. Ich suche den Kontakt zu meinem magischen Selbst, zu seinen Fähigkeiten und Möglichkeiten. Ich möchte die Wirklichkeit mit seinen Augen wahrnehmen und mit seinen Möglichkeiten erforschen. Ich möchte lernen, dieses wachbewusste Leben als Traum zu sehen, beliebig veränderbar.
Ich sehe mein wachbewusstes Leben als fest gefügte Wirklichkeit, aber tatsächlich ist es ein Traum, der von mir selbst geträumt wird, durch mein Selbstbild, die Rollen, die ich spiele, und die Art und Weise, wie diese Rollen die

schöpferischen Energien prägen, die meinen Traum gestalten.
Damit ich diesen Traum loslassen und verändern kann, will ich mein Selbstbild und meine alten Rollen loslassen.
Dafür entscheide ich mich jetzt. Ich entscheide mich für meinen Weg als freier Träumer.
Ich bin bereit, meine Geschichte loszulassen. Ich bin bereit, meine Beziehung zu Menschen aus der Vergangenheit in eine neue Form zu bringen oder zu beenden. Ich bin bereit, meinen Bezug zu Umständen, in denen ich mich bewegt habe und noch bewege, zu verändern.
Ich bin bereit, meine Opferhaltung aufzugeben und die alleinige Verantwortung für meine Gedanken, meine Gefühle und meinen körperlichen Zustand zu übernehmen.
Ich bin bereit zu erkennen, dass ich auch anderen Menschen ihren freien Traum lassen muss, wenn ich ihn selbst suche. Deshalb bin ich auch bereit, keine Meinung mehr zu dem zu haben, was andere Menschen tun oder sind, und sie so zu lassen, wie sie sind.
Ich entscheide mich, immer weniger über meine Vergangenheit nachzudenken und zu sprechen.
Ich entscheide mich, überhaupt stiller zu werden, weniger zu sprechen und mehr wahrzunehmen.
Und ich entscheide mich, jeden Abend – wenn auch nur ganz kurz – mit meinem magischen Selbst zu sprechen und es zu bitten, seine Energie in mich einfließen zu lassen, damit ich bereit werde, meinen Körper neu zu erträumen, meine Rollen und Strategien für das Leben neu zu erträumen und Umstände zu erträumen, unter denen ich mit meinen Möglichkeiten spielen kann. Ich bin bereit, meinen alten Traum loszulassen, damit ich Neues erträumen kann.
Dies ist von jetzt an meine innere Ausrichtung.«

Entscheide dich noch einmal von ganzem Herzen für diese Ausrichtung.
Atme tief ein und aus.
Denke daran: Alles, was erträumt wurde, kann auch ganz anders sein.
Atme langsam tief ein und aus und öffne dann die Augen.

TEIL 3

Wahrnehmen wie das magische Selbst

Meditation zur Einstimmung

Schließe die Augen. Atme langsam und tief ein und aus.
Denke an beide Knie. Atme langsam ein und aus.
Denke an beide Schultern. Atme weiter ein und aus.
Denke an deinen Solarplexus. Atme weiter ein und aus.
Denke an dein Herz und atme weiter ein und aus.
Stell dir mit jedem Atemzug vor, dass du kraftvolle, strahlende Energie einatmest und diese Energie beim Ausatmen in deinem Körper, deinen Gedanken und deinen Gefühlen verteilst.
Atme weiter ein und aus.
Mit jedem Atemzug atmest du Energie ein, und beim Ausatmen atmest du diese Energie über die Grenzen deines Körpers hinaus, hinein in diesen Raum. Fülle den Raum mit strahlender, kraftvoller Energie.
Diese Energie hat die Kraft, deine Gedanken, Gefühle und Sehnsüchte Wirklichkeit werden zu lassen, wenn du das möchtest.
Atme langsam und tief ein und aus.
Sage dann in Gedanken zu dir selbst und wenn du möchtest, sage und empfinde: »Ich bin mehr als mein Körper.
Ich bin Bewusstsein, unbegrenzt, ewig und frei.
Ich weiß, dass ich nicht mein Körper bin. Ich weiß auch, dass ich nicht meine Gefühle bin und auch nicht meine Gedanken. Ich bin viel mehr als mein Körper, meine Gefühle und meine Gedanken.
Ich bin Bewusstsein und Lebenskraft.
Ich bin lebendige Energie.

Meine Gefühle und Gedanken gehören nur dann zu mir, wenn ich mich mit ihnen identifiziere und sie als Richtungsgeber für meine Lebensenergie nutze.
Ich möchte lernen, frei zu werden in meinen Gefühlen und Gedanken.
Ich möchte mein körperliches Selbstbild erweitern. Mein Körper könnte in jeder Hinsicht anders sein: jünger, älter, dicker, dünner, gesund oder krank, dynamisch oder entspannt.
Ich kann über meine Körperenergien bestimmen, wenn ich frei bin von meinem Körper. Nicht was er will, ist entscheidend, sondern was ich von ihm erwarte und über ihn denke.
Ich bin frei von meinen Gefühlen. Ich kann nach Belieben Gefühle aufbauen als Brücke zu meiner Wahrnehmung, ganz frei. Ich kann bestimmen, wie ich mich fühle, unabhängig von dem, was ich wahrnehme.
Ich bin frei von meinen Gedanken. Ich kann sie beliebig bestimmen oder auch ungenutzt vorbeiziehen lassen.
Wie ich die Erfahrungen meiner Vergangenheit in meinen Gedanken verknüpfe, ist beliebig.
Welche Gefühle ich zu meiner Vergangenheit, zu meinen Erinnerungen und zu meiner Wahrnehmung im Jetzt aufbaue, ist beliebig.
Wie die Energien in meinem Körper fließen und in welchem Zustand er ist, ist beliebig.
Ich kann frei darüber entscheiden.
Je mehr mir diese Freiheit bewusst wird, desto näher ist mir mein magisches Selbst und desto leichter kann ich die Tür zu seiner Dimension öffnen.
Der Kontakt zu meinem Traum-Ich ist der einfachste Weg dorthin.
Deshalb möchte ich zum freien Träumer werden und mir meine Welt frei erträumen.
Mein magisches Selbst ist vollkommen und frei, und ich bin ein Teil davon.

Ich möchte in seiner Energie leben und mir mein Leben beliebig erträumen.
Wie mein magisches Selbst möchte ich mich über die Möglichkeiten freuen, mein Leben frei zu gestalten.
Diese Freiheit wieder zu spüren und zu leben, das ist mein Ziel.«
Atme langsam und tief ein und aus und öffne dann die Augen.

Die Wirklichkeit ist fließend

Unser magisches Selbst gestaltet und erlebt Wirklichkeit sehr viel freier und ganzheitlicher, als wir unsere wache Wirklichkeit gestalten und erleben können. Die Übungen und Meditationen, die ich bisher vorgestellt habe, sollten Ihnen helfen, sich auf die Art und Weise einzustimmen, wie das magische Selbst mit der Wirklichkeit umgeht, und Ihnen deutlich machen, welche enormen Möglichkeiten es dabei hat, weil es aus einer Flut von Schöpfungsideen frei schöpfen kann. Anders als wir hat das magische Selbst kein festes Weltbild. In seiner Dimension kann jeder Raum von Wirklichkeit beliebig verändert, aufgelöst und wieder neu erschaffen werden. Nichts ist an sich beständig und gültig, außer es soll so sein. Für unser magisches Selbst haben auch Raum und Zeit keine absolute Gültigkeit, sondern können wie Puzzleteile immer wieder neu zusammengesetzt, ja sogar durch Schöpfungsideen aus anderen Schöpfungsräumen ergänzt werden. Die Dimension des magischen Selbst wächst ständig, indem sie sich mit anderen Dimensionen verbindet, Schöpfungsideen austauscht und neue Ideen integriert.

Wir hingegen haben ein festes Bild von der Welt, von uns selbst und sogar davon, was unser Körper ist und nicht sein kann. In diesem Bild haben keine neuen Ideen Platz. Wir bewegen uns in festen Strukturen und nach akzeptierten Gesetzmäßigkeiten. Wenn wir also unser Welt- und Selbstbild ein wenig aufweichen wollen, müssen wir unsere Wahrnehmungsfähigkeit und vor allem unsere Phantasie erweitern. Und genau das war das Ziel der bisherigen Übungen und Meditationen. Wir müssen uns wieder für die Erkenntnis öffnen, dass alles auch ganz anders sein könnte. Wir könnten andere Gefühle und Gedanken haben, wir könnten andere Rollen spielen, wir könnten eine andere Bedeutung für Menschen haben, wir könnten eine andere Rolle für die Welt spielen, unser Zugang zur Welt könnte völlig anders sein und unser Verständnis der Welt ebenfalls. Die Welt und unser Leben sind nicht einfach das, als was sie uns erscheinen, wenn wir sie auf die gewohnte Weise betrachten, sondern halten sämtliche Möglichkeiten unseres Wesens, des freien Träumers in uns, für uns bereit. Die Wirklichkeit, die wir erleben, wird von unserer Wahrnehmung bestimmt und von den Gefühlen, die wir dazu entwickeln. Gefühle und Phantasien schaffen Träume.

Bewusst sind wir uns dessen normalerweise nicht, und doch haben Sie vielleicht auch schon erlebt, dass Ihr Weltbild Brüche oder Sprünge bekam. Manchmal geschehen Dinge, die »eigentlich gar nicht möglich sind« und die, wenn man darüber nachdenken würde, höchst irritierend sind. Aus diesem Grund werden sie meist ganz schnell wieder ausgeblendet. Der Kugelschreiber, den wir verzweifelt auf dem Schreibtisch suchten und nirgendwo entdecken konnten, der aber anschließend wieder ganz offen auf eben diesem Schreibtisch liegt, ist nur ein Beispiel dafür.

Mir selbst passierte einmal Folgendes: Ich fuhr mit dem Auto zu einem Termin, kam rechtzeitig an, wurde aber ganz verblüfft empfangen. Niemand hatte mit mir gerechnet, weil die Autobahn, über die ich kommen musste, wegen eines größeren Unfalls schon seit Stunden gesperrt war. Davon wusste ich nichts. Die Autobahn, über die ich gekommen war – und es war genau diese, eine Alternative gab es nicht –, war aber nicht gesperrt, sondern völlig normal befahrbar gewesen. Wo also war ich gefahren? In einer anderen Zeit, an einem anderen Ort? Ein unlösbares Rätsel. Fest steht nur, dass ich rechtzeitig da war.

Ein anderes Mal war ich im Winter losgefahren, weil ich jemanden besuchen wollte. Während der Fahrt bemerkte ich plötzlich, dass ich schon seit einer ganze Weile durch eine Frühlingslandschaft fuhr. Um mich herum zwitscherten die Vögel und die Blumen blühten. Zunächst dachte ich mir nichts dabei, doch plötzlich wurde mir klar, dass das gar nicht sein konnte. Es war Winter! In dem Moment nahm ich ein Flimmern um mich herum wahr – und befand mich wieder in einer Winterlandschaft.

Wäre mir das nicht selbst passiert, und hätte ich es nicht so real wahrgenommen, hätte ich beide Erlebnisse als Visionen oder Traumbilder abgetan. Aber dafür waren sie zu wirklich und im Fall der Autobahn waren auch noch andere Personen beteiligt gewesen. Inzwischen ist mir ganz klar, dass es viele Lücken und Sprünge in der scheinbaren Linearität von Raum und Zeit gibt, die wir einfach verdrängen, weil sie nicht in unser Weltbild passen und wir nicht damit umgehen können. Ein Kugelschreiber kann eben nicht einfach verschwinden und später wieder auftauchen. Was wir gerade noch gesehen haben, kann nicht plötzlich einfach weg sein. In Träumen halten wir so etwas allerdings für möglich. Nun könnte es doch sein, dass die Fähigkeiten des magischen Selbst in dem Maße auf uns übergehen, wie wir uns vorstellen können, dass Raum und Zeit, genau wie viele andere Schöpfungsideen, durch unsere Wirklichkeit fließen und veränderbar sind beziehungsweise immer wieder neu kombiniert und zu einem anderen Bild zusammengesetzt werden können. Wäre es nicht auch möglich, dass die Wirklichkeit vielschichtig ist und wir in unserer Wahrnehmung bestimmte Schichten einfach ein- und ausblenden können?

Ein Beispiel: Wenn Sie vor einer Wand mit grünen und roten Tupfen stehen und man Ihnen eingeredet hat, die Welt sei rot, dann sehen Sie eine rote Wand und blenden das Grün einfach aus, obwohl es genauso deutlich vorhanden ist. Wenn Ihnen jetzt jemand beibringt, Grün wahrzunehmen und alles andere auszublenden, nehmen Sie das Rot vielleicht nicht mehr wahr. Und wenn Sie Ihre Wahrnehmung plötzlich auf gelbe Tupfen richten würden, wären vermutlich Grün und Rot ausgeblendet.

Schon als Kinder haben wir gelernt, unsere Wirklichkeit nur in bestimmten Aspekten zu sehen und nur diese zu erhalten. Aber das erkennen Sie erst dann, wenn etwas in Ihnen davon ablässt, nur Rot sehen zu wollen. Wenn Sie kein Rot mehr erwarten, wenn Sie überhaupt nichts Bestimmtes mehr erwarten, sondern nur neugierig abwarten, was Ihnen Ihre Wahrnehmung zeigt, werden Sie allmählich anfangen, statt nur Rot auch Gelb, Blau oder Violett zu sehen und auch nicht nur die ursprünglichen Tupfen, sondern vielleicht noch Karos und Striche. Und dann werden Sie feststellen, dass sich mit Ihrer Wahrnehmung nicht nur Ihre Wirklichkeit verändert, sondern auch Sie selbst. Solange Sie nur Rot sehen, sind Sie selbst rot. Und wenn Sie Gelb sehen, werden Sie gelb und leben in einer gelben Wirklichkeit.

Diese Erkenntnis gibt Ihnen die Freiheit, mit Ihrer Wahrnehmung und damit mit sich selbst und Ihrer Wirklichkeit zu spielen. Sie glauben nicht mehr, dass Ihre Wirklichkeit fest gefügt und unveränderlich ist. Sie erkennen Gesetzmäßigkeiten als Vereinbarungen oder Erwartungen, die veränderbar sind, wenn man sie durchschaut. Im Traum haben Sie das vielleicht längst erlebt, aber jetzt beginnen Sie, auch Ihre wachbewusste Welt als Traum wahrzunehmen. Das ist die Sichtweise des magischen Selbst.

Wenn wir mit dem magischen Selbst in Kontakt kommen und seine Möglichkeiten auf uns übertragen wollen, müssen wir unsere Wahrnehmung erweitern und unsere starre Sicht der Wirklichkeit aufgeben. Das ist allerdings schwierig, solange wir uns mit unserem Körper identifizieren und unsere Sinnesorgane als Basis für unsere Wahrnehmung benutzen. Wir bleiben mit dem Körper in Raum und Zeit gefangen. Deshalb zielen die folgenden Übungen zunächst nur darauf ab, sich allmählich aus der Identifizierung mit dem Körper zu lösen und als freies Wahrnehmungsfeld verstehen zu lernen. Wenn wir uns als reines Wahrnehmungsfeld verstehen, unabhängig von unserem Körper und damit auch von dem Raum und der Zeit, in denen wir uns gerade aufhalten, können wir dieses Wahrnehmungsfeld auch beliebig durch Raum und Zeit bewegen und wahrnehmen, was immer wir wo und wann wahrnehmen wollen, beispielsweise auch in anderen Dimensionen. Wir können sogar in die Dimension des magischen Selbst eintauchen, mehr und mehr von seinen Schöpfungsideen in uns aufnehmen und allmählich lernen, unsere Wirklichkeit aus seiner Sicht und mit seinen Möglichkeiten zu betrachten.

Sobald wir in der Lage sind, unser Wahrnehmungsfeld als unabhängig von unserem Körper zu empfinden, gewinnen wir Distanz zu unserem Körper und damit auch zu unserer Geschichte und unserem geschichtlichen Selbst- und Weltbild. Die Freiheit von unseren körperlichen Grenzen gibt uns auch die Freiheit von Raum und Zeit und allmählich sogar die Freiheit von jenen allgemein akzeptierten Gesetzmäßigkeiten, nach denen unsere Wirklichkeit zu funktionieren scheint. Mit den Möglichkeiten unseres magischen Selbst können wir diese Wirklichkeit beliebig beeinflussen und wundervolle Dinge bewirken. Wir können beliebig Einfluss auf unseren Körper nehmen, indem wir ihn in seiner Gestalt und in seinem physischen Alter verändern.

Wir können die Heilung von Krankheiten bewirken, die nach den üblichen Gesetzmäßigkeiten nicht heilbar sind. Wir können kraftvoll auf unsere äußeren Umstände einwirken und ein Umfeld schaffen, in dem wir uns wohl fühlen und wo nur noch Menschen und Situationen auftauchen, die unseren Sehnsüchten und unserer Bestimmung entsprechen. Und schließlich können wir die andere Wirklichkeit unseres magischen Selbst und ihre Gesetzmäßigkeit erforschen und allmählich begreifen, was es mit dem Leben und dem göttlichen Sein auf sich hat.

Solche Möglichkeiten scheinen nicht nur weit von unserer üblichen Alltagsrealität entfernt, sondern auch von dem, was die modernen Wissenschaften postulieren. Aber darüber zu spekulieren, ob überhaupt etwas Wahres daran sein kann und ob all das auch praktisch verwertbar ist, macht wenig Sinn. Man kann lediglich versuchen, diese Dinge selbst zu erfahren. Etwas zu glauben heißt nicht, es auch zu wissen. Ich habe erfahren, wovon ich hier schreibe, möchte meine Erfahrungen teilen und Ihnen die Möglichkeit geben, ebenfalls zu erfahren und herauszufinden, ob ich Recht habe. Mit der folgenden Übung will ich Ihnen zeigen, wie Sie Ihre übliche Körperwahrnehmung erweitern können.

ÜBUNG

Körperwahrnehmung

Suchen Sie sich einen ruhigen Ort, wo Sie ungestört sind, und setzen oder legen Sie sich dort hin. Ob Sie während der Übung sitzen oder liegen, spielt eigentlich keine Rolle, doch bedenken Sie, dass Sie es zwar möglichst bequem haben sollten, die Wahrscheinlichkeit, während der Übung einzuschlafen, im Sitzen aber deutlich geringer ist. Es hat sich auch gezeigt, dass Frauen es mit dieser Übung häufig leichter haben, wenn sie mit überkreuzten Beinen sitzen, während die Beine bei Männern parallel liegen sollten. Ob das bei Ihnen auch so ist, sollten Sie einfach ausprobieren. Wichtig ist, dass Sie längere Zeit bewegungslos, aber ohne einzuschlafen in der gewählten Stellung verharren können.

Schließen Sie die Augen und atmen Sie einige Minuten lang tief ein und aus.

Phase 1

Ihre übliche Körperwahrnehmung besteht darin, dass Sie sich als Körper empfinden und über den Körper wahrnehmen. In der ersten Phase dieser Übung lernen Sie, sich aus dieser üblichen Körperwahrnehmung zu lösen und als vom Körper unabhängiges Wahrnehmungsfeld zu empfinden, das sich auf jeden Teil des Körpers konzentrieren beziehungsweise in diesem wahrnehmen kann.

Schritt 1: Als Erstes versuchen Sie, nur bestimmte Bereiche Ihres Körpers wahrzunehmen, nicht mehr den ganzen Körper. Richten Sie Ihre Wahrnehmung zunächst auf eine Ihrer Hände und spüren Sie möglichst nur diese Hand. Spüren Sie zum Beispiel, in welcher Haltung Ihre Hand daliegt, nicht wo und auch nicht worauf sie liegt. Spüren Sie die Hand an sich. Üben Sie so lange, bis Sie nur noch diese eine Hand ganz deutlich spüren und keinen anderen Bereich Ihres Körpers mehr, zumindest nicht so stark wie diese Hand.

Wenn das schwierig ist, bewegen Sie die Hand. Versuchen Sie, sie in der Bewegung zu fühlen und legen Sie sie dann wieder hin. Halten Sie das Gefühl für die Hand weiter aufrecht, auch wenn sie jetzt still liegt und deutlich weniger Signale aussendet.

Wenn auch das schwierig ist, beschreiben Sie in Worten, wie sich die Hand anfühlt oder anfühlen könnte: schwer, leicht, begrenzt, warm, kalt, kribbelig, empfindsam ...

Wenn Sie dies eine Zeit lang getan haben, werden Sie wieder still und versuchen noch einmal Ihre Hand zu spüren. Jetzt sollte es klappen, und mit der Zeit wird es immer besser, leichter und schneller gehen.

Wenn Sie mit der Hand erfolgreich waren, spüren Sie Ihr Gesicht, und nur Ihr Gesicht. Nehmen Sie zum Beispiel die Strukturen des Gesichts wahr, alle Muskeln, die Haut, die Lippen, die Augen, den Gesichtsausdruck.

Wenn Sie Ihr Gesicht gut spüren können, lenken Sie Ihre Wahrnehmung in die rechte Schulter oder das linke Knie und spüren nur dort. Lassen Sie Ihre Wahrnehmung auf diese Weise allmählich durch den ganzen Körper wandern, wobei Sie immer nur einzelne Bereiche klar und deutlich zu spüren und die ganze restliche Körperwahrnehmung auszublenden versuchen. Das machen Sie so lange, bis Sie ein ganz klares Gefühl dafür haben, dass Sie mit Ihrer Energie und Ihrem Bewusstsein nicht zwangsläufig überall im Körper sind.

Wenn Sie diese Übung gut beherrschen, können Sie nicht nur Ihre Wahrnehmung gezielt auf eine bestimmte Körperstelle richten, sondern auch Energie dorthin schicken, beispielsweise um dort Heilung zu bewirken, die Temperatur zu verändern oder schmerzunempfindlich zu werden. Nur auf das, was wir genau wahrnehmen, können wir Einfluss nehmen.

Es mag einige Zeit dauern, bis Sie diese Übung beherrschen, aber lassen Sie nicht locker. Es ist wichtig, dass Sie Ihre Wahrnehmung und Ihr Körpergefühl unter Kontrolle bringen. Eile ist hier völlig fehl am Platz. Solange Sie nicht in der Lage sind zu sagen »ich fühle die Hand und nur die Hand« und Ihr Körpergefühl dann auch wirklich auf diese Hand zu reduzieren, können Sie den nächsten Schritt zu einer größeren Freiheit Ihrer Wahrnehmung nicht erfolgreich angehen.

Schritt 2: Während Sie sich bisher auf relativ große Bereiche Ihres Körpers konzentriert und Ihre Wahrnehmung beispielsweise ganz auf eine Hand verlagert haben, reduzieren Sie in diesem zweiten Übungsschritt Ihr Wahrnehmungsfeld noch weiter und spüren jetzt nur noch einen Finger. Oder statt sich auf Ihr ganzes Gesicht zu konzentrieren, richten Sie Ihre Wahrnehmung jetzt nur noch auf einen Teil des Gesichts: das rechte Auge, das linke Auge, die Lippen, die Nase, die Augenbraue ... Das mag Ihnen im Moment ziemlich schwierig vorkommen, aber mit etwas Übung wird auch das gut funktionieren. Wenn dieser Übungsschritt gut und regelmäßig gelingt, reduzieren Sie Ihre Wahrnehmung noch weiter.

Schritt 3: Spüren Sie statt eines ganzen Fingers nur noch ein Fingerglied, statt des Mundes oder aller Zähne nur noch einen Zahn, statt der ganzen Nase nur noch das rechte Nasenloch, statt des ganzen Auges nur noch die linke Seite des Augapfels ... Während Sie sich den Erfolg zu Beginn der Übung noch mühsam erkämpfen mussten, werden Sie jetzt feststellen, dass er sich immer leichter einstellt. Je mehr Sie fähig werden, Ihre Wahrnehmung konzentriert auf einen winzigen Bereich Ihres Körpers zu richten, desto einfacher können Sie Ihr Körpergefühl verändern und desto unabhängiger werden Sie davon. Sie können jetzt viel leichter freie Gedanken und Gefühle entwickeln und Ihre geistigen Energien stark und konzentriert in den Bereich senden, auf den sich Ihre Wahrnehmung konzentriert, um dort Veränderungen zu bewirken und Selbstheilungsprozesse in Gang zu setzen.

Es kann sein, dass Sie allein mit diesen drei Übungen einige, wenn nicht sogar viele Monate beschäftigt sind, denn sie sind sehr ungewohnt, und irgendwie widersprechen sie unserem normalen Körperbewusstsein sogar. Doch wenn Sie Ihre Wahrnehmungsfähigkeit weiter steigern und Ihre Sicht der Wirklichkeit verändern beziehungsweise der des magischen Selbst annähern wollen, ist es wirklich wichtig, wenn nicht gar Voraussetzung, dass Sie diese Übungen beherrschen. Das heißt: Sie sollten in der Lage sein, sich jederzeit und überall hinzusetzen, zweimal in Ruhe ein- und auszuatmen und dann beispielsweise nur noch einen Finger oder den Fingernagel zu spüren. Erst dann macht es Sinn, die nächste Übungsphase anzugehen.

Doch bis es so weit ist, können Sie sich zusätzlich etwas Gutes tun, indem Sie Ihre Wahrnehmung immer auch in Teile Ihres Körpers schicken, die gerade ein bisschen Energie nötig haben, zum Beispiel in die Kopfhaut, damit die Haare besser wachsen, in die Augen, damit sie besser sehen, in die Zähne, damit sie kraftvoller beißen, in die Haut, damit sie jünger aussieht, in das Hüftgelenk, damit es locker bleibt, in die Leber, damit sie sich entgiftet ...

Energie folgt der Wahrnehmung. Machen Sie sich das zunutze, während Sie mit Ihren Wahrnehmungsfähigkeiten experimentieren.

Phase 2

In dieser Phase gehen Sie noch einen Schritt weiter, indem Sie Ihr Wahrnehmungsfeld nicht nur innerhalb des Körpers verschieben, sondern es ganz aus den Körper herauslösen, das heißt vom Körper und vom Körpergefühl unabhängig werden lassen.

Schritt 1: Streichen Sie in Ihrer Vorstellung mit der rechten Hand über irgendeine Stelle Ihres Körpers, angenommen über die linke Hand. Dabei darf sich Ihre körperliche Hand nicht bewegen. Während Sie das tun, versuchen Sie einerseits zu spüren, wie Ihre linke Hand gestreichelt wird, und andererseits zu empfinden, wie die rechte Hand streichelt und was sie dabei spürt. Das alles tun Sie nur in der Vorstellung. Die rechte Hand bleibt also liegen, während die Phantasiehand streichelt. Spüren Sie, wie Ihre geistige Hand aktiv wird und was sie wahrnimmt, und empfinden Sie gleichzeitig Ihre linke Hand so, als würde sie tatsächlich gestreichelt. Sie können diesen Übungsschritt vorbereiten, indem Sie ganz bewusst mit einer Ihrer körperlichen Hände über die andere streichen und sich den Bewegungsablauf und die Gefühle in beiden Händen möglichst genau einprägen.

Die Übung ist anfangs etwas schwierig, weil Sie Ihre Wahrnehmung nach außen verlagern, also vom Körper trennen und unabhängig machen müssen. Doch je deutlicher Sie Ihre Phantasiehand spüren und in Ihrer Vorstellung sehen können, desto früher werden Sie sich in Ihrer Wahrnehmung außerhalb des Körpers fühlen und desto mehr nähert sich Ihre Wahrnehmungsweise der Wahrnehmung Ihres magischen Selbst an.

Schritt 2: Nun geht es darum, nicht nur einen Körperteil zu spüren, beispielsweise eine Hand, sondern sämtliche Körperbereiche unabhängig von ihrem Zustand und ihrer Position im Körper wahrzunehmen und in der Vorstellung zu bewegen, und zwar gleichzeitig.

Den ganzen Körper unabhängig wahrzunehmen bedeutet, sich jedes Körperbereichs gleichzeitig bewusst zu sein und ihn so empfinden zu können, wie man will, nicht wie er ist. Dafür brauchen Sie nicht zu wissen, wie sich beispielsweise ein Knorpel oder ein bestimmtes Organ anfühlt. Sie suchen vielmehr nach einen Gesamteindruck Ihres Körpers, einem ganzheitlichen Gefühl, das sich vielleicht aus vielen einzelnen Gefühlen zusammensetzt, die Sie früher einmal bei bestimmten körperlichen Bewegungen hatten. Wenn Sie den Punkt erreicht haben, wo Sie jede Körperzone intensiv und gleichzeitig spüren, können Sie die Gefühle in den einzelnen Zonen auch verändern. Zum Beispiel können Sie Ihren Körper dynamisch machen, indem Sie ihn überall gleichzeitig spüren und sagen: »Ich bin topfit, dynamisch und strotze vor Kraft.« Wenn Sie das laut sagen und intensiv fühlen, werden Sie schnell merken, wie sich Ihr Körper in diese Richtung verändert.

Wenn Sie die Gestalt Ihres Körpers verändern wollen, gehen Sie ähnlich vor: Erst treten Sie ganz bewusst mit jedem Körperteil in Kontakt und spüren Ihren Körper so, wie er sich jetzt im Moment anfühlt. Dann verändern Sie dieses Körpergefühl ganzheitlich, indem Sie Ihrem Körper sagen, wie er sich anfühlen soll, und empfinden überall dieses neue Gefühl. Sie können es noch dadurch intensivieren, dass Sie sich in Ihrem Phantasiekörper bewegen und nach Herzenslust zum Ausdruck bringen. Wenn Sie das neue Körpergefühl regelmäßig aufbauen (täglich zehn bis fünfzehn Minuten lang, eine Stunde wäre noch besser), wird sich Ihr Körper nach und nach der Phantasie anpassen. Und wenn die neue geistige Form stabil ist, wird sie die alte Körperform schließlich ablösen. Auf diese Weise können Sie zunehmen, abnehmen, sich verjüngen, beweglicher werden oder Ihre Ausstrahlung verändern. So einfach ist das? Grundsätzlich schon. Allerdings müssen Sie die Übungen so lange regelmäßig machen, bis die neue äußere Form da ist. Und genau daran scheitern die meisten.

Wir gewöhnen uns so leicht an äußere Umstände, an das, was wir gut kennen und womit wir uns arrangiert haben, dass wir schnell träge werden, uns nicht mehr verändern wollen und sogar daran zweifeln, dass Veränderung überhaupt möglich ist. Daher sind Trägheit und Zweifel unsere schlimmsten Feinde. Aber durchzuhalten, alles zu versuchen und letztendlich vielleicht doch zu scheitern, ist immer noch besser, als es nie versucht zu haben. Wenn Sie mit dieser Einstellung üben, wird es Ihnen gelingen, Ihre alte Form durch eine neue zu ersetzen. Dann wird sich Ihr Traumkörper allmählich Ihrem physischen Körper annähern.

In alten schamanischen Traditionen bezeichnet man die Zauberer, die ihren Traumkörper völlig unter Kontrolle haben und auch ihre physische Körperform beliebig verändern können, als Gestaltwandler. Nicht dass dies unser Ziel wäre, aber über die konzentrierte und intensive Gestaltung des Traumkörpers gezielt auf unseren Körper einwirken und ihn beispielsweise heilen oder jugendlicher und kraftvoller machen zu können, wäre schon eine erstrebenswerte Fähigkeit. Wenn wir dazu in der Lage wären, wäre unser Leben sicher einfacher, und viele Ängste, von denen das Gesundheitswesen und die Versicherungsbranche leben, würden sich in Luft auflösen. Unser Körper wäre dann kein bedrohtes Opfer feindlicher Umwelteinflüsse mehr, sondern ein Spiegel jener bewusst gewählten geistigen Ideen und Gefühle, die unsere Phantasie gestalten und unsere Träume prägen, auch den »körperlichen Traum«.

Anmerkung zur Übung

Sollte es Ihnen zunächst schwer fallen, in einen tiefen Entspannungszustand zu gelangen, in dem Sie diese Übungen leichter und wirksamer durchführen können, mag es ratsam sein, etwas Entspannungsmusik zu hören. Setzen Sie die Musik jedoch nur so lange ein, bis Sie den Entspannungszustand innerlich so gut abgespeichert haben, dass Sie ihn allein mithilfe Ihre Erinnerung wieder finden können. Grundsätzlich sollten Sie keine Hilfsmittel benutzen, sondern Ihre Fähigkeiten aus eigener Kraft anwenden und im eigenen Rhythmus entwickeln können.

Auch die später im Buch vorgestellten Übungen auf Kassette oder CD sollen Ihnen lediglich zu Beginn Rückenwind geben und den Erfolg der praktischen Übungen beschleunigen. Setzen Sie sie nur so lange ein, bis Sie keine Hilfsmittel mehr brauchen.

Phantasieprägung des Körpers

Schließe die Augen.
Beide Hände liegen locker auf den Oberschenkeln.
Atme langsam tief ein und aus.
Spüre deine linke Hand, nur die linke Hand.
Alles andere ist weit weg, nur die linke Hand.
Spüre den Handrücken
und dann die Handfläche, die auf dem Oberschenkel aufliegt.
Was spürst du? Erzähle dir in Gedanken, wie sich die Hand anfühlt.
Löse dich dann von der Hand und geh mit deiner Wahrnehmung in die rechte Schulter. Spüre nur den Bereich der rechten Schulter.
Nur die rechte Schulter.
Und jetzt geh mit deiner Wahrnehmung in dein Gesicht.
Spüre dein Gesicht: Stirn, Wangen, Nase, Mund, Kinn, dein ganzes Gesicht.
Und jetzt spüre nur deine Nase.
Und jetzt spüre wieder deine linke Hand.
Streiche in deiner Phantasie mit der rechten Hand über die linke Hand. Spüre, wie die linke Hand gestreichelt wird.
Spüre deine rechte Phantasiehand.
Lege die rechte Phantasiehand dann wieder zurück auf den Oberschenkel.
Und jetzt nimm deinen ganzen Körper wahr. Spüre deinen ganzen Körper, jeden Bereich.
Und jetzt verleihe deinem Körper Jugendlichkeit und Frische. Fühle dich jung, fühle dich frisch und fühle diese Jugendlichkeit und Frische überall.

Und dann steh in deiner Phantasie mit diesem jungen, frischen Körper auf und laufe damit herum.
Atme langsam tief ein und aus und öffne dann die Augen.

Diese Meditation ist sehr wirksam, denn Phantasien prägen Ihre Träume, und Ihre Träume prägen den Traum Ihrer wachen Wirklichkeit, auch Ihren Körper.

ÜBUNG

Wahrnehmung eines Gegenstandes

Während Sie in der letzten Übung versucht haben, Ihr Wahrnehmungsfeld innerhalb des Körpers zu verschieben und dadurch allmählich vom Körper unabhängig zu machen, versuchen Sie jetzt, Ihr Wahrnehmungsfeld aus dem Körper hinauszuschieben und an einen Gegenstand zu binden. Das heißt: Sie empfinden die Form und sämtliche Details des Gegenstandes, den Sie sich zuvor mithilfe möglichst vieler Sinneseindrücke eingeprägt haben, so genau wie möglich in Ihrer Vorstellung nach. Diese Übung ist ungleich schwieriger als die vorausgegangenen. Daher schlage ich vor, sie in mehreren kleinen Schritten zu machen, wobei jeder Schritt gleich wichtig ist und die gleiche Sorgfalt erfordert.

Schritt 1: Gehen Sie ins Freie, und suchen Sie sich einen Stein, eine Pflanze oder einen Baum, also irgendetwas, das Sie über einen längeren Zeitraum hinweg ungestört und gründlich betrachten können. Für diese Betrachtungsphase sollten Sie sich mindestens eine Dreiviertelstunde Zeit nehmen, vielleicht auch länger. Setzen Sie sich entspannt vor das Objekt, das Sie sich ausgesucht haben, und betrachten Sie es in allen Einzelheiten. Wenn Sie sich beispielsweise einen Stein ausgesucht haben, nehmen Sie möglichst viele kleine Details an diesem Stein wahr: Welche Form hat er, welche Farbe, wo ändert sich die Farbe, wo gibt es einen Bruch in der Form, welche Oberflächenstruktur hat er, wo stößt er an andere Steine an, wie liegt er in der Landschaft ...? Zunächst sind Sie nur damit beschäftigt zu schauen. Konzentrieren Sie sich ganz auf das, was Sie sehen, und machen Sie nichts anderes. Mit der Zeit werden Sie mehr und mehr Details entdecken. Die Flut der Details, die Sie jetzt entdecken und sich später vorstellen können, regt Ihre Phantasie an, lässt sie lebendiger und kraftvoller werden und wirkt sich intensiv auf Ihre Träume aus.

Schritt 2: Um Ihre Wahrnehmung weiter zu verfeinern, beschreiben Sie jetzt mit klaren Worten, was Sie sehen. Zum Beispiel: »Mein Stein oder Felsbrocken hat sechs Kanten, drei davon sind länger als die anderen drei und treffen sich in einer markanten Spitze, während die anderen sozusagen die Basis bilden. Mein Stein ist hellgrau, aber an einer Stelle, in der Nähe der Basis, hat er einen weißen Einschluss. Es sieht aus, als sei dort eine weiße Welle durchgeschwappt, deren Ausläufer sich in dünnen Linien bis zur Spitze des Steins ziehen. Auf der rechten Seite drängt er die anderen Steine weg, links hat er Spielraum und ist von weichem Moos umfasst ...« Drücken Sie sich möglichst präzise und bildhaft, aber auch gefühlvoll aus und machen Sie sich Notizen.

Wie schwierig es ist, etwas so genau zu betrachten, dass man es sich anschließend in allen Details vorstellen kann, habe ich während meines Architekturstudiums auf ganz verblüffende Weise erfahren. Unser Professor für Malerei und Grafik pflegte zu sagen: »Ob man zeichnen und malen kann, ist keine Frage der Technik, sondern eine Frage des Sehens.« Um das zu illustrieren hatte er eine sechseckige

Käseschachtel in einem verdrehten Winkel hinter einem Vorhang aufgebaut. Dann zog er den Vorhang kurz weg, und wir sollten genau wahrnehmen, was wir sehen konnten. Anschließend wurde der Vorhang wieder zugezogen, und wir sollten zeichnen, was wir gesehen hatten, und zwar genau so, wie es ausgesehen hatte. Das schaffte keiner von uns. Wir zeichneten alle, was wir gesehen zu haben glaubten: eine Käseschachtel irgendwie von oben, aber die Flächen und Winkel unserer gezeichneten Schachteln entsprachen überhaupt nicht dem, was wir gesehen hatten. Dann sollten wir die Schachtel noch einmal betrachten und genau mit Worten beschreiben: Diese Linie ist so lang, jene so lang. Sie stehen in diesem Winkel zueinander und berühren das Umfeld etwa so. Die Flächen sind so groß und verhalten sich so und so zueinander ... Nachdem wir unsere Wahrnehmung auf diese Weise präzisiert und abgespeichert hatten, konnten wir die Käseschachtel so zeichnen, wie wir sie tatsächlich gesehen hatten.

Auch in diesem zweiten Übungsschritt geht es zunächst darum, sorgfältig hinzuschauen und das Gesehene sprachlich präzise zu beschreiben. Wenn Sie das Gefühl haben, Sie hätten schon alles gesehen und es fiele Ihnen nichts Neues mehr auf, schauen Sie trotzdem noch einmal hin und dann noch einmal – so lange, bis auch jedes noch so kleine Detail wahrgenommen und verankert ist. Manche Gegenstände sind schneller zu erfassen als andere, aber auf jeden Fall sollten Sie sich mindestens 15 Minuten Zeit für diesen Übungsschritt nehmen.

Wenn Sie sich alles gut eingeprägt haben und es mit Worten klar beschreiben können, tun Sie den nächsten Schritt und vergleichen diesen Gegenstand mit einem anderen.

Schritt 3: Schauen Sie sich einen anderen Gegenstand genauso gründlich an wie den ersten und sagen Sie dann, worin sich die beiden Gegenstände unterscheiden. Wählen

Sie zwei sehr ähnliche Gegenstände für Ihre vergleichende Betrachtung, zum Beispiel zwei ähnliche Steine, Blätter oder Baumstämme. Der Vergleich funktioniert nur dann erfolgreich, wenn Sie sich ganz genau an viele Details beider Gegenstände erinnern und diese wirklich miteinander vergleichen können. Indem Sie die Details der beiden Gegenstände miteinander vergleichen, nehmen Sie die Gegenstände noch deutlicher wahr. Dadurch prägen sich ihre Form und ihr Ausdruck noch tiefer in Ihr Gedächtnis ein und alles wird klarer, deutlicher und intensiver vorstellbar.

Im nächsten Schritt geht es darum, möglichst viele in der Erinnerung gespeicherte Details abzurufen und daraus ein Vorstellungsbild zu entwickeln.

Schritt 4: Schließen Sie die Augen, nachdem Sie den gewählten Gegenstand noch einmal ganz genau betrachtet haben, und versuchen Sie nun, ihn so detailliert wie möglich aus der Erinnerung zu beschreiben und sich vorzustellen. Wenn Sie Erinnerungslücken haben, machen Sie die Augen noch einmal kurz auf, um sich erneut in Kontakt mit dem Gegenstand zu bringen, und versuchen es dann weiter. Wenn Sie die Übung bis hierher erfolgreich abgeschlossen haben, können Sie Ihren Beobachterposten verlassen, einen kleinen Spaziergang machen und dann wieder nach Hause gehen.

Nun suchen Sie sich ein ruhiges Plätzchen in Ihrer häuslichen Umgebung, setzen sich dort entspannt hin, schließen die Augen und versuchen den Stein, oder was immer Sie betrachtet hatten, erneut vor Ihrem inneren Auge lebendig werden zu lassen. Wenn Sie das Objekt nicht sehen oder sich vorstellen können, beschreiben Sie es zunächst so lange präzise mit Worten, bis es erst als Ahnung und dann wieder als ganzes Bild vor Ihrem inneren Auge auftaucht. Wenn das gut funktioniert, können Sie die Übung dadurch noch wirksamer machen, dass Sie sich vorstellen, wie Sie vor dem

Objekt stehen und es aus der gleichen Perspektive sehen wie zuvor im Freien.

Wenn Sie diese Übung zum ersten Mal machen, werden Sie erstaunt sein, wie schwierig sie ist, und zwar deshalb, weil wir uns normalerweise überhaupt nicht die Mühe machen, ein Ding so detailliert zu betrachten. Deshalb sind unsere Phantasie und unsere Kreativität in der Regel auch nur mäßig entwickelt. Unsere Phantasie wird umso kraftvoller und lebendiger, je mehr Details wir um uns herum wahrnehmen, und gewinnt noch an Kraft und Intensität, wenn die wahrgenommenen Details wieder erinnert und zu neuen detaillierten Phantasien verknüpft werden. Mit unserer Phantasie werden auch unsere Träume lebendig und lenkbar. Damit kommen wir unserem magischen Selbst und seinen Möglichkeiten immer näher und können in Resonanz mit ihm gehen, bis es uns irgendwann mit seinen Fähigkeiten berührt und wir wieder zu freien Träumern werden.

Anmerkung zur Übung

Die sprachliche Beschreibung der beobachteten Objekte ist nur ein Hilfsmittel zur Entwicklung von Wahrnehmungsfähigkeit und Vorstellungskraft. Dieses Hilfsmittel ist recht umständlich und irgendwann auch überflüssig, denn eigentlich geht es darum, das Objekt über die genaue Beschreibung zu fühlen, zu spüren, zu begreifen und praktisch zu dem Objekt zu werden. Die äußere Beschreibung öffnet gewissermaßen das Tor zu einer paranormalen Wahrnehmung, die uns einen ganzheitlichen Eindruck dessen verschafft, was wir wahrnehmen wollen. Erst dieses tiefe Gefühl für die betrachtete Sache setzt die Träume darüber in Gang. Mit tiefem Gefühl für die betrachtete Sache sind nicht etwa sentimentale Erinnerungen gemeint, die vielleicht daran geknüpft sind wie beispielsweise: »Als ich das letzte Mal so einen ähnlichen Stein gesehen habe, war ich noch mit meinem Freund zusammen und es war so schön« oder »Ist das nicht ein schöner Stein, er rührt mich zu Tränen, ich sollte ihn aufheben, malen, verschenken, so schön ist er.« Der Wahrnehmende sollte ein neutraler Beobachter sein, der nicht auf das reagiert, was er sieht, aber sehr wohl fähig ist, in seinen Gefühlen zu erinnern, was er wahrgenommen hat. »Ich kann fühlen, wie die Käseschachtel schräg dasteht« ist nicht das Gleiche wie »Ich bin irritiert und verwundert darüber, dass diese Schachtel so schräg dasteht«.

Unterstützend zu dieser Übung schlage ich die folgende Meditation vor. Sie hilft Ihnen, Ihr Wahrnehmungsfeld gezielt auszurichten und damit beweglich zu werden.

MEDITATION

Ausrichtung der Wahrnehmung

Schließe die Augen.
Atme langsam tief ein und aus.
Denke nun an deine rechte Hand.
Spüre, wie deine rechte Hand auf dem Oberschenkel liegt.
Dann spüre dein Gesicht.
Spüre deine Kopfhaut.
Und jetzt denke an das Objekt, das du so genau betrachtet hast. Lass dieses Objekt in deiner Phantasie neu entstehen und betrachte es ganz genau, in allen Details.
Nimm das Objekt in deiner Phantasie genau so wahr, wie du es wahrgenommen hast, als du dort warst.
Nimm das Objekt jetzt in seinem Umfeld wahr.

Nimm möglichst viele Details des Umfeldes wahr, auch wenn du das Umfeld vorher nicht bewusst betrachtet hast.
Nimm dann deine Position im Verhältnis zu diesem Objekt wahr. Wo bist du und wo ist das Objekt?
Spüre dich selbst und das Objekt vor dir.
Nimm dich als Körper vor diesem Objekt wahr.
Und nun hebe in deiner Phantasie deine Hände zwischen dich und das Objekt.
Betrachte abwechselnd deine Hände und das Objekt.
Geh dann langsam rückwärts, sodass das Objekt immer weiter wegrückt.
Lass die Hände zwischen dir und dem Objekt. Geh rückwärts und lass das Objekt immer kleiner werden.
Dann lass die Hände sinken, schau auf das Objekt und bestimme das Körpergefühl, das du in diesem Moment haben möchtest.
Geh mit diesem Körpergefühl wieder zu dem Objekt und stell dich genau dorthin, wo du ganz zu Anfang warst.
Jetzt schließe in der Phantasie die Augen, blende das Objekt aus und spüre, wie du wieder hier im Raum sitzt.
Atme langsam tief ein und aus und öffne dann die Augen.

Diese Meditation hilft Ihnen, Ihr Wahrnehmungsfeld ganz vom Körper abzuziehen und es irgendwohin zu schicken, wo es dann so lange ausschließlich ein bestimmtes Objekt wahrnimmt, bis dieses Objekt ein Teil Ihrer Gefühle geworden ist und Sie es wirklich spüren. Was mit einer Vorstellung begann, wird zu einem tatsächlichen, hellfühlenden und hellsichtigen Erlebnis.

Die folgende Abendmeditation wird Ihr Wahrnehmungsfeld dahingehend stimulieren, dass es sich im Schlaf auf Reisen in Ihre Traumwelt begibt und Ihre Vorstellungen und Phantasien zu lebendigen Träumen werden lässt.

Wahrnehmungsausrichtung für die Nacht

Schließe die Augen. Atme langsam tief ein und aus.
Denke an deine beiden Knie. Atme weiter ein und aus.
Denke an deine beiden Schultern. Atme weiter ein und aus.
Denke an deinen Solarplexus. Atme weiter ein und aus.
Denke an dein Herz. Atme weiter ein und aus.
Stell dir jetzt mit jedem Atemzug vor: Du atmest strahlende, kraftvolle Energie ein, und beim Ausatmen verteilst du diese Energie in deinem Körper, in deinen Gedanken, in deinen Gefühlen.
Atme weiter ein und aus.
Mit jedem Atemzug atmest du Energie ein, und beim Ausatmen atmest du diese Energie über die Grenzen deines Körpers hinaus, hinein in diesen Raum. Fülle den Raum mit strahlender, kraftvoller Energie.
Diese Energie hat die Kraft, deine Gedanken, Gefühle und Sehnsüchte Wirklichkeit werden zu lassen, wenn du dies möchtest.
Atme langsam tief ein und aus.
Sage dann leise in Gedanken zu dir selbst, wenn du möchtest, sage und empfinde: »Ich bin mehr als mein Körper. Ich bin mehr als meine Gefühle, ich bin mehr als meine Gedanken. Ich bin Bewusstsein und Wahrnehmung, unbegrenzt, ewig, frei.
Ich kann die Wirklichkeit über meinen Körper wahrnehmen und mich über meinen Körper in der Wirklichkeit zum Ausdruck bringen. Ich kann aber auch mein Wahrnehmungsfeld in meinem Körper beliebig verschieben, kann es auf jede beliebige Stelle konzentrieren

und sogar über die Grenzen meines Körpers nach außen schieben, wohin immer ich will.
Dort, wo meine Wahrnehmung ist, ist meine Energie. Dort gestalte ich die Wirklichkeit.«
Atme langsam tief ein und aus.
Wenn du möchtest, sage nun leise zu dir selbst und empfinde: »Ich öffne mich für die Fähigkeiten meines magischen Selbst. Ich will spüren, dass mein Selbstbild beliebig ist. Ich kann es beliebig verändern. Ich will auch spüren, dass meine Sicht der Welt beliebig ist. Ich kann sie beliebig verändern.«
Atme langsam tief ein und aus.
Und jetzt denke an das Objekt, das du so aufmerksam und bewusst beobachtet hast. Denke an dieses Objekt und nimm es in deiner Phantasie mit allen Details wahr.
Spüre dich nun selbst als Körper vor diesem Objekt.
Sieh dich genau so, wie du tatsächlich vor diesem Objekt gestanden und es betrachtet hast.
Hebe nun die Hände zwischen dich und das Objekt.
Betrachte in deiner Phantasie abwechselnd das Objekt und deine Hände und nimm dabei möglichst viele Details wahr.
Springe in deiner Wahrnehmung zwischen deinen Händen und dem Objekt hin und her.
Präge dir diese Szene gut ein: das Objekt, deine Hände und dich selbst, wie du da stehst und deine Hände und das Objekt betrachtest.
Erinnere dich vor dem Einschlafen noch einmal in allen Details an diese Szene und nimm dir vor, in der Nacht zusammen mit deinem Traum-Ich den Körper zu verlassen und diese Szene nachzuträumen. Nimm dir auch vor, im Traum deine Hände wahrzunehmen und dich zu erinnern, dass du träumst.
Wenn du heute Nacht von dieser Szene träumst und deine Hände siehst, wirst du wissen, dass du träumst …
Atme langsam tief ein und aus und öffne dann die Augen.

Diese Meditation ist sehr kraftvoll und hat mehr Einfluss auf Ihr Traumgeschehen und die Entwicklung Ihrer Fähigkeiten als freier Träumer, als Sie sich im Moment vorstellen können.

Warum diese Wahrnehmungsübungen funktionieren

Der Grund für die Wirksamkeit dieser Übungen liegt im konsequenten Aufbau der Übungsschritte. Jede Übung besteht aus folgenden Schritten:

- ein Objekt genau betrachten,
- möglichst viele Details bemerken und einander zuordnen,
- Details mit plastischen Worten beschreiben und genau einprägen,
- Details des betrachteten Objekts mit anderen, ähnlichen Objekten und ihren Details vergleichen,
- Details erinnern und in der Vorstellung wieder zusammensetzen,
- in der Vorstellung den eigenen Körper im Verhältnis zu dem Objekt empfinden und das Objekt aus dieser Position betrachten,
- in der Vorstellung die eigenen Hände zwischen sich und das Objekt halten und beides abwechselnd sehen.

Das konsequente Durchlaufen aller Übungsschritte lässt Ihre Wahrnehmung präzise, beweglich und unabhängig vom Körper werden. Und wenn Sie mit einer Phantasie einschlafen, die von dieser sehr lebendigen Wahrnehmung geprägt wurde, werden Sie anschließend davon träumen, vielleicht nicht sofort, aber sehr bald. Die Wahrscheinlichkeit, dass dies geschieht, ist sehr groß, denn alle heftigen Gedanken und Gefühle, die uns beim Einschlafen noch sehr beschäftigen, prägen unser Traumgeschehen. Dabei macht es keinen Unterschied, ob wir uns am nächsten Morgen daran erinnern können oder nicht.

Je intensiver Sie sich mit diesen Übungsschritten und Meditationen beschäftigen, desto wahrscheinlicher ist, dass Sie die dadurch aktivierten Träume bewusst erinnern. Dann kann es sogar vorkommen, dass Sie im Traum plötzlich wissen, dass Sie träumen, weil Sie einen der Übungsschritte erkennen. Damit beginnt Ihre Fähigkeit, bewusst und frei mit Traumszenen umzugehen. Träume frei gestalten und die Möglichkeiten des Traum-Ich nutzen zu können, ist ja unser eigentliches Ziel. Und wenn wir im nächtlichen Traum aufwachen können, beginnt unser kleines Traum-Ich, die Energien des magischen Selbst anzuziehen und mit ihm zu verschmelzen.

Die Idee, dass wir eine von unserem Körper unabhängige Existenz haben, dass wir ewiges Bewusstsein sind und frei, ohne räumliche und zeitliche Bindungen, ist für viele von uns spekulativ nachvollziehbar, aber sich vorzustellen, wie wir als freies Bewusstsein praktisch beliebig mit Raum und Zeit umgehen können, ist in der Tat sehr schwierig. Alles, was wir gelernt haben und bis jetzt glauben, spricht dagegen. Und was nicht wirklich vorstellbar und fühlbar ist, kann auch nicht erlebt werden, zumindest nicht von den meisten von uns.

Energie folgt der Aufmerksamkeit. Unsere Wahrnehmung prägt unsere Visionen und unsere Phantasie. Und Visionen und Phantasie prägen unsere Träume und letztendlich unsere Wirklichkeit.

Deshalb müssen wir unser Vorstellungsvermögen und unsere Wahrnehmungsfähigkeit schulen und aus den üblichen Grenzen befreien. Je präziser unsere Wahrnehmungsfähigkeit ist, desto präziser und lebendiger wird unsere Phantasie, und je lebendiger unsere Phantasie ist, desto lebendiger sind unsere Träume. Unsere Träume formen unseren Energiekörper und unsere wachbewusste Wirklichkeit. Sie bewusst lenken zu können gibt uns mehr und mehr Einfluss auf unser Leben. Doch wenn wir im Traum aufwachen, weil wir den Traum als solchen durchschauen und uns an unser übliches Sein und unsere wache Wirklichkeit erinnern, haben wir sogar die Möglichkeit, die Fähigkeiten der Traumdimension zu nutzen, auf unseren Energiekörper zu übertragen und in diese Welt mitzunehmen. Auf diese Weise werden wir mehr und mehr unabhängig von den Gesetzmäßigkeiten der wachen Wirklichkeit.

Solange wir auf unseren Körper als Sitz unseres Bewusstseins fixiert sind und uns ein freies Wahrnehmungsfeld oder das bewusste Erleben der Wirklichkeit außerhalb unseres Körpers kaum vorstellen können, ist dies allerdings sehr schwierig. Mit den gerade vorgestellten Übungen und Meditationen versuchen wir nun, genau diese Körperfixierung aufzulösen und öffnen uns für die Möglichkeit, unsere Wahrnehmung durch Raum und Zeit auszudehnen. Gleichzeitig führt die Schulung unserer Wahrnehmung zu mehr Lebendigkeit in unserer Phantasie und zu einer zielgerichteten Aktivierung unserer Träume. In diesem Zusammenhang ist auch die nächste Übung zu verstehen.

Wir lernen, in unserer Vorstellung genauso lebendig und genau wahrzunehmen wie mit unseren physischen Sinnen und uns dabei auch noch durch den Raum und später vielleicht sogar durch die Zeit zu bewegen. Je leichter und selbstverständlicher uns dies in der Vorstellung gelingt und je mehr sich unsere Wahrnehmung während einer vorgestellten Bewegung durch den Raum mit der Wahrnehmung während der körperlichen Bewegung durch den Raum deckt, desto eher wird sich unser Bewusstsein vom Körper lösen und eine solche Bewusstseinsreise machen können. Unsere innere Bereitschaft für eine Bewusstseinsreise oder außerkörperliche Erfahrung ermöglicht uns nicht nur einen tieferen Zugang zu dieser wachen Wirklichkeit von Raum und Zeit, sondern macht auch unser kleines Traum-Ich mehr und mehr bereit für die Möglichkeiten des magischen Selbst.

ÜBUNG

Wahrnehmung von Körpergefühl und Raum

Phase 1

Nehmen Sie sich für diese Übungsphase das erste Mal etwa eine Stunde Zeit, gern auch länger. Suchen Sie sich einen Ort im Freien, der einerseits Ruhe, andererseits aber auch genügend Abwechslung bietet. Das kann zum Beispiel eine Stelle im Wald sein oder in einem Park mit Bäumen, Blumen, Steinen, mit einem Teich oder einem Spielplatz, vielleicht auch einem Parkplatz, auf jeden Fall mit genügend Abwechslung für Ihre Wahrnehmung. Nun gehen Sie diesen Bereich ganz langsam ab und tauschen Sie sich mit den Dingen aus. Setzen Sie sich beispielsweise auf einen Stein, schnuppern Sie an einer Blume, zupfen Sie ein Blatt ab, beobachten Sie ein Insekt, wälzen Sie sich im Gras ... Während Sie diesen Bereich über die verschiedensten Aktionen erforschen, ist es wieder ganz wichtig, dass Sie jedes Detail wahrnehmen, einschließlich sich selbst in Ihren Bewegungen und sogar der Zeit, die Sie für etwas brauchen. Wenn Sie beispielsweise an einer Blume schnuppern, nehmen Sie wahr, wie Sie sich hinunterbeugen, sehen, wie sich Ihre Hand der Blume nähert, spüren, wie Ihnen der Duft in die Nase steigt. Verrichten Sie jede noch so kleine Handlung ganz bewusst, als sei es zum ersten Mal. Beobachten Sie ganz genau, was Sie in welchem Moment tun. Wie lange dauert es? Wie genau läuft die Bewegung ab? Machen Sie alles, was bei Ihnen normalerweise völlig unbewusst und routiniert abläuft und später nicht mehr so ohne weiteres nachvollzogen werden kann, jetzt ganz bewusst.

Sehr hilfreich ist es, wenn Sie Ihre Aktionen zunächst sprachlich begleiten. Während Sie den Bereich, den Sie sich ausgesucht haben, langsam abgehen, sagen Sie zum Beispiel: »Ich beginne mit dem rechten Fuß. Bis zum Baum sind es fünf Schritte. Wenn ich gehe, halte ich den Kopf ein wenig gesenkt und die Arme leicht angewinkelt. Ich nehme ganz bewusst wahr, wie ich gehe. Ich sehe die Blume dort. Ich gehe zu ihr hin, beuge mich vor und schnuppere daran. Dabei spüre ich, woher der Wind kommt und wie lange das alles dauert.«

Machen Sie Ihre Runde mit sämtlichen Aktionen mehrmals, immer genau gleich. Gehen Sie bis zu zwanzigmal vom Baum bis zur Blume und von der Blume bis zum Stein. Nehmen Sie genau wahr: Habe ich noch etwas übersehen? Habe ich noch etwas nicht so gemacht wie beim letzten Mal? Habe ich vergessen, auf die Länge meiner Schritte zu achten oder auf meine Geschwindigkeit oder auf meine Kopfhaltung? Habe ich vielleicht nicht darauf geachtet, wie lange das Ganze dauert oder wie sich mein Rücken anfühlt, wenn ich mich zu der Blume hinunterbücke, oder welche Gerüche ich wahrnehme? Auf diese Weise sammeln Sie viele, viele Eindrücke, einerseits, indem Sie Dinge im Außen wahrnehmen, andererseits, indem Sie wahrnehmen, was sich in Ihrem Körper abspielt, während Sie diese Übung machen. Das Sammeln möglichst vieler Eindrücke, das Wahrnehmen möglichst vieler Details ist das Wichtigste an dieser Übung. Und wenn Sie vierzigmal die gleiche Runde drehen wollen, weil Ihnen dabei immer wieder etwas Neues auffällt, dann tun Sie das eben.

Seien Sie absolut gegenwärtig, alles ist wichtig: was Sie denken, was Sie fühlen, wie Ihr Körper sich verhält, wie er sich bewegt, wie er sich zu den Dingen in Bezug setzt ... Vielleicht stellen Sie fest, dass Ihre Beobachtungen anfangs extrem lückenhaft sind. Möglicherweise haben Sie auf Ihre Schrittlänge geachtet, aber nicht bemerkt, wie es sich anfühlt, dort zu gehen. Auch wie schnell Sie gegangen sind, können Sie nicht mehr sagen. Bereichern Sie Ihre Eindrücke mit jedem Rundgang. Schauen Sie dann auf die Uhr und erforschen Sie auch das zeitliche Ausmaß Ihres Rundgangs: »Wenn ich jetzt loslaufe, wie lange dauert es, bis ich bei der Blume bin? Etwas mehr als eine Minute. Wenn ich mich jetzt hinunterbeuge und schnuppere, wie lange dauert das? Eine halbe Minute.« Prägen Sie sich diese Zeiten ein, und stellen Sie am Ende natürlich auch fest, wie lange eine ganze Runde gedauert hat.

Wenn Sie für die ganze Runde zum Beispiel zehn Minuten gebraucht haben, sollten Sie später, wenn Sie das Gleiche in der Phantasie machen, etwa genauso lange dafür brauchen, denn nur dann können Sie auch sicher sein, dass Sie alle Eindrücke und Details korrekt erinnert haben und dass der vorgestellte Rundgang auch wirklich dem tatsächlich erlebten entspricht.

Wenn sich Ihr Phantasiekörper später an alles erinnern kann, sind Sie mit Ihrem Bewusstsein in der Phantasieaktion präsent. Dann haben Sie sowohl Ihr Körpergefühl als auch Ihre exakte Wahrnehmung mitgenommen und sind völlig in der Erinnerung dessen, was Sie erlebt haben.

Phase 2

Ziehen Sie sich nun an einen Ort zurück, wo Sie absolut ungestört sind. Dort werden Sie versuchen, die verschiedenen Szenen des Rundgangs von Phase 1 aus Ihrer Erinnerung auftauchen zu lassen, und zwar so genau wie möglich. Finden Sie zunächst heraus, ob Ihnen das Vorstellen von Bewegungsabläufen im Liegen oder in aufrechter Sitzhaltung leichter fällt, und nehmen Sie dann die entsprechende Position ein. Wenn Sie lieber liegen, sollten Sie auch ausprobieren, ob Sie sich die Bewegungsabläufe besser vorstellen können, wenn Sie auf der linken oder auf der rechten Seite, auf dem Rücken oder auf dem Bauch liegen. Sie werden wahrscheinlich feststellen, dass es nicht egal ist. Nehmen Sie zunächst die für Sie günstigste Position ein. Später können Sie auch mit anderen Positionen experimentieren, und irgendwann sollte die Position überhaupt keine Rolle mehr spielen, weil Ihre Wahrnehmung so frei geworden ist, dass Sie sie unter allen gegebenen Umständen auf Reisen schicken können. Das Gleiche gilt natürlich für Ihre Phantasie.

Wenn Sie Ihre ideale Position gefunden haben, reduzieren Sie das Licht. Achten Sie jedoch darauf, dass es nicht zu dunkel ist, weil sonst die Gefahr besteht, dass Sie einschlafen. Dann atmen Sie ein paar Mal tief und ruhig ein und aus, schließen die Augen und stellen sich vor, dass Sie sich wieder an dem Platz befinden, den Sie sich ursprünglich für diese Übung ausgesucht hatten. Betrachten Sie zunächst den ganzen Platz in einer Art Überblick und fangen Sie dann an, ihn sprachlich zu beschreiben, immer detaillierter, bis irgendwann der Punkt kommt, von dem an Sie sich wieder genau an alles erinnern können. Sie sehen wieder, was Sie gesehen haben, fühlen, wie Sie sich gefühlt haben, und tauchen wieder ganz in die Szene ein. Lassen Sie alles auf sich wirken. Dann machen Sie die Augen noch einmal kurz auf, schauen auf die Uhr und gehen mit geschlossenen Augen in der

Vorstellung den ganzen Weg ab. Machen Sie alles genauso, wie Sie es vorher tatsächlich gemacht haben. Nehmen Sie sich für alles genauso viel Zeit, wie Sie sich vorher genommen haben. Bleiben Sie bei all Ihren Aktivitäten und Beobachtungen in Ihrem Rhythmus und schauen Sie am Ende Ihres geistigen Rundgangs wieder auf die Uhr. Sie werden feststellen, dass es wahrscheinlich eine zeitliche Differenz gibt, dass Sie in Ihrer Vorstellung zu schnell waren oder zu langsam, zu oberflächlich oder zu gründlich.

Machen Sie die Übung dann gleich noch einmal, und überprüfen Sie anschließend, ob Sie diesmal genauer in der Zeit waren und ob es vielleicht noch Details gibt, die Ihnen bisher entgangen waren: Details im Körpergefühl oder Dinge in der Umgebung, an die Sie sich vorher nicht erinnern konnten, aber jetzt schon.

Eine gute Übungsrunde sollte etwa fünf bis zehn Minuten dauern. Zu kurze Runden haben zu wenig Übungswert, zu lange sind schwierig nachzuvollziehen. Um zu prüfen, ob sich das Körpergefühl aufbaut und alle Details möglichst komplett sind, sollten Sie eine solche Übungsrunde zwei- bis dreimal hintereinander machen. Schauen Sie dabei immer auf die Uhr, um auch die Zeitgleichheit zu überprüfen. Nach dem dritten oder vierten Rundgang werden Sie wahrscheinlich erschöpft sein, weil diese extreme Vorstellungstechnik sehr viel Energie kostet, aber mit der Zeit wird Ihnen die Übung immer leichter fallen.

Wenn Sie Schwierigkeiten mit der Zeitgleichheit haben, oder wenn Ihnen bestimmte Details oder auch körperliche Eindrücke immer wieder verloren gehen, müssen Sie den Rundgang noch einmal konkret im Außen machen und sich selbst und die äußeren Details noch genauer wahrnehmen und abspeichern. Wenn es Ihnen irgendwann leicht fällt, sich alles vorzustellen, und Sie auch eine ungefähre Zeitgleichheit erreichen, haben Sie genügend abgespeichert, bleiben entspannt und machen die Übung richtig.

Oftmals hat man mehr Lust am Üben, wenn man gemeinsam mit anderen üben kann. Deshalb möchte ich Ihnen noch eine sehr wirksame Partnerübung vorstellen, die auch noch ganz lustig ist.

Kleine Partnerübung

Für diese Übung brauchen Sie einen Übungspartner, der Ihnen in drei Meter Entfernung gegenübersitzt.

Schließen Sie die Augen und atmen Sie einige Male langsam und tief ein und aus.
Konzentrieren Sie sich dann auf Ihre rechte Hand. Fühlen Sie, wie Ihre rechte Hand auf Ihrem Oberschenkel liegt. Fühlen Sie alle Finger und bewegen Sie sie in Gedanken.
Wenn Sie die rechte Hand gut fühlen können, heben Sie sie in Ihrer Phantasie an, bis sie frei über Ihrem Oberschenkel schwebt.
Während Sie das tun, betrachten Sie Ihre Phantasiehand mit Ihren geistigen Augen von oben und nehmen wahr, wie sie genau aussieht.
Dann drehen Sie die Hand um und betrachten ihre Innenfläche.
Anschließend wenden Sie die Hand wieder und kneifen sich in der Phantasie in Ihr Knie.
Spüren Sie, wie sich die Phantasiehand beim Kneifen anstrengt und Sie ins Knie gekniffen werden.
Wenn Ihnen das gelungen ist, strecken Sie Ihre Phantasiehand aus und kitzeln Ihren Übungspartner am Ohr. Dabei spüren Sie, wie die Finger Ihrer geistigen Hand sein Ohr berühren und kitzeln, und auch, wie das Ohr darauf reagiert.

Zur selben Zeit soll Ihr Übungspartner genau das Gleiche bei Ihnen tun.
Während Sie also Ihren Partner kitzeln und dies spüren, achten Sie auch darauf, ob Sie das Kitzeln, das von der geistigen Hand Ihres Partners erzeugt wird, am eigenen Ohr wahrnehmen.
Danach ziehen Sie Ihre Phantasiehand wieder zurück, drehen sie vor Ihren geistigen Augen langsam hin und her und beobachten sie genau. Sie ist jetzt wahrscheinlich viel plastischer und auch viel besser fühlbar.
Dann legen Sie die Hand auf Ihren Oberschenkel zurück und beobachten, wie Ihre geistige Hand in die körperliche Hand eindringt und Sie sie wieder heraus- und anschließend wieder hineinheben können, ganz mühelos.
Atmen Sie langsam und tief ein und aus und öffnen Sie die Augen.

Wenn Sie diese Übung öfter machen, werden Sie Ihre geistige Hand immer deutlicher wahrnehmen und immer leichter in Aktion treten lassen können. Irgendwann kommt dann der Punkt, wo Ihr Übungspartner die Wirkung Ihrer geistigen Hand am Ohr oder an einer anderen Körperstelle selbst dann spüren kann, wenn er nicht weiß, wo und wann Sie ihn berühren werden.

Auf ganz ähnliche Weise können Sie nicht nur Ihre Hand, sondern auch Ihren ganzen geistigen Körper nach außen verlagern und an einen Ort schicken, an dem Sie etwas wahrnehmen oder sich bemerkbar wollen.

Einfache Übung zur Vorbereitung auf außerkörperliche Erfahrungen

Angenommen, Sie sitzen gemütlich im Schwimmbad oder im Café und haben Zeit. Sie schließen die Augen und stellen sich vor, dass Sie woanders sind und etwas ganz anderes machen. Dabei sollten Sie allerdings versuchen, sich auch als Körper an diesem anderen Ort zu empfinden und in der Phantasie gezielt Ihre geistigen Hände zu betrachten.

Sie stellen sich also beispielsweise vor, dass Sie nicht in einem Café in der Nähe Ihrer Wohnung sitzen, sondern am Frühstückstisch in einer Strohhütte in Sansibar, wo Sie schon einmal im Urlaub waren. In der Phantasie schauen Sie auf Ihre Hände, die ein Wasserglas halten, registrieren, wer sonst noch da sitzt, hören das Rauschen des Meeres, riechen die Luft und versuchen möglichst viel von der Atmosphäre des Ortes wahrzunehmen, an den Sie sich in Ihrer Phantasie versetzt haben.

Machen Sie diese Übung jeweils fünf bis zehn Minuten lang überall dort, wo Sie mal kurz in Ruhe die Augen schließen und abtauchen können. Es geht darum, dass Ihre Phantasie immer freier und lockerer wird und Sie Ihre Wahrnehmung beliebig auf irgendetwas richten können, egal wo sich Ihr Körper gerade befindet. Damit geben Sie Ihrem Traum-Ich immer deutlicher zu verstehen: »Ich gebe meine feste Position im Körper allmählich auf. Ich fühle mich mit meiner Wahrnehmung nicht mehr zwingend an meinen Körper gebunden und will mein Bewusstsein beliebig durch Raum und Zeit schicken können.«

Wenn diese »Projektion« Ihrer Wahrnehmung an einen Ihnen bekannten oder sogar vertrauten Ort gut funktioniert, können Sie die Übung noch weiter ausbauen. Wieder stellen Sie sich vor, dass Sie sich an einem anderen Ort befinden, doch diesmal handelt es sich um einen unbekannten Ort, einen Ort, an dem Sie noch nie waren. Sie wissen vielleicht, dass eine Freundin dort wohnt, aber Sie haben diese Freundin noch nie besucht. Oder Sie wissen, dass dort in der Nähe ein Schloss ist. In diesem Schloss waren Sie zwar auch noch nie, aber Sie wissen, dass es dort steht. Oder Sie kennen ein Dorf und wissen, dass es dort einen großen Platz gibt, den Sie aber noch nie gesehen haben. Nun gehen Sie in Gedanken durch dieses Dorf und versuchen sich vorzustellen, wie der Platz aussehen könnte. Wo immer Sie auch hingehen, stets bleiben Sie in Ihrer Phantasie locker und neugierig und versuchen, so viele Details wie nur möglich wahrzunehmen. Entscheidend ist nicht, ob Ihre Vorstellung mit der Realität übereinstimmt oder nicht, sondern nur, dass Sie ganz intensiv versuchen, möglichst viele Details wahrzunehmen und ein Gefühl für den besuchten Ort bekommen.

Wenn Sie beispielsweise Ihre Freundin in deren Wohnung besuchen wollen, stellen Sie sich zunächst vor, dass Sie vor der Wohnungstür stehen und die Tür mitsamt ihrer Umgebung in allen Details wahrnehmen. Dann sehen Sie, wie Ihre Hand auf die Klinke drückt, und nehmen diesen Vorgang so gründlich wahr, wie es in den anderen Übungen beschrieben wurde, nämlich Schritt für Schritt: Sie heben die Hand, greifen nach der Klinke, drücken sie nieder, öffnen die Tür, gehen hinein und beobachten ganz genau, was Sie dort sehen.

Diese Übung hat viele Vorteile. Zunächst machen Sie sich mit der Idee vertraut, dass Sie mit Ihrer Wahrnehmung woanders sein können als Ihr Körper. Dann lernen Sie, Eindrücke von einem Ort aufzunehmen, an dem Sie bis jetzt noch nicht waren. Und schließlich können Sie sich diesen Ort so gut vorstellen, dass das kleinen Traum-Ich ihn in der Nacht für Sie erträumen und Sie dorthin mitnehmen kann.

Es spielt übrigens keine Rolle, mit welchem Ort Sie üben, aber es ist natürlich spannender, wenn Sie einen Ort wählen, den Sie irgendwann aufsuchen können, um zu überprüfen, ob das, was Sie geträumt oder in Ihrer Phantasie wahrgenommen haben, auch wirklich mit der Realität übereinstimmt.

Übungen wie diese tragen dazu bei, dass Sie immer selbstverständlicher sagen können: »Ich bin ein Energie- und Wahrnehmungsfeld, das von meinem physischen Körper unabhängig ist. Ich kann frei durch Raum und Zeit reisen und wahrnehmen, was ich will, wann ich es will und wo ich will.« Das macht es Ihnen viel leichter, in Ihrem Traumkörper aufzuwachen und seine Freiheiten in Ihr Bewusstsein zu integrieren.

Übungshilfen

Normalerweise sind wir sehr stark mit unserem physischen Körper identifiziert. Daher fällt es uns schwer, unsere Wahrnehmung zu lösen, nicht nur von den körperlichen Sinnesorganen, sondern auch von unserer geschichtlichen Prägung. Jedes Ereignis, alles, was wir je gedacht, gefühlt und erlebt haben, ist im Zellbewusstsein unseres Körpers gespeichert, prägt unser Selbstbild und unser Leben und führt dazu, dass wir automatisch denken, fühlen und handeln. Unsere Geschichte zu erforschen und zu verstehen macht uns nicht wirklich freier, weil Bewusstseinsinhalte, die einmal abgespeichert sind, nicht mehr gelöscht werden können. Man kann ihnen allenfalls die Energie wegnehmen, was eine relative Freiheit mit sich bringt. Wenn wir aber ganz frei sein und zu einer völligen anderen Sicht unserer selbst und der Wirklichkeit gelangen wollen, müssen wir unseren Körper von unserem Bewusstsein und unserer

Wahrnehmung abkoppeln. Wenn das gelingt, werden wir auch die bislang beschriebenen Übungen sehr viel leichter und erfolgreicher machen können.

Mindestens zweimal am Tag befinden wir uns in einem Bewusstseinszustand, in dem der Einfluss unseres Körpers auf unsere Wahrnehmung und unser Bewusstsein deutlich geringer ist als sonst: beim Einschlafen, also kurz bevor wir in den Schlaf eintauchen, und beim Aufwachen, also kurz nachdem wir aus dem Reich der Träume wieder in diese Wirklichkeit eingestiegen sind (siehe auch Kapitel »Der Nullpunkt«, Seite 188 ff.). Leider sind diese beiden Phasen sehr kurz und zum Erreichen veränderter Wahrnehmungszustände und neuer Sichtweisen der Wirklichkeit praktisch kaum nutzbar zu machen. Ich suchte also nach einer Möglichkeit, diese ungeprägten Phasen zu verlängern.

Dies gelang mir durch die Anwendung von Rauschformen und binauralen Tönen, welche die Gehirnwellen synchronisieren und besondere Gehirnwellenaktivitäten, wie sie normalerweise beim Einschlafen und Aufwachen auftreten, begünstigen. Unter Verwendung dieser Technik habe ich dann Übungskassetten entwickelt, die verschiedenste Übungsziele viel schneller und leichter erreichbar machen. Mithilfe der oben erwähnten Rauschformen gleitet man leicht an den erwähnten Schlafpunkt, den Punkt ohne Prägung, auch Nullpunkt genannt, und kann dort viel intensiver üben. Als Unterstützung für die bisher beschriebenen Übungen schlage ich folgende Übungskassetten vor:

Tiefenentspannung: Kann eingesetzt werden, um Ihre Gedanken, Gefühle und körperlichen Energien auszugleichen und zu beruhigen. Eignet sich als Einstimmung für alle Arten von Bewusstseinsübungen.

Bewusstseinskontrolle: Ist hilfreich, wenn es darum geht, Ihr Wahrnehmungsfeld in der Vorstellung und später auch tatsächlich vom Körper zu lösen und es auszudehnen und auszurichten.

Freies Bewusstsein: Hilft, wenn Sie Ihr Wahrnehmungsfeld auf ein Ziel irgendwo im Raum oder in der Zeit oder auf ein unbekanntes Ziel projizieren wollen. Diese Kassette ist als Vorbereitung für Bewusstseinsreisen und außerkörperliche Erfahrungen gedacht.

Vision: Führt Sie ohne Worte und nur über die Klangtechnik in die Nähe des Nullpunktes und macht es Ihnen leichter, dort zu bleiben und Ihre Übungen durchzuführen.

Bitte beachten Sie auch die Informationen zu Kassetten und anderen Tonträgern auf Seite 267.

TEIL 4

Das magische Selbst und die persönliche Bestimmung

Bewusstseinswelten

In Zusammenhang mit der Definition des magischen Selbst habe ich bereits zu zeigen versucht, dass wir sehr viel mehr sind als jener wachbewusste Teil, den wir Ich nennen, den wir für unser Wesen halten und mit dem wir uns normalerweise ausschließlich beschäftigen. Wir sind tatsächlich ein winzig kleiner Teil eines unbegrenzten Bewusstseinsfeldes, der sich für ein irdisches Leben in einem physischen Körper inkarniert hat. Unsere Identifikation mit Raum und Zeit – und damit einhergehend der Verlust der Verbindung zu den unbegrenzten Bereichen unseres Bewusstseins – beginnt mit der Zeugung und nimmt während der Schwangerschaftsmonate immer mehr zu. Wenn wir geboren werden, ist unsere Identifikation mit dem Körper schon so stark, dass wir die Verbindung zum großen Restbewusstsein, zu unserem großen magischen Selbst, fast völlig verloren haben.

Unsere Wahrnehmung findet dann fast ausschließlich über unsere Sinnesorgane statt. Eine Art Wahrnehmungssperre hat sich gebildet, die uns den Kontakt zu unserem magischen Selbst verwehrt und unser großes Bewusstsein in drei unterschiedliche Funktionsebenen gliedert: das *Wachbewusstsein*, also unser bekanntes, wachbewusstes Ich; das *Unterbewusstsein* oder kleine Traum-Ich, das uns unterstützt, trägt und den Kontakt zu unserem Ursprung aufrechterhält, und das große Selbst, ein riesiges Meer von Bewusstsein, eine Dimension ohne Raum und Zeit mit nahezu unendlichem Schöpfungspotenzial: unser *magisches Selbst*.

Das magische Selbst und seine für uns erlebbaren Räume von Wirklichkeit

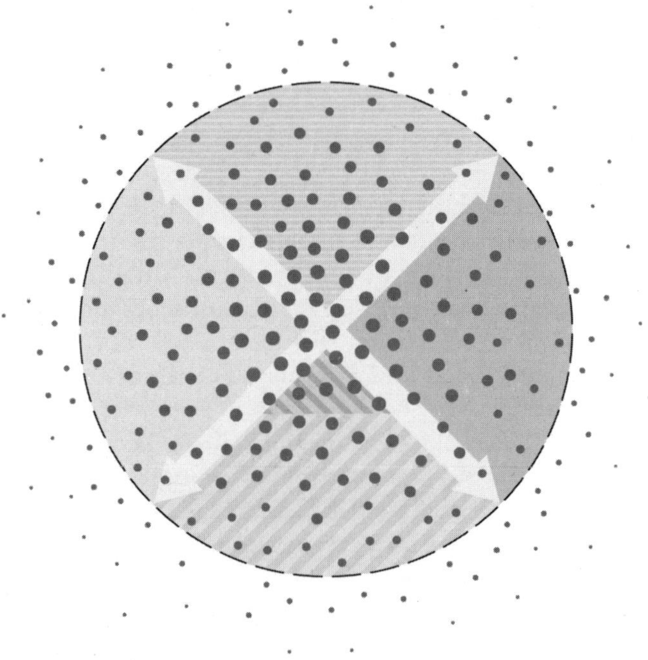

Ich/Wachbewusstsein: Selbstbild, Weltbild, Zeitgeist, unsere Raum-Zeit-Bindung

Astrale Schicht unserer Wirklichkeit

Traumdimension
(kann sich immer weiter ausdehnen bis hinein ins magische Selbst)

Raum- und zeitlose und gleichzeitige Energie unserer Wirklichkeit

Unterbewusstsein: Heilkräfte, Gedächtnis, außersinnliche Wahrnehmung, keine eindeutige Bindung an Raum und Zeit

Alle Bewusstseinsbereiche können sich ins magische Selbst ausdehnen

Wahrnehmungsdichte, Fokus unserer Wahrnehmung

Das Wachbewusstsein

Das Wachbewusstsein, das wir als Ego oder Ich wahrnehmen, ist gleichbedeutend mit unserem geschichtlichen Ich. Wir identifizieren uns mit seinen Fähigkeiten und Möglichkeiten ebenso wie mit seinen Unzulänglichkeiten und Eigenheiten und betrachten diese als Aspekte unserer Persönlichkeit, obwohl sie überhaupt nichts oder nur sehr wenig mit unserem eigentlichen Wesen zu tun haben. Diese völlige Identifizierung mit unserem geschichtlichen Ich führt dazu, dass wir weder Zugang zu unserem Unterbewusstsein haben noch Kontakt zu unserem magischen Selbst und seinen enormen Fähigkeiten und Möglichkeiten aufnehmen können. Stattdessen halten wir uns an unsere Vernunft und ihre altbewährten Einsichten und Standpunkte, auch wenn diese meist gar nicht auf unserer eigenen Erfahrung basieren, sondern unkritisch von außen übernommen wurden. Leider ist die Wahrnehmungsfähigkeit unserer Vernunft sehr begrenzt. Wie ein Filter wirkt sie auf die verschiedenen Aspekte und Ebenen der Wirklichkeit und lässt nur das in unser Ich-Bewusstsein sickern, was unseren geschichtlichen Erfahrungen und Sichtweisen entspricht. Wirklich neue Erkenntnisse sind so nicht möglich. Man könnte die Vernunft als die Fähigkeit bezeichnen, die Gegenwart – die sich natürlich konsequent aus der Vergangenheit entwickelt hat – zu betrachten, das Betrachtete dann mit dem zu vergleichen, was wir bis jetzt zu wissen glauben, und daraus Ideen für die Zukunft zu entwickeln. Kommt Ihnen das nicht irgendwie einfältig vor? Eine wirkliche Bewusstseinserweiterung über das uns bis jetzt Bekannte hinaus ist so ebenso wenig möglich wie eine grundsätzliche Veränderung unserer Lebensumstände, zumal unsere Phantasie genau wie die Vernunft stark von den alten Überzeugungen und Betrachtungsweisen geprägt ist. Unser wachbewusstes Ich definiert sich über seine Sichtweisen und Standpunkte, seine Überzeugungen und seine früher gewonnenen Erkenntnisse und wird dabei immer starrer und immer begrenzter in seinen Möglichkeiten. Wir nehmen uns wichtig, denken über uns nach, beschäftigen uns mit uns selbst und betrachten uns als die Achse, um die sich die Welt dreht und die von der Welt bestätigt werden soll: »Ich bin. Ich kann. Warum kann ich nicht? Was brauche ich? Warum passiert mir das schon wieder? Warum sind alle so gemein zu mir? Wieso begreift keiner? Warum habe ich nicht den Partner, den ich will? Warum nicht den Job, der mir zusteht? Warum nicht die Wohnung? Warum nicht die Fähigkeit? Ich, ich, ich ...«

Eigentlich müssten wir nahezu wahnsinnig werden bei dieser ständigen Selbstbeobachtung, aber glücklicherweise liegt jenseits unserer Wahrnehmungsschwelle jener unbekannte Teil von uns, der Nacht für Nacht im Schlaf für Ausgleich sorgt, indem er ordnend, klärend und heilend in unsere Gedanken, Gefühle und Energien eingreift: das kleine Traum-Ich. Zu unserem Glück ist es nicht in einer fast hypnotischen Ich-Wahrnehmung, in einem geschichtlich geprägten Selbstverständnis und einer begrenzten Weltsicht gefangen wie unser waches Ich. Es hat engen und bewussten Kontakt zu unserem großen Ursprungsbewusstsein, wird von diesem getragen und genährt, und es steht uns bei, damit wir in unserem geschichtlichen Traum nicht verloren gehen.

Das Unterbewusstsein oder kleine Traum-Ich

Das kleine Traum-Ich, das allgemein eher als unser Unterbewusstsein bekannt ist, lässt sich in verschiedene Aspekte oder Ebenen einteilen.

Der See des Unterbewusstseins

Bei dieser Ebene des Unterbewusstseins handelt es sich um eine Art Speicher, in den sämtliche Gefühle, Gedanken, Wahrnehmungen und Erfahrungen unserer wachen Stunden einfließen. Dieser Speicher wächst ständig und mit ihm unser Bewusstsein. Nichts von dem, was dort lagert, geht jemals verloren. Unser Problem ist nur, dass wir die Eindrücke, die tagsüber auf uns einstürmen, selten ordnen, klären und »verdauen«. Vieles, was in den Speicher fließt, bleibt also unverarbeitet und erzeugt energetische Spannungen, die sich nicht nur auf unsere Stimmung, sondern auch auf unsere Körperprozesse negativ auswirken. Diese Energien zu ordnen, zu klären, zu heilen und für die Erweiterung unseres Bewusstseins nutzbar zu machen, ist eine wesentliche Aufgabe des kleinen Traum-Ich. Die gewöhnlichen nächtlichen Träume werden oft auch als verarbeitende Träume bezeichnet, weil sie die Harmonie zwischen uns und dem Leben wiederherstellen. Hier werden Fragen beantwortet, Probleme gelöst, neue Möglichkeiten aufgezeigt und Entscheidungshilfen gegeben. Diese Träume sind passiv, unterliegen nicht unserer Kontrolle und werden vom Traum-Ich aktiviert, um uns ein gesundes Überleben in der wachen Wirklichkeit zu ermöglichen. Ob wir uns an das Geträumte erinnern, spielt in der Regel keine Rolle, denn während die Träume ablaufen, finden auch Klärung und Heilung statt. Da das kleine Traum-Ich als bewusster Aspekt des magischen Selbst die Träume gestaltet, sollten wir keinen bewussten Einfluss darauf nehmen, denn dazu fehlt uns in der Regel der Überblick.

Die menschliche Idee

Ein anderer wesentlicher Aspekt des kleinen Traum-Ich ist die »menschliche Idee«, eine Kombination bestimmter Schöpfungsideen, mit der wir vom magischen Selbst ausgestattet wurden, um Raum und Zeit als menschliches Bewusstsein mit der typisch menschlichen Fähigkeit des freien Willens zu erfahren. Es ist aber nicht nur der freie Wille, der unser menschliches Bewusstsein von anderen Bewusstseinsformen, etwa der Tiere, Pflanzen und Mineralien, unterscheidet, sondern auch unsere Art und Weise, die Zeit und den Raum wahrzunehmen und zu beeinflussen. Beispielsweise erleben wir Raum und Zeit linear und befinden uns daher nie so ganz in der Gegenwart wie andere Bewusstseinsformen, sondern immer auch in der Vergangenheit und in der Zukunft. Daraus ergeben sich Ängste und Blockaden, die sich bei Tieren und Pflanzen nicht finden. Tiere erleben Zeit viel schneller als wir, Mineralien und Pflanzen viel langsamer. Wir fühlen uns vom Rest der Welt getrennt, während sich Tiere, Pflanzen und Mineralien als mit der Welt im Einklang empfinden und ständig nicht nur mit ihren Artgenossen austauschen, sondern auch mit allen anderen Bewusstseinsformen. Sie sind eins mit der Erde, während wir Menschen uns verselbstständigen und ein eigenes Schicksal entwickeln können. Das gibt uns und unserem Leben eine schöpferische Qualität, kann aber auch Probleme bereiten, nämlich dann, wenn wir unsere Eigenständigkeit nicht im Einklang mit dem restlichen Sein leben und den großen göttlichen Fluss stören. Typisch menschliche Merkmale sind die Phantasie, mit der Schöpfungsideen zu immer neuen Wirklichkeitsaspekten geformt werden können, und die Freiheit, sich an beliebige Aspekte und Prozesse der Wirklichkeit anzuschließen oder davon abzugrenzen und sich als unabhängiges Ich zu erleben, das seinen Kontakt mit der Schöpfungsenergie beliebig gestalten kann.

Der menschliche Instinkt

Die Bewusstseinsebene des menschlichen Instinkts beinhaltet all jene Qualitäten und Fähigkeiten, die unser Überleben in der physischen Welt sichern. Dazu gehört als Erstes die Fähigkeit, unseren *Körper* entsprechend unserer Bestimmung im Leben aufzubauen, zu *erhalten*, zu *regenerieren und* gegebenenfalls zu *heilen*. Der Instinkt tut dies souverän und perfekt, wenn wir ihm nicht mit unseren wachbewussten Absichten und Handlungen in die Quere kommen. Indem wir seine Impulse ignorieren und gegen uns selbst und unsere Sehnsüchte leben, erzeugen wir nicht nur Spannungen in seinem Energiesystem, sondern machen seine Fähigkeiten teilweise sogar überflüssig. Wenn wir unseren Körper beispielsweise ständig durch Rauchen, Trinken oder falsches Essen vergiften und nichts tun, was uns berührt und fröhlich stimmt, hat es der Instinkt nicht nur schwer, unsere körperlichen Energien wieder ins Gleichgewicht zu bringen, sondern sieht irgendwann auch keinen Sinn mehr darin. Der eigentliche Sinn unseres Körpers besteht nämlich darin, ein voll funktionsfähiges Werkzeug zu sein, mit dem wir die wache Wirklichkeit wahrnehmen, uns in ihr zum Ausdruck bringen und unsere Bestimmung leben können. Wenn wir nicht auf die Bedürfnisse unseres Körpers achten, können uns die heilenden und ausgleichenden Fähigkeiten des Instinkts irgendwann nicht mehr erreichen und wir werden krank. Doch bis es so weit ist, versucht dieser Aspekt des kleinen Traum-Ich sooft er kann, zumindest jede Nacht, unser körperliches Überleben zu sichern und unseren Körper funktionsfähig zu halten.

Ein weiterer wichtiger Aspekt des Instinktes befähigt uns einerseits, die wache Wirklichkeit mit unseren Sinnesorganen wahrzunehmen, und andererseits, die tieferen Aspekte unserer Wirklichkeit über den Kanal der *paranormalen Wahrnehmung* zu erkennen. Die außersinnliche Wahrnehmung findet im Bewusstsein selbst statt, im kleinen Traum-

Ich, das sein Wahrnehmungsfeld frei durch Raum und Zeit ausdehnen kann. Auf diese Weise können wir Gedanken und Gefühle von Menschen lesen und beispielsweise erkennen, wie sie uns gesonnen sind und was wirklich in ihnen vorgeht. Wir können die Energien erkennen, die durch unsere Wirklichkeit fließen, uns an die anhängen, die uns auf unserem Weg unterstützen, und die anderen bewusst meiden. Wir erkennen, wie was in unserem Leben wirkt – Formen, Farben, Strukturen, Materialien, Proportionen, Klänge, Düfte etc. – und können die wirkenden Kräfte bewusst zur Gestaltung unseres Lebens nutzen.

Die dritte entscheidende Fähigkeit des Instinkts ist sein *absolutes Gedächtnis*. Es funktioniert ähnlich wie die außersinnliche Wahrnehmung auf der Ebene unserer Gefühle, in die alles eingeprägt ist, was wir je erlebt oder wahrgenommen haben. Zu jeder Wahrnehmung, bewusst oder unbewusst, bauen wir eine Gefühlsbrücke oder besser gesagt eine Wirksamkeitsbrücke auf, die darüber entscheidet, welche Bedeutung das, was wir wahrnehmen, für uns hat, was wir daraus machen und wie wir damit umgehen. Einfach gesagt verknüpfen wir mit allem, was wir wahrnehmen, ein Gefühl, und diese Gefühle sind in unserem Bewusstsein ebenso gespeichert wie in unserem Körper, in unserem Zellbewusstsein, das von unserem kleinen Traum-Ich genauso durchdrungen wird wie von unseren Wachbewusstsein. Alle Gefühlsbrücken – die im Körper gespeicherten wie die dem Bewusstsein eingeprägten – werden von unserem kleinen Traum-Ich beziehungsweise von der Ebene des Instinktes getragen und genährt. Wenn wir Zugang zu ihnen finden, besitzen wir ein absolutes Gedächtnis und können uns an alles erinnern, was wir vom Moment unserer Zeugung an erlebt haben. Je bewusster wir Gefühlsbrücken zu unserer Wahrnehmung schlagen können, desto leichter sind die Erinnerungen abrufbar, je automatischer und unbewusster wir mit unseren Gefühlen umgehen, desto schwieriger wird dies.

Die Grundpersönlichkeit oder das Wesen

Wir sind nicht in diese Wirklichkeit gekommen um irgendwie zu überleben. Vielmehr verfolgte das große Sein eine bestimmte Absicht, als es uns als Teil unseres magischen Selbst hierher schickte. Wir kamen mit einer Bestimmung, die sich in unserem Wesen offenbart, einer speziellen Kombination aus Schöpfungsideen, Fähigkeiten, Eigenheiten und Sehnsüchten. Ein Teil unserer Bestimmung besteht zunächst darin, die Qualitäten der raumzeitlichen Wirklichkeit zu erforschen und mit ihren Möglichkeiten zu spielen, aber kein beliebiges Spiel, sondern eines, das uns entspricht. Dabei geht es einerseits um die richtige beziehungsweise uns entsprechende Art und Weise, durchs Leben zu gehen, also um unsere Lebensqualität – wie wir wohnen, arbeiten, Partnerschaft leben, uns im Körper ausdrücken und so weiter. Wenn wir in der richtigen Weise leben, gibt uns das Energie und Freude. Der andere Teil des Spiels besteht in der Absicht, dem Spiel eine Bedeutung zu geben, etwas zu schaffen, zu erleben und zu lernen, das unser Bewusstsein erweitert, uns Selbsterkenntnis bringt, unsere Phantasie anregt und unsere Schöpfungskraft steigert.

Jede Nacht beziehungsweise wann immer wir dafür offen sind, versucht das kleine Traum-Ich, uns die Sehnsüchte und Fähigkeiten unseres Wesens nahe zu bringen und unserem Leben die Richtung zu geben, die zu unserer Bestimmung führt. Wenn wir Kontakt zu unserem kleinen Traum-Ich halten, spüren wir unser Wesen und haben Zugang zu sämtlichen Fähigkeiten und Möglichkeiten, die uns unser magisches Selbst zur Verfügung stellt, damit wir ein wesentliches Leben führen können, wesentlich für uns und für das große Sein.

Während die Fähigkeit, in dieser raumzeitlichen Wirklichkeit zu überleben, auf der Ebene des Instinktes verankert und für alle Menschen gleichermaßen gültig und wirksam ist, ist die Bestimmung, die dem Leben erst einen höheren

Sinn gibt, sehr individuell und muss von jedem einzelnen Menschen entdeckt werden.

Die persönliche Bestimmung

Die persönliche Bestimmung ist eine Triebkraft, die als Grundpersönlichkeit oder Wesen spürbar ist und zeigt, was wir auf welche Weise im Leben erschaffen und erleben wollen. Unsere Bestimmung entwickelt sich nicht erst im Laufe unseres Lebens. Sie ist vielmehr so etwas wie eine Mitgift von unserem magischen Selbst, die wir bereits in dieses spezielle Leben mitgebracht haben. Wie wir bereits wissen, ist das magische Selbst eine Dimension und wie alle Dimensionen erfüllt von der Sehnsucht, ihre Energie, ihr Bewusstsein und ihre Schöpferkraft zu vermehren, denn dazu ist sie aus dem großen Sein entstanden. Das ist ihre Bestimmung. Man kann eine Dimension mit einem Künstler vergleichen, voller Ideen, voller Phantasie und von ständigem Schaffensdrang getrieben – nicht um zu einem bestimmten, optimalen Ergebnis zu kommen, sondern um in diesem Schaffensprozess ständig mehr über sich selbst und das Sein zu erfahren, immer mehr Ideen zu bekommen, diese zu wieder neuen Ideen zu verknüpfen und so die eigene Energie und Kreativität zu vermehren. Als Aspekt unseres magischen Selbst sind wir von der gleichen großen Bestimmung beseelt und von einem grundsätzlichen Schaffens- und Erkenntnisdrang erfüllt, auch wenn sich dieser von Mensch zu Mensch anders äußern wird. Ein Mensch, der diesen Schaffens- und Erkenntnisdrang nicht auslebt, der sich nicht vom Schöpfungsfluss tragen lässt und nicht nach der Erfüllung seiner Sehnsüchte strebt, empfindet eine große Leere, selbst wenn sein Leben oberflächlich betrachtet angenehm wirkt, und macht sich darüber hinaus im großen Schöpfungsakt überflüssig. Sein Leben ist sinnlos, weil er nur noch pflegt, was er kennt und woran er glaubt, weil er nur noch alte Standpunkte vertritt, altes Wissen wiederholt und seine einmal gefundene Geborgenheit nicht mehr aufgeben will. Es ist sinnlos, weil sein Bewusstsein nichts Neues mehr erkennen und schaffen kann und weil die Dimension des magischen Selbst nicht mehr von seiner Existenz genährt wird.

Die große Bestimmung von Bewusstsein besteht ganz allgemein darin, Neues zu schaffen, sich über das Geschaffene als Schöpfer zu begreifen, sich seiner Schöpfungsideen mehr und mehr bewusst zu werden und dadurch an Energie, Schöpfungskraft und Erkenntnis zu gewinnen. Die persönliche Bestimmung von individuellem Bewusstsein, etwa eines Menschen, besteht darin, seinen typischen Schöpfungsideen Ausdruck zu verleihen und ganz bestimmte Dinge zu schaffen und zu begreifen.

Im Rahmen der allgemein menschlichen Bestimmung hat jeder Mensch eine sehr persönliche Bestimmung, aber auch diese persönlichen Bestimmungen lassen sich in Gruppen zusammenfassen, auf die ich hier ganz kurz eingehen will. Vielleicht helfen Ihnen meine Beschreibungen bei dem Versuch, Ihre eigene Bestimmung zu erkennen.

Hinter den verschiedenen Strategien, sich in Bezug zur Wirklichkeit zu setzen, verbergen sich starke Sehnsüchte, diese Wirklichkeit nicht nur auf eine ganz bestimmte Weise zu erleben, sondern auch entsprechend auf sie einzuwirken und damit zu einem festen Teil von ihr zu werden. Die verschiedenen Ausdrucksformen sind so unter den Menschen aufgeteilt, dass ein Gleichgewicht der wirkenden Kräfte entsteht, mit dessen Hilfe die Wirklichkeit von Raum und Zeit nicht nur erhalten, sondern allmählich auch in eine andere Dimension mit neuen Möglichkeiten überführt wird.

Der Heiler

Ein Heiler folgt der Sehnsucht, den Menschen und die Welt mit all ihren Bewusstseinsformen wieder in Einklang mit dem göttlichen Urstrom zu bringen. Wo immer Hilfe gebraucht wird, weil Disharmonie, Ungleichgewicht, Ungerechtigkeit und Negativität herrschen, will er ordnen, klären und heilen. Er will Leichtigkeit, Freude und Zuversicht bringen, will Trost spenden und Rückenwind sein, wo immer es notwendig ist. Was vom Schöpfungsstrom abgeschnitten ist, will er in den Fluss zurückführen. Und wo die Ordnung verloren gegangen ist, will er sie wiederherstellen. Dies kann auf der körperlichen Ebene geschehen, aber auch auf der Ebene der Psyche, der Natur, der geschaffenen Materie sowie auf der Ebene des Geistes und der Ideen, die dahinter stehen. Ein Heiler repariert vielleicht Autos, flickt Zähne, saniert Firmen oder macht Familien wieder gesund. Vielleicht arbeitet er aber auch im Garten oder restauriert Möbel. Es gibt viele Arten zu heilen und viele Formen der Heilung, aber jede ist im Grunde nur ein Zurückführen in den Urfluss und die ursprüngliche Absicht. Ein Heiler will ordnen, klären und heilen, egal in welchem Bereich des Lebens. Um ihn herum soll alles gut werden, und das wird es auch: gut, schön, freudvoll und liebevoll. Wie er dieses Ziel genau erreicht, spielt eigentlich keine Rolle. Er erreicht es auf seine ganz persönliche Weise, seinen Schöpfungsideen, Sehnsüchten und Möglichkeiten entsprechend.

Der Botschafter

Ein Botschafter hat wichtige Erfahrungen gemacht und dadurch Erkenntnisse gewonnen, die sein Leben verändert und ihn zu seiner eigenen Kraft geführt haben. Indem er darüber spricht, bringt er Menschen, die hilflos um ihre eigenen Standpunkte kreisen, auf neue Ideen und eröffnet ihnen neue Perspektiven. Er will zeigen, dass alles, was ist, auch ganz anders sein könnte. Vielleicht erzählt er von Menschen mit außergewöhnlichen Fähigkeiten oder schreibt einen spannenden Roman, der seinen Lesern ganz neue Erkenntnisse bringt. Vielleicht wird er Schauspieler oder Musiker und berührt die Herzen mit seiner künstlerischen Präsenz. Vielleicht ist er aber auch nur ein unauffälliger Barkeeper, der seinen Gästen kleine Bemerkungen hinwirft, die sie die Dinge in einem ganz neuen Licht sehen lassen.

Ein Botschafter will inspirieren, will Altes infrage stellen und durch Neues ersetzen. Er will nicht diskutieren, sondern anregen. Seine Sehnsucht ist es, wichtige Erkenntnisse weiterzugeben, die ihn und sein Leben lebendiger gemacht haben. Er spricht und handelt, weil er etwas bewirken will: neue Sichtweisen, neue Alternativen, ein Ausbrechen aus der Routine. Er fühlt sich irgendwie als Sprachrohr – vielleicht auch nur im übertragenen Sinne, nämlich durch seine Handlungen für das große Sein – und ist immer begeistert von den Kostbarkeiten, die er weitergeben will.

Der Lehrer

Ein Lehrer hat wichtige Erfahrungen nicht nur gemacht, sondern auch begriffen und sehnt sich nun danach, dieses Wissen an andere weiterzugeben. Der wirkliche Lehrer gibt aber nur eigenes Wissen weiter und nur an diejenigen, von denen er fühlt und weiß, dass sie dieses Wissen wirklich annehmen und umsetzen wollen. Letztendlich gibt jeder Lehrer Wissen des magischen Selbst weiter, weil er anderen helfen will, ihrer Bestimmung entsprechend zu leben. Er lehrt das, was sich für ihn als wesentlich erwiesen hat, mit dem Ziel, andere Menschen mit seinen oder vergleichbaren Fähigkeiten auszustatten. So wie ich beim Heiler nicht vom Mediziner gesprochen habe, spreche ich jetzt nicht vom Schullehrer, obwohl auch dieser das heilende oder lehrende Prinzip verkörpern könnte. Die Weitergabe von Wissen und Erkenntnissen kann in jedem Beruf und auch überall in der Freizeit erfolgen. Ein Lehrer ist ein guter Beobachter und spürt, wer für seine Unterweisung reif ist. Er ist sicher kein Wissenschaftler, der vorrangig Neues erforschen will. Vielmehr sucht er einen erfolgreichen Weg zu mehr Freiheit, Lebensqualität und Gesundheit, den Weg zu seiner Bestimmung. Und die Strategien und Gesetzmäßigkeiten, die er auf diesem Weg findet, möchte er an andere weitergeben. Insofern ist ein echter Lehrer sehr erfahren und weise – nicht theoretisch, sondern praktisch – und fühlt sich als Gleicher unter Gleichen.

Der Helfer

Auch der Helfer ist ein Mensch, der viel aus praktischen Erfahrungen gelernt hat, aber im Gegensatz zum Lehrer bietet er Menschen seine Erkenntnisse, Fähigkeiten und Möglichkeiten direkt an – als Hilfeleistung und um sie auf ihrem Weg ein Stück voranzubringen. Oft geschieht dies ganz unauffällig und ohne dass irgendjemand davon weiß, denn ein Helfer hilft nicht, um Bestätigung, Anerkennung oder Dank zu erhalten, sondern aus Liebe zum Sein in all seinen Aspekten. Vielleicht führt er eine ältere Person über die Straße, hilft einem Kind, den Koffer ins Gepäcknetz zu stemmen, greift bei einem Streit ein und steht dem Schwächeren bei. Vielleicht arbeitet er als Therapeut und ist seinen Klienten eher eine Vaterfigur, als sie mit langwierigen Analysen zu langweilen. Vielleicht gießt er die Blumen seiner Nachbarn und so weiter. Ein Helfer erkennt, wo er die Lebensqualität aller steigern kann, und tut dies, einfach weil es ihm ein Bedürfnis ist.

Der Krieger

Ein Krieger will ebenfalls Gutes für alle und jeden, aber er begreift auch, dass der Wunsch zu helfen manchmal vergeblich ist, wenn sich kein Raum für die Hilfe findet, die er anzubieten hat. Er will das Neue bringen, denn er erkennt, dass es oft nicht möglich oder zu aufwendig ist, das Alte zu ändern. Im Unterschied zu den meisten Menschen hat der Krieger keine Angst, das Vertraute aufzugeben und den Rahmen der Geborgenheit zu verlassen. Er fühlt instinktiv, dass das Neue Raum braucht, ein Vakuum, das entsteht, wenn sich das Alte auflöst. Deshalb prüft er ständig, ob das Gegenwärtige noch Lebensqualität bringt und den Weg zur Bestimmung des Einzelnen nicht blockiert, denn wenn dies der Fall ist, wird es zerstört, abgeschnitten oder gesprengt, damit die Integration des Neuen beginnen kann. Ein Krieger bleibt nicht passiv in seiner schwierigen Partnerschaft hängen, bis eine andere des Weges kommt, sondern löst Verwicklungen und Abhängigkeiten schnell auf, gleicht Schulden aus und wird innerlich frei für Neues. Wenn er in seinem Beruf nicht zufrieden ist, kündigt er und nutzt das Vakuum – um etwas Besseres zu finden. Wenn er ein altes, baufälliges Haus hat, wird er erst gar nicht versuchen, es umständlich und langwierig zu sanieren, bis es dann doch nicht seinen Sehnsüchten entspricht, sondern es gleich abreißen und neu bauen. Wenn er ein Studium begonnen hat, das ihm kurz vor Ende immer noch nicht gefällt, quält er sich nicht weiter, sondern beginnt etwas Neues. Ein Krieger macht keine Kompromisse. Er braucht

Raum zur freien Entfaltung, und den schafft er sich. Er ist klar und eindeutig und Probleme stellen höchstens eine Herausforderung für ihn dar.

Der Initiator

Auch der Initiator ist von seinen Erfahrungen und Ideen überzeugt und will die Freiheit, die Lebensqualität und die Erkenntnisse, die er gewonnen hat, weitertragen, aber nicht als Heiler, der ordnet, klärt und heilt, als Lehrer, der anderen etwas beibringt, oder als Helfer, der anderen beisteht, sondern als jemand, der seine Begeisterung auf andere überträgt und sie mit seinen Visionen und Phantasien dermaßen ansteckt, dass sie gemeinsam mit ihm oder zumindest getragen von seiner Kraft neue Aktionen in Gang setzen, um mehr Lebensqualität für sich und andere zu erreichen. Er will Neues ins Leben rufen, entweder allein für sich oder gemeinsam mit anderen. Er will kreativ, phantasievoll und lebendig sein. Er schätzt den Wandel und die Veränderung und möchte alle Möglichkeiten nutzen, die sich ihm bieten.

Er kann neue politische Strömungen erzeugen. Er kann neue Lehrmethoden entwickeln. Er kann Vereine oder Interessengemeinschaften gründen. Vielleicht bringt er auch ständig neue Ideen in seine Partnerschaft und sein Familienleben ein, die diese immer wieder lebendig und reizvoll machen: Ideen für gemeinsame Aktionen, neue Wohnqualität, alternative Kindererziehung und so weiter. Vielleicht ist er auch Erfinder oder berät Menschen in den unterschiedlichsten Bereichen, weil ihm zu allem ständig etwas Neues einfällt. Er hat eine tiefe Sehnsucht, immer wieder etwas Neues anzuzetteln, weil es sein eigenes Wachstum ebenso fördert wie das der Menschen, die er in seine Prozesse integriert.

Der Magier

Der Magier geht noch einen Schritt weiter. Er will Neues nicht nur aus dem Bekannten schöpfen, sondern die Begrenzungen des Bekannten ganz hinter sich lassen, den üblichen Gesetzmäßigkeiten entgehen und die Kraft seines Bewusstseins entfalten. Er will frei sein, frei in der Art, seine persönliche Welt zu gestalten, und frei in seiner Fähigkeit, Wirklichkeit wahrzunehmen und die in ihr wirksamen Kräfte ganzheitlich zu begreifen und zu lenken.

Ein Magier hält nichts für zwingend, wenig für wahrscheinlich und alles für möglich. Er sucht die praktische Begegnung mit dem Unbekannten und will seine eigene Welt ständig erweitern. Er glaubt nicht, dass sich diese Wirklichkeit nur nach den allgemein akzeptierten Gesetzmäßigkeiten formt. Er glaubt nicht, dass der menschliche Körper grundsätzlich anfällig für alle möglichen Krankheiten ist und deshalb mit Vorsorgeuntersuchungen und Medikamenten geschützt werden muss, sondern entfaltet Selbstheilungskräfte und formt seinen Körper nach Belieben. Er macht seinen äußeren Erfolg nicht von wirtschaftlichen Gegebenheiten abhängig, sondern von der Kraft seiner Visionen und seines klaren Handels. Er wartet nicht auf günstige Umstände oder eine bessere Zukunft, sondern gestaltet diese bewusst und absichtlich mit der Kraft seiner Gefühle, Gedanken und Wünsche. Der Magier erforscht die Möglichkeiten der Freiheit in allen Lebensbereichen und akzeptiert keine Grenzen, auch keine moralischen, ethnischen, sozialen oder wissenschaftlichen. Er wirft sich dem Unbekannten in den Rachen und nimmt sogar in Kauf, vielleicht unterzugehen, weil er sämtliche Möglichkeiten seiner geistigen Freiheit erforschen will.

Wenn wir diese verschiedenen Arten, uns zur Wirklichkeit in Bezug zu setzen, genauer betrachten, wird klar, dass es hier nicht so sehr darum geht, welchen Beruf wir ergreifen und was genau wir mit unserem Leben anfangen, sondern mehr um unsere grundlegende Motivation und darum, von welchen Schöpfungsideen wir getragen werden. Wenn wir beispielsweise das Wesen eines Heilers haben, heißt das nicht, dass wir unbedingt Arzt oder Heilpraktiker werden müssen, sondern nur, dass wir heilen wollen, in welcher Funktion auch immer. Wir können zum Beispiel auch Häuser sanieren oder im Umweltschutz aktiv sein. Als Botschafter müssen wir unsere Erkenntnisse nicht unbedingt im Radio, im Fernsehen oder bei großen öffentlichen Veranstaltungen kundtun, aber wir wollen sie anderen Menschen zur Verfügung stellen und sie damit auf neue Ideen bringen. Das kann auch im Kindergarten sein, wo ein Botschafter den Kindern beibringt, dass sie ein Recht auf ihren eigenen Rhythmus und ihre individuelle Lernstrategie haben. Ein Lehrer muss nicht unbedingt in der Schule stehen oder irgendeinen Lehrauftrag erfüllen. Vielleicht ist er Fußballtrainer und vermittelt seinen Spielern nebenbei ganz wichtige Strategien für ihr Leben. Oder er ist Verwaltungsbeamter und macht seine Arbeitskollegen mit neuen Ideen und Möglichkeiten zu deren Umsetzung vertraut. Ein Krieger muss kein grobschlächtiger Rüpel sein, der andere Menschen vor den Kopf stößt und alles kurz und klein schlägt. Vielleicht löst er auch nur überholte Strukturen in Unternehmen auf und befördert Menschen in Positionen, wo sie besser und mit mehr Freude arbeiten können. Wenn er andere in einer Ehekrise berät, schlägt er vielleicht keine langwierige Partnerschaftsberatung vor, sondern rät beiden Partnern, eine Weltreise zu machen, jeder für sich, damit sie sich selbst neu kennen lernen und dann auch den Partner und die Partnerschaft mit ganz neuen Augen sehen können. Der Initiator muss weder ein Wirtschaftsgenie sein noch ein überragender Künstler oder ein Politiker. Vielleicht hat er nur ständig neue Ideen zur Förderung des Nachwuchses in seinem Sportclub. Oder er entwickelt ein neues Konzept für sein Restaurant oder neue Ausstattungsvarianten für eine Autowaschanlage. Der Magier muss nicht als spektakulärer Zauberer auftreten, der Löffel verbiegt und Kompassnadeln durch geistige Kraft zum Kreisen bringt. Vielleicht bringt er nur seinen Kindern bei, wie sie sich positiv über die Kraft der Phantasie so auf ein Fußballspiel einstellen können, dass sie gewinnen, oder wie sie ihren Körper ohne Hilfsmittel oder Medikamente selbst heilen können.

Die Sehnsucht nach einer bestimmten Ausdrucksform oder Lebensweise wurde von unserem magischen Selbst in unser Wesen gelegt und beschreibt ganz grob unsere Bestimmung und unsere natürliche Art zu denken, zu fühlen, wahrzunehmen und zu handeln. Wenn wir diese Sehnsucht in uns spüren und auf unsere Lebensgestaltung übertragen, fühlen wir uns kraftvoll und lebendig und haben freien Zugang zu unseren Fähigkeiten und Möglichkeiten. Es gibt verschiedene Möglichkeiten, sich der Grundausrichtung im Wesen bewusst zu werden und wieder an die Kraft des magischen Selbst anzuschließen.

ÜBUNG

Die eigene Lebensstrategie finden

Setzen Sie sich entspannt hin, und stellen Sie sich, wenn Sie zur Ruhe gekommen sind, folgende Fragen:

- Was möchte ich erleben, lernen und meistern? Was möchte ich schaffen und als mein Werk hinterlassen, damit ich am Ende mit meinem Leben zufrieden sein kann?

- Was von dem, was ich jetzt tue, berührt mein Herz und hat eine solche Bedeutung für mich, dass ich noch am Ende meines Lebens gern daran denken oder davon erzählen würde?
- Wie würde ich als Heiler, Botschafter, Lehrer, Krieger, Initiator oder Magier mit den verschiedenen Bereichen meines Lebens umgehen und wie mit den Menschen, denen ich dort begegne?
- Welche Strategie, mit dem Leben umzugehen, würde mich am meisten begeistern? Was würde sich in meinem Leben ändern, wenn ich sie anwende?

Während Sie diese Fragen beantworten, werden Sie Ihr Leben aus einer ganz neuen Perspektive sehen, und Ihnen wird klar werden, dass Sie auch ganz anders damit umgehen könnten. Wie würde es Ihnen am besten gefallen? Was immer Sie beim Beantworten der Fragen für sich entdeckt haben, formen Sie jetzt zu intensiven Phantasien um, die Sie jeden Abend ausbauen und mit in den Schlaf nehmen können.

Wirklichkeit ist ein Gefühl

Ein Mensch, der seiner Bestimmung entsprechend lebt, wird nie in Routine erstarren, sondern sich ständig im Wandel erleben und von der Kraft des magischen Selbst getragen fühlen. Er wird immer wieder neue Erfahrungen, Erkenntnisse und Ideen in sich aufnehmen und so dafür sorgen, dass sich sein Bewusstsein ständig erweitert und sein Körper nur sehr, sehr langsam altert.

Je öfter wir unser kleines Traum-Ich dazu bringen können, aus unseren Phantasien intensive Träume zu machen, und je mehr wir uns dessen bewusst werden, indem wir uns entweder an diese Träume erinnern oder im Traum als waches Ich erkennen, dass wir träumen, desto bewusster können wir die Kanäle zum magischen Selbst öffnen und seine Möglichkeiten zu unseren machen. Ein direkter Kontakt im wachbewussten Zustand ist aufgrund unserer beschränkten Wirklichkeitssicht kaum möglich.

Die Aktivitäten des kleinen Traum-Ich lassen sich durch Phantasien beeinflussen, vor allem direkt vor dem Einschlafen. Dies geht umso leichter, je mehr Gefühle dabei zum Ausdruck kommen und je intensiver diese Phantasien sind. Versuchen Sie jeden Tag, sich selbst und die Welt mit ganz neuen Augen zu sehen. Stellen Sie sich immer wieder vor, anders zu reagieren, etwas anderes zu tun und unter anderen Umständen zu leben als im Moment, damit Sie als wachbewusstes Ich beweglicher und lebendiger werden. Entwickeln Sie neue Selbstbilder. Spielen Sie bestimmte Situationen mit unterschiedlichen Strategien durch, mal als Heiler, mal als Krieger. Erwarten Sie neue Reaktionen von sich und anderen. Spielen Sie mit den großen und den kleinen Dingen Ihres Lebens. Ihr Traum-Ich wird auf diese zunehmende innere Beweglichkeit reagieren und die Phantasien genauso verarbeiten wie das, was Sie als äußere Wirklichkeit erleben. Phantasien erzeugen Gefühle, Gefühle prägen Träume und Träume prägen Ihre geistigen Energien, Ihren Körper und Ihr Leben. Was wir als von uns getrennte Wirklichkeit erleben, entsteht in der Tat immer aus der Art und Weise, wie wir uns fühlen, und aus dem, was wir in der Wirklichkeit bewirken. Was in unserem Leben passiert, ziehen wir selbst an oder erschaffen es sogar, und zwar durch unsere Wahrnehmung der Dinge. Wenn wir beispielsweise leichtherzig mit dem Leben umgehen, ziehen wir Dinge an, die dieser Leichtherzigkeit entsprechen. Nehmen wir alles fürchterlich ernst, ziehen wir entsprechend Ernsthaftes oder gar Tragisches an. So betrachtet ist Wirklichkeit ein Gefühl.

Gefühle entstehen, indem wir uns zu dem, was um uns herum ist oder was wir um uns herum wahrnehmen, in einen bestimmten Bezug setzen, der uns dann traurig oder fröhlich macht, motiviert oder frustriert, je nachdem, ob wir uns wohlwollend einlassen oder vorsichtig abgrenzen.

Phantasie, der Schlüssel zu einer ganz neuen Wirklichkeit

Was wir um uns herum wahrnehmen, ist aber leider sehr begrenzt und stark von unserer Vergangenheit geprägt. Der Schlüssel zu mehr und anderen Gefühlen heißt daher Phantasie. Mehr Phantasie bedeutet mehr und neue Gefühle sowie eine gesteigerte Traumaktivität und ist daher ein wichtiger Schritt zur Kontaktaufnahme mit dem magischen Selbst, das uns nur nähren und stützen kann, wenn wir offen dafür sind. Phantasie erweitert den Raum unseres Bewusstseins und öffnet ihn für neue Schöpfungsenergien. Unsere Wahrnehmung dessen, was wir bis jetzt geschaffen haben, hält das Geschaffene in unseren Gefühlen lebendig, prägt unsere geistige und körperliche Energie, bringt – meist unbewusst – entsprechende Träume hervor und hält damit unsere Wirklichkeit, unser Selbstbild und unser bisheriges Leben aufrecht. Genauso prägt das, was wir in unserer Phantasie wahrnehmen, wenn es intensiv genug ist, unsere körperlichen und geistigen Energien. Weinen Sie nicht auch manchmal bei einer Filmszene, die nicht echt ist und auch gar nichts mit Ihrem Leben zu tun hat? Indem wir unser Selbstbild in der Phantasie auflockern und verändern, schaffen wir in unserem Bewusstsein Raum für Neues.

Jeder Standpunkt lässt sich umphantasieren, auch wenn wir ihn schon lange und scheinbar erfolgreich vertreten haben. Angenommen, Sie glauben: »Geld ist verdächtig. Wer viel Geld hat, muss es jemandem weggenommen haben.« Diese Sichtweise hat dazu geführt, dass Sie nie mit großer Überzeugung auf Ihren beruflichen und finanziellen Erfolg hingearbeitet haben. Nun könnten Sie eine neue Phantasie zu diesem Thema aufbauen, indem Sie sich sagen: »Wer die Lebensqualität von Menschen erhöht, wo sie es allein nicht können, wird von diesen Menschen geachtet und entlohnt. Und da ich genau weiß, dass ich dies tue, habe ich den entsprechenden finanziellen Rückfluss verdient.« So entstehen neue Gefühle sich selbst und der Welt gegenüber. Diese Gefühle und Phantasien gestalten Träume, die wiederum Kraft vom magischen Selbst anziehen.

Sie können Probleme also wegphantasieren, indem Sie sich selbst und Ihr Umfeld in Ihren Phantasien neu gestalten und damit Ihre Träume prägen. Dafür brauchen Sie nicht einmal genau zu verstehen, wie die Probleme ursprünglich in Ihr Leben gekommen sind oder was sie verursacht hat. Die Probleme an sich beziehungsweise die dahinter stehenden Ängste sollten Sie allerdings schon genauer betrachten, wenn Sie eine grundsätzliche Verbesserung Ihres Lebens anstreben.

Ich möchte Ihnen noch ein anderes Beispiel geben. Angenommen, Sie glauben, dass Sie, um sich sicher zu fühlen, einen festen Partner brauchen, der Ihnen Geborgenheit, Liebe und Achtung schenkt und Sie in Ihrem Wert bestätigt. Dann könnten Sie sich vorstellen, dass Sie einen solchen Partner finden, und in all den Szenen baden, die Sie so sehr herbeisehnen. Aber selbst wenn Sie diesen Partner mithilfe Ihrer Phantasie herbeiträumen könnten, würde sich an Ihrem grundsätzlichen Problem nichts ändern: Sie halten sich allein nicht für liebenswert genug und sind nicht in der Lage, sich selbst ein schönes Leben zu machen. Deshalb haben Sie Angst vor dem Alleinsein. Wenn Sie nun Ihren Traumpartner hätten, würden Sie sich wahrscheinlich die ganze Zeit fragen: »Was ist, wenn er geht oder stirbt oder krank wird oder seine Meinung über mich ändert?« Solche Ängste wären weiterhin da und würden vielleicht sogar noch wachsen und Angstphantasien erzeugen, die natürlich ähnlich kraftvoll wirken wie alle anderen Phantasien. Eine sinnvolle Phantasie wäre in diesem Fall: »Ich brauche niemanden. Ich bin aus mir selbst heraus glücklich, mache Musik, komponiere, spiele Jazz, habe mal hier eine Liaison und mal da eine. Ich kann allein für mich sorgen und mein Leben schön und spannend gestalten. Ich bin frei und tue was, wann und mit wem ich will. Aber ich hätte nichts dagegen, jemanden an all dem teilhaben zu lassen …«

Je anders sich unser Selbstbild und unser Weltbild in unseren Phantasien darstellt, desto mehr Raum für neue Ideen und Energien entsteht in unserem Bewusstein. Deshalb haben wir uns im zweiten Teil dieses Buches auch so intensiv mit unserem Selbstbild beschäftigt. Die folgende Übung hilft uns, noch verspielter damit umzugehen.

ÜBUNG

Das Phantasieren neuer Selbstbilder

Unser Selbstbild ist im Prinzip die Summe aller Rollen, die wir im Leben gespielt haben und immer noch spielen. In der Regel sind dies einige wenige Rollen, mit denen wir uns identifizieren und die wir ständig wiederholen. Zum Beispiel die Opferrolle: Wir fühlen uns als Opfer der Umstände, anderer Menschen oder der Vergangenheit. Wir sind so arm dran, werden ständig übergangen, schlecht behandelt, falsch verstanden, betrogen, verletzt, ausgenutzt und fühlen uns in dieser Rolle derart bestätigt, dass wir geradezu auf Übergriffe von außen warten.

Das Gegenteil wäre der unabhängige Macher, der nur nach dem Lustprinzip entscheidet und genügend Fähigkeiten besitzt, um sein Leben selbstständig, erfolgreich und frei leben zu können. Er macht seine Ansprüche klar geltend und lässt nicht zu, dass sein Freiraum bedroht oder gar geschmälert wird.

Eine andere Rolle ist die des braven Partners, der alles für eine harmonische Partnerschaft tut. Er erbringt einen Liebesbeweis nach dem anderen, passt sich an, plant gemeinsame Aktionen, nimmt sich Zeit für verständnisvolle und aufbauende Gespräche und vergisst darüber alles andere, sogar seinen eigenen Freundeskreis und seine Eltern und Geschwister. Auch in der Wahl seiner Kleidung, seiner Wohnungseinrichtung und seines Autos folgt er vor allem dem Geschmack seiner Partnerin. Kurz, er lebt ganz nach dem Motto: »Wenn ich mich für eine Partnerschaft entscheide, dann richtig und für immer!«

Im Gegensatz dazu steht die selbstständige Partnerin, die ihren Partner zwar liebt, aber nicht braucht und selbstverständlich davon ausgeht, dass er ihr alles gönnt, was ihr gut tut und was sie sich wünscht, unabhängig davon, ob dies auch für die Partnerschaft förderlich ist. Sie nimmt sich Zeit für sich selbst, für ihre Freunde und ihre Hobbys und stellt ihren roten Lieblingssessel neben den schwarzen, den er sich ausgesucht hat. (Natürlich kann der »brave Partner« auch eine brave Partnerin sein und die »selbstständige Partnerin« ein selbstständiger Partner.)

Eine dritte Rolle könnte die des Angestellten sein, der immer tut, was man von ihm erwartet, der gewissenhaft seine Stunden abarbeitet und gern auch Überstunden macht, der dem Chef Recht gibt, dessen Anordnungen nie infrage stellt und es als die höchste Auszeichnung empfindet, für seine Arbeit gelobt zu werden. Seine Ziele sind eine sichere Anstellung, ein festes Gehalt, wenig Risiko und Harmonie am Arbeitsplatz.

Sein Gegenpart ist vielleicht der selbstständige Freiberufler, der sich um keinen Preis in Abhängigkeit begibt, für den es wichtiger ist, dass er seine Ziele erreicht, als wie lange er dafür braucht, der aufmerksam alles betrachtet und die Dinge in seinem eigenen Rhythmus tut, so wie es ihm liegt und ihn zum Erfolg führt, der seine Meinung kundtut und Konflikte nicht scheut, obwohl er weiß, dass dies nicht immer gut ankommt.

Wenn Sie in Ruhe überlegen, werden Sie viele Rollen entdecken, die Sie selbst spielen: Hausfrau, Mutter, Vater, erfolgreicher Geschäftsmann, Sportler, Intellektueller, Andersdenkender, Besserwisser, Philosoph, Mystiker, unselbstständiges Kind, weiblicher Lockvogel, männlicher Jäger und so weiter.

Wählen Sie eine dieser Rollen mit all ihren Eigenheiten aus und nehmen Sie eine möglichst krasse Gegenposition dazu ein. Versuchen Sie, Ihr Leben aus der Perspektive dieses Gegenparts zu sehen. Spielen Sie mit der neuen Rolle. Versetzen Sie sich eine Woche lang jeden Abend vor dem Schlafengehen etwa für eine Viertelstunde so intensiv wie möglich in diese Rolle hinein und bauen Sie starke Gefühle dabei auf. Sie werden erleben, dass sich Ihre Sichtweise, Ihre Gefühle und Ihre Träume verändern, und wahrscheinlich verändert sich auch Ihre Ausstrahlung. Sie wissen plötzlich: »Alles könnte auch ganz anders sein.«

Nach einer Woche suchen Sie sich einen Gegenpart zu einer anderen Rolle, die Sie an sich wahrgenommen haben, und machen die Übung damit. Bald werden Sie spüren, dass Rollen beliebig austauschbar sind. Besonders spannend wird sein, dass sich aus dem Nichts Situationen ergeben, die der jeweils phantasierten Rollen entsprechen. Plötzlich geschehen Dinge, die Sie nie erwartet hätten, und auch Ihre Art darauf zu reagieren wird Ihnen höchst ungewöhnlich vorkommen. Parallel dazu können Sie auch Ihr Weltbild verändern und es den neuen Rollen anpassen oder auch Ihrem eigentlichen Wesen, das allmählich zum Vorschein kommt.

Übung

Das persönliche Weltbild entdecken

Das Selbstbild ist ein Teil unseres persönlichen Weltbildes, beide bedingen einander. Daher sollte auch das persönliche Weltbild immer wieder verändert beziehungsweise durch Alternativen ergänzt werden. Unser Weltbild entscheidet darüber, was uns möglich erscheint und was nicht, was wir erwarten und für selbstverständlich halten und was demnach unsere Rolle in der Welt ist, war und sein könnte. Was in der Welt normal ist, ist auch für unser Selbstbild normal und prägend. Was in der Welt schwer möglich ist, ist es auch für uns. Wenn wir glauben, der menschliche Körper sei schwach und brauche irgendwann auf jeden Fall Hilfe, wird sich unser Körper entsprechend verhalten. Normalerweise halten wir unser Weltbild unbewusst aufrecht und schließen uns dem Zeitgeist an. Wir kommen gar nicht auf die Idee, dass man die Welt auch anders betrachten könnte, sondern glauben, dass die Dinge nun mal so sind, wie sie sind.

Doch wie jedes Selbstbild ist auch jedes Weltbild nichts als ein Produkt unserer Geschichte, hauptsächlich fremdbestimmt und nicht auf eigenen Erfahrungen aufgebaut, zumindest nicht zu Beginn unseres Lebens. Wir übernehmen es von unseren Eltern und Lehrern und ergänzen es später durch alle möglichen Informationen, die wir aus unterschiedlichen Quellen beziehen. Doch weil alles, was wir denken, fühlen und erwarten, unsere Träume und damit auch unser Leben bestimmt, fühlen wir uns durch das, was wir erfahren, stets bestätigt und unser Weltbild wird immer starrer. Bestimmte Dinge sind dann einfach nie möglich, selbst wenn wir uns noch so sehr anstrengen, während sich das, was wir befürchten, wie von selbst einstellt. Befürchtungen sind eben auch Erwartungen.

Zu den typischen Erwartungen des Zeitgeistes gehören Auffassungen wie: Man muss schwer arbeiten, wenn man viel Geld verdienen will. Wenn man älter wird, braucht man eine Brille. Politiker sind alles Verbrecher. Ab sechzig baut der Körper extrem ab. Direkt auf der Haut sollte man nur Naturmaterialien tragen, alles andere löst Allergien aus. Man muss dreimal im Jahr zur Vorsorgeuntersuchung gehen. Eine gesunde Psyche ist in unserer Kultur höchst unwahrscheinlich. Die Welt ist immer bedrohlich, daher sollte man nichts dem Zufall überlassen. Der Mensch allein vermag nichts, erst in der Gruppe ist er stark.

Es ist gar nicht so einfach, das persönliche Weltbild zu durchschauen, weil wir in der Regel nie bewusst darüber nachdenken. Eine gut funktionierende Methode besteht jedoch in der ausführlichen Betrachtung der eigenen Vergangenheit. Wir können nämlich davon ausgehen, dass alles, was sich bis jetzt in unserem Leben ereignet hat, unserem persönlichen Weltbild entsprungen ist und dass unser Weltbild die Ereignisse unseres Lebens auch weiterhin prägt. Wenn jemand beispielsweise behauptet, ein sonniges, freigeistiges Weltbild zu haben, aber mit Blick auf seine Vergangenheit feststellen muss, dass sein Leben bisher weder sonnig noch leicht und frei war, hat er sich offenbar etwas vorgemacht. Weltbild, Selbstbild und Lebenserfahrung entsprechen sich immer. Wenn Sie also etwas über Ihr persönliches Weltbild herausfinden wollen, müssen Sie sich nur genau anschauen, was sich bisher in Ihrem Leben ereignet hat und was Sie daraus gemacht haben.

Fragen Sie sich zum Beispiel: Wie waren meine zwischenmenschlichen Beziehungen bis jetzt? Wie ist meine berufliche Kariere verlaufen? Welche Erfahrungen habe ich mit Vermietern gemacht? Mit Ärzten? In welchen Zustand war mein Körper? In welchen Wohnungen oder Häusern habe ich gewohnt? Betrachten Sie jeden Lebensbereich, und fragen Sie sich, was Ihnen dort bisher widerfahren ist. Schreiben Sie am besten alles auf und ergänzen Sie diese Notizen so lange, bis ein komplettes Bild entstanden ist. Welche Rückschlüsse für Ihr Weltbild können Sie aus diesen Beschreibungen ziehen?

Wenn Sie beispielsweise schon immer Schwierigkeiten mit Ihrem Partner oder Ihren Partnern hatten, glauben Sie vielleicht: Beziehungen sind anstrengend. Menschen verstehen sich nicht und begegnen einander nicht mit Achtung und Toleranz. Beziehungen schaffen Abhängigkeiten. Eine gute Partnerschaft muss erarbeitet werden.

Achten Sie beim Aufschreiben auch darauf, ob sich bestimmte Situationen in einem Lebensbereich oder sogar in mehreren stets wiederholt haben. Im Bereich Partnerschaft könnte es zum Beispiel die Unfähigkeit gewesen sein, den Partner rechtzeitig zu verlassen. Oder der Mangel an gegenseitigem Verständnis. Oder die Tatsache, dass Ihr Partner Sie betrogen hat. Oder dass er Ihnen immer alles abgenommen, Sie damit aber auch entmündigt hat ... Gab es ähnliche Situationen im Beruf? Könnte das darauf hindeuten, dass Sie die Welt als bedrohlich empfinden und glauben, man müsse Kompromisse machen und einmal Gefundenes festhalten, weil man es sonst verliert?

Behandeln Sie ein Thema möglichst erschöpfend, bevor Sie sich dem nächsten zuwenden: Körper, Beruf, Freunde und Feinde, Welt und Gesellschaft ... Konzentrieren Sie sich beim Aufschreiben vor allem auf Situationen, in die Sie häufiger geraten sind. Erst wenn Sie genau durchschauen, welches Weltbild Sie mit sich herumtragen, wissen Sie auch, welche anderen Weltbilder Raum in Ihrer Phantasie hätten.

Angenommen, ein Teil Ihres bisherigen Weltbildes war: Es ist wirklich schwer, Freiheit und Selbstständigkeit zu erreichen und dabei auch noch erfolgreich und fröhlich zu sein. Die Welt wäre so schön, wenn man für das bisschen Geld nicht so viel arbeiten müsste. Alternativ dazu könnten Sie sich sagen: Es ist so einfach, mit dem, was einem wirklich Spaß macht, Geld zu verdienen, und zwar wo, wann und wie oft man will.

Das wäre eine entscheidende Veränderung des alten Weltbildes, denn wenn Sie denken, das Leben könnte viel schöner sein, »wenn man für das bisschen Geld nicht so viel arbeiten müsste«, deutet das darauf hin, dass Sie das Leben eigentlich hart und unerfreulich finden und es deswegen bisher entsprechend erlebt haben. In dem neuen Weltbild ist aber nicht nur mehr Geld vorgesehen, sondern auch mehr Spaß. Und das ist dann wirklich eine ganz andere Sicht des Lebens, die sich stark prägend auf Ihre künftigen Lebensumstände beziehungsweise Ihre Wahrnehmung des Lebens auswirken würde.

In der folgenden Abendmeditation wird Ihnen klar, dass Ihr Weltbild beliebig veränderbar ist, und Sie fangen an, es in sich wachsen zu lassen.

Abendmeditation

Weltbild und Phantasie

Schließe die Augen. Atme langsam tief ein und aus.
Denke an deine beiden Knie. Atme weiter ein und aus.
Denke an deine beiden Schultern. Atme weiter ein und aus.
Denke an deinen Solarplexus. Atme weiter ein und aus.
Denke an dein Herz. Atme weiter ein und aus.
Stelle dir jetzt mit jedem Atemzug vor: Du atmest strahlende, kraftvolle Energie ein, und beim Ausatmen verteilst du diese Energie in deinem Körper, in deinen Gedanken, in deinen Gefühlen.

Atme weiter ein und aus.
Mit jedem Atemzug atmest du Energie ein, und beim Ausatmen atmest du diese Energie über die Grenzen deines Körpers hinaus, hinein in diesen Raum. Fülle den Raum mit strahlender, kraftvoller Energie.
Diese Energie hat die Kraft, deine Gedanken, Gefühle und Sehnsüchte Wirklichkeit werden zu lassen, wenn du dies möchtest.
Atme langsam tief ein und aus.
Sage dann leise in Gedanken zu dir selbst, wenn du möchtest, sage und empfinde: »Ich bin mehr als mein Körper. Ich bin Bewusstsein, unbegrenzt, ewig und frei. Ich bin auf der Suche nach meinem höheren Wesen, meinem großen Selbst, meinem Traum-Ich. Ich möchte wieder frei werden zu erkennen, dass jede Art von Wirklichkeit ein Traum ist, der aus all denen fließt, die in dieser Wirklichkeit existieren. Ich möchte erkennen und tief innen begreifen, dass sogar dieses Leben ein Traum ist, der aus mir selbst fließt, aus meinen Gedanken, meinen Gefühlen und meinen Erwartungen. Ich möchte begreifen, dass die Art, wie ich mich selbst, die Welt und das Leben sehe, meine Lebenserfahrung bestimmt.
Ich möchte begreifen, dass ich mich aus der Bindung an die bis jetzt erlebte Wirklichkeit befreien kann, indem ich meine Phantasie entfalte und mir klar wird, dass alles, was ist und war, auch ganz anders sein und gewesen sein könnte.
Mein wachbewusstes Ich ist nur eine Art, mich selbst und die Welt zu sehen. Jede andere Sichtweise ist genauso möglich. Jede Veränderung ist genauso möglich. Jede neue Erfahrung ist genauso möglich, wenn ich in meiner Phantasie und in meinen Träumen wieder frei werde.
Ich möchte lernen zu träumen und mein Leben über den Traum bewusst und gezielt zu gestalten.«
Atme langsam tief ein und aus.

»Deshalb entscheide ich mich, meine Phantasie zu üben, täglich, bevor ich schlafen gehe, oder auch während des Tages.
Ich werde Phantasien entwickeln, in denen alles, was ist, ganz anders ist, auch ich selbst.«
Atme langsam tief ein und aus.
Entwickle heute Abend vor dem Schlafengehen eine Phantasie darüber, wie anders die Welt sein könnte. Wie könnten die Menschen mit sich und der Welt umgehen? Die Natur, wie könnte sie sein? Die Städte, die Siedlungen, die Welt der Tiere und Pflanzen, wie könnten sie sein und auf dich wirken?
Welche Rolle könntest du in einer anderen Welt spielen? Welche Rolle würde dich motivieren, immer neue Träume zu entwickeln?
Mit welchen Menschen möchtest du gemeinsame Träume zur Veränderung deines Lebens und der ganzen Welt träumen?
Atme langsam tief ein und aus.
Wenn du heute Abend eine Phantasie darüber entwickelst, wie die Welt sein könnte, dann erinnere dich auch an die magischen Menschen von früher. Sie waren freie Träumer und liebten die Welt mit all ihren Möglichkeiten. Sie freuten sich auch an der Vielfalt des Seins und an dem, was sein konnte. Und sie hatten große Freude an sich selbst und den eigenen Möglichkeiten, ihr Leben beliebig zu gestalten.
Beschließe, auch wieder Freude an der Gestaltung deines Lebens zu haben. Empfinde dein Leben als Abenteuer, als Herausforderung, spannend und immer wieder neu, ein Abenteuer, bei dem man nie zurückschaut, sondern immer nur nach vorn, in die Summe aller Möglichkeiten.
Stell dir beim Einschlafen vor, wie eine andere Welt aussehen könnte und wie du in dieser Welt sein könntest.

Wünsche dir Liebe zum Sein und seiner Vielfalt. Wünsche dir Freude am Gestalten, am Entscheiden, am Träumen. Alles, was ist, könnte auch ganz anders sein. Auch du selbst und dein Körper könnten ganz anders sein. Der natürliche Zustand des Menschen ist kraftvoll, gesund und voller Lust am Gestalten. Atme langsam und tief ein und aus und öffne dann allmählich die Augen.

Übungshilfen

Die folgenden Übungen auf Kassette/CD machen es Ihnen einfacher, aus Ihrem alten Selbst- und Weltbild herauszutreten und mit den größeren Möglichkeiten Ihres Traum-Ich in Kontakt zu kommen.

Neue Perspektiven: Regt die Phantasie an und zeigt Ihnen, wie Ihr Bezug zur Welt sein könnte.

Grundpersönlichkeit: Hilft, das eigene Wesen, seine Fähigkeiten, Sehnsüchte und Möglichkeiten zu spüren, und zwar unabhängig von geschichtlichen Prägungen und alten Selbstbildern.

Ich bin: Lässt Sie wieder spüren, dass Sie mehr sind als Ihr Körper: unbegrenzt, ewig und frei, ein Teil des großen Seins mit einer Bestimmung.

Selbsterkenntnis: Hilft Ihnen, Ihr Selbstbild ebenso zu erforschen wie Ihre Art und Weise zu denken, zu fühlen und zu handeln. Und was Sie erkannt haben, können Sie neu formen.

Frei von der Vergangenheit: Hilft Ihnen, von Ihrer persönlichen Geschichte Abstand zu nehmen, von alten Prägungen und vertrauten Selbstbildern. Macht Sie frei für neue, kraftvolle Phantasien über sich und die Welt.

TEIL 5

Wachträume als Weg in die Wirklichkeit des magischen Selbst

Die Wirklichkeit des magischen Selbst

Die Dimension unseres magischen Selbst ist genauso wirklich und in sich schlüssig wie unsere Dimension von Raum und Zeit. Allerdings gelten dort völlig andere Gesetzmäßigkeiten, die wir, wenn wir in diese Dimension eindringen würden, weder verstehen noch beherrschen, ja zunächst nicht einmal wahrnehmen könnten. Während sich in unserer wachbewussten Wirklichkeit die Gegenwart aus der Vergangenheit ergibt und zur Zukunft wird, ist in der Dimension des magischen Selbst jeder Zeitraum als Gegenwart erlebbar. Erlebnisräume reihen sich dort nicht unbedingt linear aneinander wie Perlen an einer Schnur, sondern können sich in beliebiger Reihenfolge anordnen. Ereignisse aus der Vergangenheit und der Zukunft können sich beliebig neu mischen und gleichzeitig erlebt werden. Unsere Gefühle und unsere Phantasie, die frei von Raum und Zeit wirksam sind, sind die magische Kraft, welche die Perlen zusammenführt.

Wenn es uns gelingt, unsere Wahrnehmung und unser Bewusstsein in die Dimension des magischen Selbst zu verlagern, können wir Schöpfungsideen von dort übernehmen und ganz neue Wahrnehmungsfähigkeiten und Ausdrucksmöglichkeiten gewinnen. Wir lernen nicht nur, uns frei in der Zeit zu bewegen, sondern verlieren auch die eindeutige Bindung an den Raum. Natürlich existiert auch unser Traumkörper in dieser Unabhängigkeit von Raum und Zeit. Das heißt, dass wir ihn beliebig verändern, älter oder jünger werden lassen und sogar seine Gestalt und sein

Geschlecht verändern können. Der Körper ist nicht mehr das Produkt einer bestimmten Geschichte, sondern entsteht im Moment für den Moment. Auf jede Frage gibt es irgendwo in der Zeit und irgendwo im Raum eine Antwort, auf jedes Problem eine Lösung. Als ein Wesen, das sich in der Dimension des magischen Selbst bewegt, müssen wir lediglich unsere Wahrnehmung unseren Wünschen entsprechend ausrichten. Das, worauf sich unsere Wahrnehmung dann konzentriert, wird erlebbare Wirklichkeit. Wir finden die Antworten auf Fragen und die Lösungen für Probleme einfach dadurch, dass wir sie suchen. Phantasie und Gefühle ordnen Raum und Zeit und lassen in dieser Dimension alles entstehen, was ihnen entspricht. Die Fähigkeit, Wirklichkeit frei von räumlichen, zeitlichen und sonstigen Gesetzmäßigkeiten und Vereinbarungen zu gestalten und zu erleben, bezeichne ich als »freies Träumen«.

Freie, bewusst erzeugte Träume sind erlebbare Wirklichkeit für alle Wesen, die sie erzeugen und sich in ihnen bewegen, sowie für alle, die diese Wirklichkeit mit ihnen teilen, genauso wirklich wie unsere wachbewusste Wirklichkeit, die, wie wir bereits gesehen haben, auf uns ebenso wirkt wie auf alle anderen Wesen, mit denen wir sie teilen.

Die freien Träumer früherer Zeiten, von denen in Teil 1 die Rede war, konnten ihr Wesen bewusst aus dieser Wirklichkeit in die Dimension des magischen Selbst projizieren und mit seinen Fähigkeiten versehen in die wache Welt zurückkehren. Deshalb durchschauten sie auch die wache Wirklichkeit als Traum, den sie genauso leicht neu erträumen und beliebig gestalten konnten wie die Welten, die sich in der Dimension des magischen Selbst für sie entfaltet hatten. Das bewusste Eintauchen in die Ebene des magischen Selbst und die damit verbundenen Erfahrungen verleihen auch uns irgendwann jene Freiheit der Wahrnehmung, die wir für das freie Träumen ebenso brauchen wie für das freie Erschaffen von Wirklichkeit. Nur durch den Kontakt mit der Dimension unseres magischen Selbst und der daraus resultierenden drastischen Erweiterung unserer Wahrnehmung können wir lernen, unsere wache Wirklichkeit als einen von vielen Träumen und uns selbst als eine Art Traum-Ich in der Traumwirklichkeit von Zeit und Raum zu begreifen. Und erst dann haben wir wirklich die Möglichkeit, unsere wache und doch erträumte Wirklichkeit und uns selbst beliebig umzuträumen. Aus der durch unser magisches Selbst geprägten Sicht ist unser altes Selbstbild dann nur noch ein beliebig veränderbares Traumbild, das keinen Bezug zu unseren geschichtlichen Erfahrungen haben muss.

Der magische Mensch, so wie ich ihn verstehe, hat sein Bewusstsein der wachen Wirklichkeit um viele Schöpfungsideen aus der Dimension seines magischen Selbst erweitert. Er hat eine größere Wirklichkeitssicht und damit auch mehr Möglichkeiten und ist insofern kein üblicher Mensch mehr. Als freier Träumer kann er seine eigene Wirklichkeit beliebig erträumen und die Gesetzmäßigkeiten der raumzeitlichen Wirklichkeit sind für ihn kaum noch gültig. Wenn sein waches Ich und sein magisches Selbst endgültig miteinander verschmolzen sind, kann er mit seinem physischen Körper durch Wände gehen, die Schwerkraft überwinden, sich in Luft auflösen, Gegenstände dematerialisieren, in die Vergangenheit und in die Zukunft reisen, die Zukunft in die Gegenwart holen und vieles mehr. Das heißt, er kann alles tun, was gewöhnlichen Menschen allenfalls im Traum möglich ist. Die schon mehrfach erwähnten freien Träumer der alten Zeit waren solche magischen Menschen, und seitdem tauchen immer wieder einzelne Menschen auf, die völlig im Einklang mit ihrem magischen Selbst und all seinen Fähigkeiten leben. Sicher sind sie selten, aber sie demonstrieren immerhin, in welche Richtung wir uns als menschliche Wesen entwickeln können und vielleicht auch entwickeln sollen.

Natürlich ist es den meisten Menschen, auch wenn sie noch so viel üben, kaum möglich, ihren Körper aufzulösen oder auch nur schweben zu lassen. Aber wären Sie nicht gern in der Lage, mit geistiger Kraft Krankheiten zu lindern und sich selbst und anderen zu helfen, wieder gesund zu werden? Oder Menschen, die Sie lieben, selbst dann kurz zu besuchen, wenn Sie sich momentan körperlich weit von ihnen entfernt aufhalten? Wäre es nicht befreiend, ganz ohne Angst durchs Leben gehen zu können, weil Sie aus Erfahrung wissen, dass Ihnen nur das widerfahren kann, was Sie mit Ihren geistigen Energien vorbereiten und anziehen? Sie würden sich nie wieder als Opfer fühlen, weder als Opfer Ihrer Geschichte noch Ihrer gegenwärtigen Lebensumstände noch einer ungewissen Zukunft. Sie würden Ihre Zukunft selbst gestalten und sich nicht mehr fragen, was vielleicht wird, sondern was sein soll. Ihr Leben wäre so viel schöner und leichter, wenn Sie erleben könnten, wie es sich aus Ihnen selbst formt, aus Ihren Gedanken und Gefühlen, aus Ihren Phantasien und Träumen. Sie hätten dann wieder Lust, Visionen zu entwickeln, Neues auszuprobieren und lebendig zu sein wie ein Kind. Sie würden sich nicht mehr in Ihrem Körper gefangen fühlen, sondern könnten ganz neue körperliche Fähigkeiten entwickeln. Sie könnten sich einen Körper schaffen, der zu Ihren Visionen passt, ohne Angst zu altern und irgendwann nicht mehr funktionsfähig zu sein.

Alle Meditationen und praktischen Übungen, die Sie bereits kennen gelernt haben, sind wirksame Schritte auf dem Weg in die Wirklichkeit des magischen Selbst. Die Übungen, die Sie anschließend noch kennen lernen werden, können Ihnen helfen, schrittweise in die Dimension des magischen Selbst einzutauchen, um seine Fähigkeiten bewusst zu integrieren und auf Ihr wachbewusstes Ich zu übertragen.

Ich will an dieser Stelle aber auch erwähnen, dass sich die Türen zwischen Ihrer wachen Wirklichkeit und anderen

Dimensionen manchmal ganz von selbst öffnen. Und immer wenn dies geschieht, vermischen sich Schöpfungsideen aus unterschiedlichen Wirklichkeitsräumen miteinander und es ereignen sich unerklärliche Dinge, von denen wir im Nachhinein nicht wissen, ob sie sich überhaupt ereignet haben. Einige solcher Erlebnisse habe ich bereits in Teil 3 dieses Buches beschrieben. Vielleicht haben auch Sie schon Dinge erlebt, die Sie nicht wirklich einordnen konnten und deshalb sicherheitshalber einfach verdrängt oder zumindest so gut es ging ignoriert haben.

Mir ist es beispielsweise schon öfter passiert, dass ich mit dem Auto irgendwohin fuhr, viel zu spät dran war und dennoch pünktlich ankam. Beim Abfahren hatte ich noch auf die Uhr geschaut und während der Fahrt wusste ich ganz klar, dass ich mein Ziel auf keinen Fall pünktlich erreichen konnte, auch wenn ich noch so schnell fuhr. Ungeachtet dessen fuhr ich dann trotzdem so schnell ich konnte und blieb ganz auf mein Ziel fixiert, sodass ich die Zeit darüber völlig vergaß. Als ich dann aber endlich mein jeweiliges Ziel erreicht hatte, stellte ich jedes Mal überrascht fest, dass ich immer noch gut in der Zeit oder sogar pünktlich war. Eine vernünftige Erklärung dafür gab es selten. Wenn wir solche Phänomene erleben, registrieren wir sie vielleicht und wundern uns, denken aber nicht weiter darüber nach, was sie bedeuten. Könnte es sein, dass die Intensität, mit der wir uns auf ein Ziel konzentrieren, irgendeinen Einfluss auf den Zeitlablauf hat, indem sie zum Beispiel die Zeit dehnt oder unsere eigenen Aktionen beschleunigt? Beides scheint nicht akzeptabel und schon gar nicht erklärbar.

Ein anderes Beispiel: Manchmal kann ich mich ganz genau an bestimmte Ereignisse erinnern, zum Beispiel an Gespräche, die ich geführt habe, an ihren Inhalt und sogar an die jeweiligen Gesprächspartner, aber ich weiß nicht mehr, wann und wo diese Gespräche stattgefunden haben könnten. Sie lassen sich weder zeitlich noch räumlich einordnen, und doch kann ich mich im Detail daran erinnern. Haben Sie das auch schon einmal erlebt? Oder vielleicht, dass Sie zur vereinbarten Zeit an einem vereinbarten Ort auf eine Person gewartet haben, die nicht erschienen ist, Sie aber kurze Zeit später anrief um zu fragen, wo Sie denn waren? Offensichtlich waren Sie nicht am Treffpunkt gewesen, als die andere Person dort pünktlich auf Sie gewartet hat. An diesem Ort kann man sich gar nicht verfehlen, wenn man gleichzeitig da ist, aber aus irgendeinem Grund sind Sie beide sich dort nicht begegnet. Viele Menschen erinnern sich an solche Ereignisse, aber den meisten kommen sie so unmöglich vor, dass sie sich oft extrem weit hergeholte Begründungen einfallen lassen, um sie zu entschärfen: »Wahrscheinlich ist die Uhr zwischendurch stehen geblieben oder wir haben aneinander vorbeigeschaut oder ich habe dich wegen deiner neuen Frisur nicht erkannt.«

Wenn sich Wirklichkeitsräume verschieben und der Schleier zwischen unserer und anderen Dimensionen aufreißt, haben die normalen Gesetzmäßigkeiten von Raum und Zeit keine Gültigkeit mehr und unser übliches Wahrnehmungsvermögen versagt. Die Übungen in diesem Buch werden Ihnen helfen, Ihre Wirklichkeitssicht zu erweitern, sich für größere Aspekte Ihres Seins zu öffnen und solche Erlebnisse als das wahrzunehmen, was sie wirklich sind: die Berührung mit einer anderen Dimension.

Der Nullpunkt

Zwischen unserer normalen wachbewussten Wirklichkeit und anderen Dimensionen oder Räumen von Wirklichkeit gibt es eine Tür, durch die wir alle ständig gehen, meist jedoch ohne es zu bemerken. Diese Tür bezeichne ich als Nullpunkt. Jede Nacht kurz vor dem Einschlafen und jeden Morgen kurz vor dem Aufwachen gleiten wir durch diesen Nullpunkt, einen Zustand der Freiheit, in dem unser Bewusstsein ohne eindeutige Ausrichtung und Bindung ist: Die Wahrnehmung unserer wachen Wirklichkeit beginnt sich aufzulösen, die bekannte Welt rückt weg von uns, Traumbilder ziehen fast unmerklich in unser Wahrnehmungsfeld und sind kaum noch klar von der wachen Wirklichkeit zu unterscheiden. Wir sind nicht mehr so richtig wach, schlafen aber auch noch nicht. In diesem Zwischenzustand verliert unsere geschichtlich geprägte Vernunft allmählich die Kontrolle, unsere Identifizierung mit dem Körper wird immer schwächer und wir tauchen in die Dimension des kleinen Traum-Ich und in das passive Träumen ein. Wie sehr wir unser Selbstbild und auch unser Weltbild in diesem Zustand aufgeben, können Sie mitunter morgens beim Aufwachen erleben: Sie wissen nicht mehr, wer Sie sind, wo Sie sind, welcher Tag heute ist oder was es zu tun gibt. Dann, nach einer kurzen Phase der Verwirrtheit, baut sich Ihr übliches Selbstbild wieder auf, ein Puzzlesteinchen fügt sich zum anderen, und schließlich nehmen Sie die Welt wieder wie gewohnt wahr. Beim Einschlafen passiert genau das Gegenteil: Das feste Bild, das wir von uns selbst und der Wirklichkeit haben, löst sich immer mehr auf, bis unser Bewusstsein frei wird und unsere Gedanken und Gefühle ungerichtet zu fließen beginnen. Irgendwann wissen wir nicht mehr, wer wir sind, wo wir sind, warum wir sind … und schlafen ein oder verweilen noch ein wenig auf der Schwelle zum Schlaf und beobachten die ersten Traumenergien, die das kleine Traum-Ich in unser Bewusstsein fließen lässt.

Normalerweise ist diese Nullpunktphase nur sehr kurz, aber in dieser kurzen Zeit erlebt man einen Zustand völliger Wachheit und extremer Freiheit, verbunden mit einem enormen Energiezuwachs, obgleich gar nichts Bestimmtes wahrnehmbar oder erlebbar ist. Ich persönlich erlebe das Hineingleiten in den Nullpunkt so, als verschiebe sich die Konzentration oder die Wahrnehmungsebene in meinem Kopf von vorn nach hinten, wobei der hintere Bereich meines Kopfes irgendwie aktiver wird. Wenn ich die Tür zu einer anderen Dimension öffnen oder mein Bewusstsein aus dem Körper schicken möchte, muss ich mich nur auf den hinteren Bereich meines Kopfes konzentrieren und versuchen, ihn deutlich zu spüren. Schon gleite ich leicht in den Nullpunkt hinein und mein Bewusstsein und meine Wahrnehmung können auf Reisen gehen. Ich habe mich im Laufe der Jahre mit einigen Menschen ausgetauscht, die über Erfahrungen mit Traum- und Bewusstseinsreisen verfügen. Viele von ihnen berichteten von ganz ähnlichen Phänomenen, aber auch sie hatten keine wirkliche Erklärung dafür.

Entdeckt habe ich diese Wahrnehmungsverschiebung während eines intensiven Trainings in England, an dem ich teilnahm, um meine Fähigkeiten als Heiler und Medium zu entwickeln. Mein damaliger Lehrer, ein in England sehr bekannter Hellseher, sagte zu Beginn des Trainings: »Wenn du deine Heilenergien und Wahrnehmungsfähigkeiten unter Kontrolle bringen möchtest, brauchst du nur diese eine Übung zu beherrschen: Stell dir ein beliebiges Bild vor und mache es in deiner Phantasie so stabil, dass es etwa zwei Minuten lang wie ein Dia vor deinem geistigen Auge stehen bleibt, ohne sich zu verändern. Und dann versuche, dieses Bild gezielt zu verändern und in eine neue Form zu bringen, über die du bewusst entscheidest.« Das schien mir mit etwas Praxis leicht zu bewältigen, aber in der Tat war ich jahrelang mit dieser Übung beschäftigt. Als ich schließlich ziemlich gut darin war, versuchte ich meine Konzentrationsfähigkeit weiter zu schulen, indem ich das stehende Bild in meinem Kopf langsam von vorn nach hinten wandern ließ. Ich übte und übte. Dabei fiel mir irgendwann auf, dass sich in dem Moment, in dem ich das Bild in meinem Kopf erfolgreich nach hinten verschoben hatte, nicht nur die Wahrnehmung meines Umfeldes aufzulösen begann, sondern auch meine Selbstwahrnehmung. Ich rutschte in eben in diesen Bewusstseinszustand, den ich als Nullpunkt beschrieben habe.

Wahrscheinlich fühlt sich der Nullpunkt als Bewusstseinszustand für jeden Menschen ein wenig anders an und vermutlich findet jeder auf etwas andere Art und Weise dorthin, aber bei den meisten Menschen, die mir bis jetzt davon berichtet haben, scheint dieser Zustand von Freiheit, Ruhe und Ungerichtetheit der Wahrnehmung begleitet zu sein. Im normalen Wachzustand sind wir immer irgendwie ausgerichtet, ja sogar gefangen in den Gedanken, Gefühlen und Ängsten, die unsere Wahrnehmung begleiten. Am Nullpunkt gibt es nichts mehr, was unser Bewusstsein eindeutig berührt oder gar gefangen nimmt. Unsere Wahrnehmung hat kein Ziel mehr. Wir sind einfach nur da. Es ist ein absolut friedlicher Zustand, in dem nichts Bestimmtes geschieht, und doch ist eine Ahnung da, dass alles Mögliche geschehen könnte.

In dem Moment, in dem wir den Nullpunkt ganz klar als einen Zustand der Nichtausrichtung wahrnehmen, einen Zustand ohne eindeutige Bindung, können wir unsere Wahrnehmung auf einen beliebigen Punkt in Raum und Zeit oder sogar in eine andere Dimension richten – einfach indem wir eine entsprechende Absicht als Gefühl oder Bild formulieren. Unsere Gefühle, unsere inneren Bilder oder einfach unsere Absicht, irgendwo in Raum und Zeit zu sein, werden unser Bewusstsein dorthin tragen, allerdings nur, wenn es uns gelingt, lange genug am Nullpunkt zu verharren, dass sich unsere Wahrnehmung eindeutig ausrichten kann. Und das fällt in der Regel nicht ganz leicht. Beim Einschlafen erreichen wir den Nullpunkt zwar auf jeden Fall, aber in der Regel sind wir nur sehr kurz da, oft nur wenige

Sekunden. Wir spüren, dass der Schlaf kommt, und im nächsten Moment sind wir schon eingeschlafen. Oder wir werden wach, erinnern uns noch kurz an den Traum, den wir gerade hatten, und sind schon wieder ganz wach.

Wenn wir den Nullpunkt zur klaren Ausrichtung unserer Wahrnehmung nutzen wollen, müssen wir ihn verlängern, und zwar möglichst bis zu einer halben Stunde. In dieser Zeit könnten wir unsere Wahrnehmung eindeutig ausrichten und unser Bewusstsein an einen bestimmten Punkt in Raum und Zeit oder sogar in die Dimension des magischen Selbst projizieren. Dort könnten wir bewusst aktiv sein, neue Ideen und Energien integrieren und sie mit zurück in unseren normalen Wachzustand nehmen. Es braucht gewisse Techniken und viel Übung, den Nullpunkt beliebig zu finden und länger zu halten, aber mit etwas Ausdauer ist es möglich.

ÜBUNG

Im Nullpunkt verweilen

Setzen Sie sich entspannt in einen bequemen Sessel, schließen Sie die Augen und atmen Sie einige Male tief ein und aus. Sie könnten die Übung auch im Liegen machen, aber dann ist die Gefahr, dass Sie vorschnell einschlafen, viel größer. Tun Sie nun so, als wollten Sie einschlafen. Erinnern Sie sich an das Einschlafgefühl, wie Sie es kennen, und geben Sie sich diesem Gefühl hin. Beobachten Sie genau, wie es sich anfühlt, wenn Sie sich in Richtung Schlaf bewegen, aber kurz bevor Sie dann tatsächlich einschlafen, bringen Sie sich wieder zum Aufwachen, zum Beispiel indem Sie Ihre Hand bewegen. Beobachten Sie auch genau, wie es sich anfühlt, wieder wach zu werden. Tun Sie das mehrmals hintereinander: Richtung Schlaf bewegen; beobachten, wie sich das Bewusstsein verändert, und wieder wach werden. Sie werden feststellen, dass sich Ihr Bewusstsein beim Einschlafen anders verhält als beim Aufwachen und dass Sie dies steuern können. Schon bald werden Sie sich ganz nach Belieben zum Einschlafen und auch wieder zum Aufwachen bringen können. Und genau dort, wo das Einschlafen wieder zum Aufwachen wird, beginnt die Nullpunkt-Phase.

Ihr nächstes Ziel sollte sein, sich Ihre Empfindungen am Umkehrpunkt genau einzuprägen, denn später wird Sie allein die Erinnerung an dieses Gefühl jederzeit an genau diesen Punkt zurückführen. Anschließend üben Sie, dort zu bleiben, indem Sie, wenn Sie einzuschlafen drohen, etwas mehr in Richtung Wachheit gehen, und sich, wenn Sie allzu wach werden, mehr in Richtung Schlaf bewegen. Wenn Sie regelmäßig üben, werden Sie allmählich immer länger im Nullpunkt bleiben können, und irgendwann haben Sie dort genügend Zeit, Ihre Wahrnehmung bewusst auszurichten und Ihr Bewusstsein über Ihre Körpergrenzen hinaus ausdehnen und auf Reisen zu schicken.

Wachtraum und Astralreise

Im Nullpunkt nimmt die Kraft Ihrer Absicht, Ihrer Gefühle und Ihrer Gedanken stark zu und hat einen viel größeren Einfluss auf Ihr Lebens als im normalen Wachzustand. Ihre prägenden Bewusstseinskräfte – Gedanken, Gefühle und innere Bilder – sind im Nullpunkt so wirksam, dass Sie sehr sorgfältig damit umgehen sollten. Sie können sie beispielsweise nutzen, um telepatischen Kontakt mit anderen

Menschen aufzunehmen, um mehr Erfolg in Ihr Leben zu ziehen, eine harmonische Partnerschaft oder ein schönes Haus oder auch, um sich einen gesunden Körper zu erschaffen. Der Nullpunkt ist der optimale Zustand, wenn es darum geht, die prägende Kraft des Bewusstseins gezielt auszurichten und wahrzunehmen, was mit den Sinnesorganen sonst nicht wahrgenommen werden kann.

Die Projektion Ihrer Wahrnehmung durch den Raum und die Zeit wird immer leichter vonstatten gehen und die Wahrnehmungseindrücke werden mit der Zeit so intensiv werden, dass Ihr Bewusstsein schließlich ganz aus Ihrem physischen Körper heraustreten und dorthin reisen kann, wo vorher nur Ihre Wahrnehmung fokussiert war. Sie verlagern Ihr Bewusstsein als Energiefeld und befinden sich dann tatsächlich an einem anderen Ort als Ihr physischer Körper. Anders als bei der Projektion, wo nur ein Teil Ihres Bewusstseins Ihrer Absicht, an einen anderen Ort zu gehen, folgt und dorthin eine Art Wahrnehmungskanal formt, löst sich Ihr Bewusstsein jetzt nahezu völlig von Ihrem physischen Körper und reist in einer Art zweitem Körper zum Zielort. Diesen zweiten Körper können Sie sich wie eine Energiewolke vorstellen, die eigentlich keine feste Form hat, aber in der Regel Ihre übliche Körperform annimmt, da sie sich um Ihr Ich-Gefühl, Ihr Selbstverständnis herum formt. Wenn Sie Ihr übliches Ich-Gefühl nicht mehr haben, sondern als neutrale wahrnehmende Wolke reisen, nimmt diese häufig eine Kugelform von bläulich-weißlicher Farbe an. Wir alle begeben uns regelmäßig auf nächtliche Astralreisen, erinnern uns aber in der Regel nicht daran, und wenn, dann meist nur verzerrt an so genannte Flugträume. Zu solchen Astralreisen kommt es übrigens nicht nur dadurch, dass wir unsere Wahrnehmung aus dem Nullpunkt heraus gezielt ausrichten, bis unser Bewusstsein irgendwann tatsächlich als Astralkörper an den Zielort projiziert wird – was zu Beginn meist sehr plötzlich und überraschend geschieht –, sondern auch dadurch, dass wir in unserem Traumkörper erwachen und uns plötzlich bewusst in der Dimension des magischen Selbst bewegen können. Die Erinnerung an unsere wachbewusste Welt führt dann dazu, dass der Traumkörper aus der Traumdimension in diese Wirklichkeit überwechselt und die Eigenschaften des Astralkörpers annimmt: Er kann sich hier bemerkbar machen und auf diese Wirklichkeit Einfluss nehmen, ohne den Gesetzmäßigkeiten von Raum und Zeit zu unterliegen. Er kann durch Wände gehen, seine Form verändern, in Gedankengeschwindigkeit durch Raum und Zeit reisen und über den direkten Austausch von Gedanken und Gefühlen mit Menschen und anderen Bewusstseinsformen kommunizieren.

Der Nullpunkt ist aber nicht nur der Zustand, in dem wir unsere Wahrnehmung frei ausrichten, sie durch Raum und Zeit wandern lassen oder außerkörperliche Erfahrungen stimulieren können, er ist auch die Tür zu unserem magischen Selbst. Wenn wir den Nullzustand unter Kontrolle haben, können wir bewusst hindurchgehen, in unser magisches Selbst eintauchen, seine Fähigkeiten und Möglichkeiten, seine Schöpfungsideen und seine Energie in unser Bewusstsein aufnehmen und allmählich auch in der wachen Wirklichkeit nutzen. Der nächste wichtige Schritt besteht nun darin, aus dem Nullpunkt in den Raum des kleinen Traum-Ich zu gleiten und die Träume, die es in unser Bewusstsein fließen lässt, wachbewusst als Träume sowie uns selbst als wachbewusste Träumer zu erkennen. Wir müssen also als waches Bewusstsein in den passiven Träumen des kleinen Traum-Ich erwachen, damit wir diese Träume als Träume erkennen können, denn sonst vergessen wir unsere übliche Wirklichkeit, werden von den Träumen aufgesaugt, träumen unbewusst und erinnern uns an diese Träume allenfalls als etwas, womit wir selbst nichts zu tun haben.

Zur Aktivierung so genannter Wachträume schlage ich die folgende Übung vor.

Übung

Aktivierung von Wachträumen

Gehen Sie zunächst in den Nullpunkt, wie Sie es geübt haben, und bleiben Sie einige Minuten ruhig und friedlich in diesem Zustand, ohne jede Absicht und ohne Ihrer Wahrnehmung irgendein Ziel zu geben.

Gehen Sie dann noch etwas näher an die Schlafgrenze und warten Sie dort, bis das kleine Traum-Ich die ersten Traumfetzen, zusammenhanglose Traumbilder, in Ihr Bewusstsein schickt. Richten Sie Ihre Wahrnehmung dann auf einen beliebigen Traumfetzen, bis dieser sich verselbstständigt. Lassen Sie sich aber nicht davon aufsaugen. Gehen Sie nicht in die Traumbilder hinein, sondern bleiben Sie bewusst und beobachten Sie das Geschehen ganz neutral. Wenn ein Traumfetzen Sie mitreißen will und über die Schlafgrenze zu ziehen droht, machen Sie sich wieder etwas wacher, indem Sie sich zum Beispiel sagen, dass Sie zwar Traumbilder sehen, aber wach sind und wach bleiben wollen. Sie dürfen nicht einschlafen, denn sonst werden Sie in die passive Traumtätigkeit des kleinen Traum-Ich gesaugt. Das wäre zwar heilsam und ausgleichend, aber nicht hilfreich, wenn Sie die Kontrolle über Ihren Traum erlangen und allmählich bewusst in die Dimension des magischen Selbst überwechseln wollen. Wenn es Ihnen erst einmal gelungen ist, Traumfetzen zu beobachten, ohne von ihnen aufgesaugt zu werden, und wenn Sie dann sogar auf die Traumfetzen aufspringen und sich von ihnen forttragen lassen können, ohne geschluckt zu werden, haben Sie schon ein großes Stück Ihres Weges zum magischen Selbst zurückgelegt.

An dieser Stelle möchte ich Sie auf die CD *Das Tor zum magischen Selbst öffnen* hinweisen (siehe Seite 259). Die dort aufgezeichnete Übung hilft Ihnen zum einen, Einschlafen und Aufwachen als unterschiedliche Prozesse in Ihrem Bewusstsein wahrzunehmen. Zum anderen lernen Sie, den Nullpunkt deutlicher zu spüren und lang genug in diesem Zustand zu verharren, um Traumbilder auftauchen zu lassen und halten zu können. Machen Sie diese Übung nicht abends, wenn Sie müde sind, sondern lieber irgendwann tagsüber, damit die Gefahr, dabei einzuschlafen, nicht so groß ist.

Der Wachtraum als Tor zum magischen Selbst

Der aktive Traum beginnt dort, wo Sie im Nullpunkt fähig sind, die ersten Traumfetzen des Kleinen Traum-Ich bewusst wahrzunehmen und sich selbst neutral zu beobachten, ohne dabei einzuschlafen beziehungsweise Ihre Erinnerung an die wache Wirklichkeit zu verlieren. Dann können Sie auf die Traumfetzen aufspringen und sich von ihnen tragen lassen. So lernen Sie ganz klar, Ihre Träume als Träume zu erkennen, die sich ohne Ihr bewusstes Zutun abspielen. Sie bleiben passiv in einer bewussten Beobachterrolle und wissen, wo Sie vorher waren, wer Sie sind und was Sie zuvor gefühlt und gedacht haben. Sie bleiben so distanziert, dass Sie sich als Beobachter sogar Gedanken über die vorbeiziehenden Traumbilder machen können. Zu Beginn ist der normale Fluss der Träume gelegentlich etwas durch Ihre Gedanken gestört oder bricht sogar ab, aber schon bald können Sie völlig neutral bleiben und das kleine Traum-Ich bei seiner Arbeit unbehelligt lassen. In dieser Beobachter-Position werden Sie sich Ihrer anderen, mehr magischen Natur nach und nach bewusst und sind allmählich bereit, bewusst in das Traumgeschehen einzugreifen, Träume zu verändern und sogar selbst in Gang zu setzen.

Sobald Sie aktiv zu träumen beginnen, ziehen Sie Energien und Schöpfungsideen aus der magischen Dimension an und lernen, sie als solche zu erkennen und zu integrieren. Und damit beginnen Sie auch Ihr eigenes magisches Traum-Ich aufzubauen, das mit der Zeit ein stabiles Selbstbild haben wird, vergleichbar mit Ihrem Selbstbild in der wachen Wirklichkeit, nur sehr, sehr viel weiter gefasst. Und ähnlich wie Sie als Kind in eine neue Welt geboren wurden und erst allmählich die akzeptierten Gesetzmäßigkeiten und Möglichkeiten der wachen Wirklichkeit erkennen und integrieren lernten, tauchen Sie nun als eigenständiges Bewusstsein in eine neue Welt ein und lernen sich erst allmählich als Wesen mit einem Energiekörper zu begreifen und dann ein stabiles Selbstbild als aktiver Träumer aufzubauen. Das Besondere an einem aktiven Träumer ist allerdings, dass er sich sowohl der wachen Wirklichkeit bewusst ist, aus der er mit seinem Ich-Bewusstsein kam, als auch der großen Dimension des magischen Selbst, die er nun mehr und mehr zu begreifen beginnt. Deshalb kann er beide Wirklichkeiten miteinander verbinden und nach Belieben zwischen ihnen hin und her wandeln, bis sie für ihn schließlich zu einer Einheit verschmelzen.

Der Einstieg in unsere magische Welt, in die Dimension des aktiven, freien Träumens beginnt also mit unserer Fähigkeit, unser wachbewusstes Ich beim Eintritt in die Welt des kleinen Traum-Ich nicht zu vergessen, zu spüren und zu erleben, dass wir auch im Traum eine wachbewusste Existenz haben, die sich auf ähnliche Weise entwickeln kann, wie wir uns seit unserer Zeugung in dieser wachen Wirklichkeit entwickelt haben. In dem Moment, wo uns dies gelingt und wir unsere Träume verändern und beeinflussen können, öffnen wir uns für die Flut von Schöpfungsideen und Schöpfungsenergien, aus denen die Dimension des magischen Selbst besteht und die ich Traummasse nenne. Je mehr Traummasse wir als aktive Träumer an uns binden, desto mehr neue Traumwirklichkeiten können wir um uns herum entstehen lassen. Und ab einem gewissen Punkt erkennen wir dann auch, dass unsere wachbewusste Wirklichkeit nur eine Traumwirklichkeit von vielen ist, die wir gemeinsam mit allen anderen Mitträumern erträumen, aber auch zu unserem ganz persönlichen Traum werden lassen können. Und ähnlich wie wir Wirklichkeit in der Traumdimension beliebig verändern und neu erschaffen können, werden wir dies irgendwann auch in dieser wachen Wirklichkeit tun können.

Der Weg dorthin ist nicht ganz einfach und erfordert viel Mut und konsequente Übung, aber jeder kleine Fortschritt macht einen riesigen Unterschied für unsere Lebensqualität und das Ausmaß an Freiheit, mit der wir unser Leben gestalten können. Wirklich frei können wir nur werden, wenn sich unser wachbewusstes Ich nicht nur an seinen Ursprung aus dem magischen Selbst erinnert, sondern auch wieder mit ihm zu verschmelzen beginnt.

ÜBUNG

Traummasse sammeln

Die Tür zum kleinen Traum-Ich und damit zur Dimension des magischen Selbst öffnet sich an der Grenze zum Schlaf, im Nullpunkt. Wir spüren uns noch als Ich, aber unsere Wahrnehmung ist nicht mehr eindeutig auf unsere wache Wirklichkeit ausgerichtet. Unsere Vernunft, unsere kritische geschichtliche Betrachtungsweise, wird still. Wir werden zum

Beobachter und können auftauchende Traumfetzen neutral beobachten, ohne uns davon aufsaugen zu lassen. Jetzt ist es wichtig, diese neutrale Haltung aufrechtzuerhalten, bewusst zu warten, bis sich aus den Traumfetzen zusammenhängende Träume formen, und diesen dann zu folgen, ohne das Ich-Bewusstsein dabei zu verlieren.

Phase 1: Beobachter bleiben

Sagen Sie sich, wenn die ersten Fetzen an Ihnen vorbeiziehen: »Ich träume; dies ist ein Traum.« Das wird Ihnen helfen, den beobachtenden Zustand aufrechtzuerhalten und nicht einzuschlafen. Schauen Sie dabei nicht so genau auf die Details oder die Inhalte der Traumfetzen, denn sobald Sie bewusst erkennen und begreifen wollen, was Sie sehen, schaltet sich entweder Ihre Vernunft ein und die Traumfetzen lösen sich wieder auf oder die Kraft des Traumfetzens nimmt zu und zieht Sie mit. Als gute Strategie hat sich erwiesen, bewusst von Traumbild zu Traumbild oder von Traumszene zu Traumszene zu springen. Sobald ein Trauminhalt oder ein Traumbild klar zu werden beginnt, lassen Sie Ihre Wahrnehmung weiterwandern. Das heißt, Sie lassen kein Bild wichtig werden.

Wenn Sie genug geübt haben, werden Sie irgendwann spüren, dass Sie in Ihrer neutral betrachtenden Haltung immer länger bei einem Traumfetzen oder auch einem Traumdetail verweilen können und schließlich so lange, bis sich ein zusammenhängender, eigenständiger Traum daraus entwickelt. Dies mag Wochen oder sogar Monate dauern, aber irgendwann wird es gelingen. Dann beginnt sich Ihr Traum-Ich zu stabilisieren und Sie sind bereit, mehr Traummasse in Ihr Traumbewusstsein zu integrieren.

Phase 2: Den Traumkörper aufbauen

Nun werden Sie sich Ihres Traumkörpers deutlicher bewusst, indem Sie ihn gezielt aufbauen, stabilisieren und als Teil von sich in der Traumwelt begreifen. So wie unser physischer Körper nicht nur Ausdrucksmittel, sondern auch Wahrnehmungsorgan unseres Wachbewusstseins ist, ist unser Traumkörper das Zentrum unserer Wahrnehmung und unseres Ausdrucks in der Welt unseres magischen Selbst. Als Embryo haben wir im Mutterleib Materie um unser Bewusstsein herum aufgebaut und nach der Geburt den Körper als Ausdrucks- und Wahrnehmungsorgan zu nutzen gelernt. Die Stabilität unseres Traumkörpers ist die Basis für einen souveränen Umgang mit der Traummasse, mit all den Schöpfungsideen und Traumenergien der Dimension des magischen Selbst, mit denen wir beliebig viele Träume erschaffen können – so stabil und wirklich wie unsere wachbewusste Wirklichkeit. Und als stabiles Traum-Ich können wir in jeden einmal geschaffenen Traum zurückkehren und dort genauso reale Erfahrungen machen wie in unserer Wirklichkeit hier. Ich werde Ihnen nun zeigen, wie Sie Ihren Traumkörper als Sitz Ihres Traumbewusstseins stabil werden lassen können.

Im dritten Teil dieses Buches haben Sie bereits geübt, Ihre Wahrnehmung auf kleinste Bereiche Ihres physischen Körpers zu richten, sie im Körper zu verschieben und letztlich vom Körper unabhängig zu machen. Diese Übung diente dort als Vorbereitung für die erfolgreiche Projektion Ihrer Wahrnehmung und Ihres Bewusstseins nach außen. Jetzt, wo Sie die Bedeutung des Nullpunktes kennen gelernt haben, können Sie die gleiche Übung noch sehr viel intensiver und erfolgreicher üben. Ein Nebeneffekt jener Übung war, Ihr Körpergefühl im Detail zu intensivieren und Ihren Körper ganz deutlich spürbar zu machen. Genau das können Sie sich jetzt zunutze machen, wenn Sie Ihren Traumkörper aufbauen und stabilisieren wollen. Sie brauchen ein deutliches Gefühl für Ihren Traumkörper, damit Sie sich in der Welt des kleinen Traum-Ich nicht mehr nur als wahrnehmendes Bewusstseinsfeld empfinden, sondern auch als Gestalt, als Körper, in dem und durch den Sie diese andere Welt körperlich wahrnehmen und beeinflussen können. Ihr Ziel muss es jetzt werden, sich in der Dimension des magischen Selbst eine stabile Aktionsplattform zu schaffen, und zwar durch Ihren deutlich wahrnehmbaren Traumkörper, mit dem Sie sich auf ähnliche Weise identifizieren wie mit Ihrem physischen Körper, selbst wenn er ganz anderen Gesetzmäßigkeiten folgt und ganz andere Möglichkeiten hat. Durch den Aufbau eines Körpergefühls sammeln Sie immer mehr Traummasse, bis Ihr Traumkörper genauso stabil und eigenständig ist wie Ihr physischer Körper. Je öfter Sie aktiv und körperbewusst träumen, desto stabiler wird Ihr Traumkörper, und irgendwann können Sie aus der Dimension des magischen Selbst in diese wachbewusste Wirklichkeit zurückkehren, ohne dass Ihr Traumkörper seine Fähigkeiten verliert.

Um ein klares Gefühl für Ihren Traumkörper aufzubauen, richten Sie Ihre Wahrnehmung im Nullpunkt auf Ihre Traumhände oder Traumfüße, während Sie die vorbeiziehenden Traumfetzen beobachten. Versuchen Sie Ihre Hände oder Füße ganz deutlich zu sehen oder sich vorzustellen. Wenn das nicht gleich klappt, bewegen Sie sie in Ihrer Vorstellung und fühlen sie so lange, bis es funktioniert. Je besser Sie Ihre Hände oder Füße sehen und fühlen können, wie Sie es von Ihren physischen Händen und Füßen gewohnt sind, desto leichter wird es Ihnen fallen, ein Gefühl für Ihren restlichen Traumkörper aufzubauen. Wenn Sie Ihre Hände oder Füße sehen können, sagen Sie sich in der Phantasie oder später im Traum: »Ich habe einen Traumkörper; ich bin wirklich hier; ich bin ich und bin hier in der Traumwelt.« Je öfter Sie sich dies sagen und je intensiver Sie Ihren Traumkörper fühlen können, desto mehr Traummasse ziehen Sie in Ihr Bewusstsein und desto stabiler lassen Sie Ihren Traumkörper und damit auch Ihr Ich-Bewusstsein im Traum werden.

Phase 3: Einen stabilen Traumraum aufbauen

Wenn Sie es geschafft haben, als wacher Beobachter in beliebige Träume einzusteigen und sich dort als körperlich anwesendes Traumbewusstsein wahrzunehmen, sind Sie bereit für den nächsten Schritt in Ihre neue Freiheit. Sie können nun anfangen, kreativ mit den Träumen umzugehen, in die Sie eingestiegen sind. Sie können sie verändern, neue Träume formen und Ihren Bezug zum jeweils Geträumten beliebig gestalten. Damit tauchen Sie endgültig in die größere Dimension des magischen Selbst ein. Sie entwickeln sich vom passiven Träumer, dessen Wahrnehmung immer noch stark in der wachen Wirklichkeit verankert ist, zum aktiven, freien Träumer, dessen Bewusstsein sich zusehends für die Ideen und Energien des magischen Selbst öffnet.

In dieser Phase ist es wichtig, dass Sie sich in der anderen Dimension eine Art Heimat schaffen, einen vertrauten Ort, wo Sie sich sicher und geborgen fühlen und den Sie jederzeit aufsuchen können, nicht nur, wenn Sie aus der wachen Dimension in die magische Dimension überwechseln, sondern auch, wenn Sie auf Entdeckungsreisen durch die magische Dimension gehen. Dieser Ort hat in gewisser Weise die Funktion eines erweiterten Traumkörpers und stellt die erste stabile Wirklichkeit in einer Ihnen unbekannten Welt dar, ganz ähnlich wie Sie als Baby Ihr erstes Zuhause als Ihren Ausgangspunkt für alle weiteren Aktivitäten erlebten. Sie können diesen Raum so stabilisieren, dass Sie ihn jederzeit wieder finden, egal wie weit Sie sich in die Dimension des magischen Selbst vorgewagt haben.

Die Dimension des magischen Selbst ist größer und vielfältiger als alles, was für Sie vorstellbar ist. Sie ist das große Unbekannte, auf das Sie nie vorbereitet sein können und das nicht kalkulierbar ist, zumindest nicht zu Beginn Ihrer Reise in die Freiheit. Wenn Sie sich nun einen vertrauten Ort in der Dimension des magischen Selbst schaffen wollen, brauchen Sie sich nur einen beliebigen Ort vorzustellen, an dem Sie sich wohl fühlen würden. Dann gehen Sie mit den Gefühlen, die Sie in Ihrer Phantasie von diesem Ort und an diesem Ort entwickeln, in den Bereich des kleinen Traum-Ich. Sie sollten sich jedoch keinen realen Ort aus dieser Wirklichkeit vorstellen, denn wenn Sie sich in der Traumdimension an diesen Ort zurückziehen wollen, um Ihre Erfahrungen zu stabilisieren oder auszuwerten, sollte Sie Ihre Sehnsucht nicht in die wache Wirklichkeit führen, sondern an Ihren Heimatort in der magischen Traumdimension. Dieser Ort soll ein sicherer Hafen sein, von dem aus Sie in Ihre aktiven Träume aufbrechen. Dort sollen Sie ersten Kontakt mit geistigen Freunden, Helfern oder Lehrern der Traumdimension aufnehmen. Dort sollen Sie nach Antworten auf Fragen, nach Lösungen von Problemen, nach Inspiration oder neuen Fähigkeiten und Erkenntnis suchen. Dort soll Ihre Reise in die magische Dimension Ihres Selbst beginnen.

Stellen Sie sich also einen beliebigen Ort vor, vielleicht eine Lichtung im Wald, eine Kirche, eine Höhle, ein Haus, einen Felsen, irgendeinen Ort, an dem Sie sich wohl fühlen würden. Experimentieren Sie. Gestalten Sie den Ort immer wieder um oder tauschen Sie ihn komplett aus, bis Sie ganz damit zufrieden sind. Erst dann gehen Sie mit dieser Vorstellung und allen entsprechenden Gefühlen durch den Nullpunkt in den Bereich des kleinen Traum-Ich. Denken Sie dabei auch an Ihren Traumkörper und schauen Sie auf Ihre Hände. Wenn dann die ersten Traumbilder an Ihnen vorbeiziehen, denken Sie intensiv an das Bild Ihres Traumraumes, das Sie mitgebracht haben, und empfinden Sie sich körperlich in diesem Raum. Ihre Phantasie beginnt allmählich Traummasse anzuziehen, und irgendwann wird sich das Phantasiebild verselbstständigen und Sie von den Träumen des kleinen Traum-Ich in die große Traumdimension ziehen.

Schon während Ihr Traumraum langsam konkreter wird und sich um Sie herum aufzubauen beginnt, sollten Sie aktiv in diesen Entstehungsprozess eingreifen. Ergänzen Sie Details, bewegen Sie sich in Ihrem Traumkörper durch den Traumraum, betrachten Sie ihn aus verschiedenen Blickwinkeln. Erleben Sie den Raum und sich selbst in diesem Raum. Versuchen Sie, ein Gefühl für seine Proportionen zu bekommen, seinen Geruch wahrzunehmen, das Spiel des Lichts darin zu beobachten, beim Durchschreiten seine Dimension zu erfassen. Versuchen Sie ihn zu erleben wie einen vertrauten Raum in Ihrer wachen Wirklichkeit. Je mehr Details Sie in Ihrem Traumraum wahrnehmen, desto mehr Traummasse zieht er an und desto stabiler wird er.

Es braucht viel konstante Konzentration und Energie, sich in diesem bewussten Traumzustand zu halten und nicht aufzuwachen und in reine Phantasien abzurutschen, doch letztendlich wird es gelingen. Sie dürfen sich erst dann mit Ihrem Traumraum zufrieden geben, wenn er ganz stabil ist und immer dann auf Sie wartet, wenn Sie ihn aufsuchen wollen. Er muss ebenso zur Heimat für Sie werden wie Ihr Zuhause in dieser Wirklichkeit, egal ob Sie ihn im Wachtraum besuchen oder nachts im Schlaf.

Vielleicht haben Sie schon einmal erlebt, dass Sie aus einem sehr lebendigen Traum aufwachten, weil Sie zur Toilette mussten. Dann sind Sie wieder schlafen gegangen und fanden sich sofort am gleichen Ort im gleichen Traum wieder. Ähnlich wird es nun mit Ihrem Traumraum sein, nur dass Sie ihn jederzeit betreten und zum Ausgangspunkt für beliebige Erfahrungen in der Dimension Ihres magischen Selbst machen können. Das Aufbauen des Traumraumes ist manchmal recht mühselig und schwierig. Deshalb habe ich die CD

Das Tor zum magischen Selbst öffnen entwickelt (siehe Seite 259). Sie kann Ihnen helfen, leicht und bewusst durch die Tür des Nullpunktes in die Traumdimension zu gleiten und wach zu bleiben, während die ersten Traumbilder Ihres kleinen Traum-Ich durch Ihr Bewusstsein ziehen.

Reise in die Unendlichkeit des magischen Selbst

Mit dem Aufbau eines stabilen Traumraumes stehen Sie erst am Beginn der Entfaltung Ihrer magischen Fähigkeiten. Später, wenn Ihnen Ihr Traumraum ganz vertraut geworden ist und Sie ihn bereits als Basis für viele Traumaktionen benutzt haben, können Sie sich geeignete Traumräume oder Traumplattformen für verschiedene Aufgaben oder Erlebnisse schaffen und beliebig zwischen diesen hin und her wechseln wie zwischen den Zimmern eines Hauses, von denen auch jedes seine Aufgabe hat. Diese Traumräume werden sich mit der Zeit dadurch erweitern, dass Sie eine größere Wirklichkeit oder zusätzliche Erlebnisqualitäten um sie herum gestalten. Während dieses Prozesses gewinnen aber nicht nur die von Ihnen geschaffenen Traumräume an Traumenergie und werden damit immer stabiler, sondern auch Ihr Traumkörper. Er wird zu einem festen Bestandteil der neuen Welten, die Sie in der magischen Traumdimension erschaffen. Und irgendwann können Sie als Traum-Ich so souverän mit den Schöpfungsideen dieser magischen Dimension umgehen, dass Sie sich auf die Suche nach den Träumen anderer Wesen dieser Dimension machen werden. Sie werden andere Wesen in Ihren Träumen treffen und an deren Träumen teilhaben können. Genauso können Sie andere Menschen und Wesen in Ihre Träume mitnehmen und gemeinsam mit ihnen Träume entwickeln. Dann werden Sie begreifen, wie die erlebte Wirklichkeit innerhalb einer Dimension durch die Träume aller aktiven Träumer entsteht und daher auch jederzeit veränderbar ist.

Bevor ich Ihnen nun zeige, wie Sie Ihren Traumraum konkret nutzen können, um als aktiver Träumer auch Ihre wachbewusste Wirklichkeit, also Ihr Leben, hier in dieser Welt erfolgreicher, gesünder und mit mehr Lebensqualität zu gestalten, möchte ich Ihre Phantasie noch ein wenig anregen. Lassen Sie mich Ihnen einen kleinen Vorgeschmack auf das geben, was in der Dimension des magischen Selbst noch auf Sie warten könnte: Sie verlieren in Ihren magischen Träumen viele Ihrer Schwächen. Wahrscheinlich lösen Sie Ihre großen Probleme und bekommen gute Antworten auf wichtige Fragen. Bestimmt können Sie auch Ihren Körper von vielen Symptomen heilen und so umgestalten, dass er Ihren Sehnsüchten entspricht. Mit Sicherheit wird sich auch Ihre geistige Kraft entwickeln, und Sie finden leichter zu beruflichem und privatem Erfolg, weil Sie ein tieferes Verständnis dafür entwickeln, wie sich dieser Traum der wachen Wirklichkeit fügt. Aber so attraktiv diese Erkenntnisse und Errungenschaften Ihnen auch erscheinen mögen, letztendlich bleibt die Basis für all diese Entwicklungen Ihr wachbewusstes Ich, das sich aus dem Käfig der persönlichen Geschichte und der menschlichen Idee befreien will. Der aktive Träumer will vor allem seine Traumnatur entdecken, seine geistigen und körperlichen Fähigkeiten steigern und seine wachbewusste Wirklichkeit frei und souverän beherrschen, und das ist auch gut so, aber es ist noch nicht alles.

Alle Möglichkeiten, über die ich bisher in Zusammenhang mit den zu erschaffenden Traumräumen und dem aktiven Träumen gesprochen habe, sind auf einer Ebene der magischen Dimension angesiedelt, die unserem Bewusstsein und unseren menschlichen Schöpfungsideen noch sehr nahe steht. Es gibt dort aber noch ganz andere Ebenen, die von uns sehr fremden Schöpfungsideen geprägt und von sehr fremdartigen Wesen bevölkert sind. Einige haben beispielsweise nicht wie wir Gefühle, mit denen sie ihrer Welt Intensität verleihen, sondern leben in kalten geistigen Strukturen. Andere leben nicht in einer körperlichen Welt von festen stabilen Formen, sondern in formlosen Strukturen von Energie und Intensität, die ständig in Veränderung begriffen sind oder für die die Zeit so langsam vergeht, dass sie unserer Wahrnehmung als ewig erscheinen.

Wenn der Traumkörper genügend Traummasse und Energie gesammelt hat, ist er in der Lage, die erste, ihm vertraute Traumdimension zu verlassen, in solche fremden Welten einzutauchen, dort völlig neuen Schöpfungsideen zu begegnen, diese zu integrieren und sogar in seine alte Wirklichkeit mitzubringen. Indem er dies tut, verändert er aber nicht nur sich selbst, sondern auch die Wirklichkeit um sich herum, und manchmal sind die erlebten Veränderungen so einschneidend, dass eine Rückkehr in die alte Welt nicht mehr sinnvoll ist. Die freien Träumer, die einen so extremen Weg gehen, sind sich der Konsequenzen allerdings sehr bewusst und ab einem bestimmten Punkt auch bereit, sie zu tragen. Viele große geistige Lehrer kamen auf solchen Reisen zu ihren umwälzenden Erkenntnissen und versuchten ihr Wissen und ihre Kraft weiterzugeben, bevor sie in die nächste Dimension aufbrachen.

Für so manchen aktiven Träumer kommt irgendwann auch der Punkt, wo sein Traumkörper so viel Energie und Information in Form von neuen Schöpfungsideen angesammelt hat, dass er den physischen Körper und dessen Wahrnehmungsvermögen in jeder Beziehung überragt. Damit hat der physische Körper als Ausdrucks- und Wahrnehmungsmittel seinen Zweck erfüllt. Solche aktiven Träumer stehen nun jenseits der Gesetzmäßigkeiten der wachen Wirklichkeit und können entscheiden, ob sie mit ihrem

Traumkörper für immer in der Dimension des magischen Selbst bleiben und ihre Reise ins Unbekannte fortsetzen wollen. Dann löst sich ihr physischer Körper und damit die Anbindung an diese wache Wirklichkeit auf, oder sie lassen ihren Traumkörper mit dem physischen Körper zu einer Einheit verschmelzen und suchen als Wanderer zwischen den Dimensionen oder in beiden Dimensionen ihren weiteren Weg in die Freiheit. In diesem Fall sind sie keine gewöhnlichen Menschen mehr. Ihr physischer Körper hat die Fähigkeiten des Traumkörpers übernommen und sie können sich in ihm genauso frei bewegen wie in der Traumdimension. Sie können sich auflösen, durch Wände gehen, Materie verändern, die Zeit manipulieren und sich in dieser Welt verhalten wie im Traum. Solche Fähigkeiten werden gewissen spirituellen Meistern wie beispielsweise Sai Baba oder Saint Germain nachgesagt. Sie sollen die Fähigkeit besitzen oder besessen haben, frei von räumlichen und zeitlichen Bindungen zwischen den Dimensionen zu wandeln.

Die magischen Menschen der alten Zeit, von denen im ersten Teil dieses Buches ausführlich die Rede war, haben diese Stufen durchlaufen beziehungsweise sich gar nicht erst in der wachen Wirklichkeit verloren. Diese freien Träumer lebten die den Menschen gegebenen magischen Fähigkeiten des großen Selbst. Der Mensch, wie wir ihn heute kennen, kann diese Fähigkeiten nur als übermenschlich betrachten, denn er hält es für menschlich, schwach und verletzbar zu sein, anfällig für alle möglichen Krankheiten, verführbar, bestechlich, gierig und ein Opfer der eigenen Vergangenheit und der Umstände.

Die Reise in die Unendlichkeit des magischen Seins ist lang, und vielleicht werden wir sie in diesem einen Leben auch nicht zu Ende bringen können, wenn es überhaupt ein Ende gibt. Aber auf jeden Fall beginnt diese Reise mit dem Erwachen im kleinen Traum-Ich, mit dem Aufbau unseres Traumkörpers und mit der Gestaltung eines Traumraumes, der uns in dieser großen magischen Dimension eine sichere Heimat ist. Wohin wir von dort aus gehen und wie weit ist nicht vorhersehbar.

An dieser Stelle schlage ich Ihnen wieder eine Meditation vor, die Sie am besten abends vor dem Einschlafen machen, damit Sie Ihre Ideen gleich mit durch die Tür zum Traum nehmen können. Diese Meditation soll Ihr kleines Traum-Ich anregen, Ihnen bei der Entwicklung Ihres wachen Traumbewusstseins mit seinen Energien zur Seite zu stehen.

ABENDMEDITATION

Einstimmung auf den aktiven Traum

Schließe die Augen. Atme langsam tief ein und aus.
Denke an deine beiden Knie. Atme weiter ein und aus.
Denke an deine beiden Schultern. Atme weiter ein und aus.
Denke an deinen Solarplexus. Atme weiter ein und aus.
Denke an dein Herz. Atme weiter ein und aus.
Stell dir jetzt vor: Du atmest mit jedem Atemzug strahlende, kraftvolle Energie ein, und beim Ausatmen verteilst du diese Energie in deinem Körper, in deinen Gedanken, in deinen Gefühlen.
Atme weiter ein und aus.
Mit jedem Atemzug atmest du Energie ein, und beim Ausatmen atmest du diese Energie über die Grenzen deines Körpers hinaus, hinein in diesen Raum. Fülle den Raum mit strahlender, kraftvoller Energie.
Diese Energie hat die Kraft, deine Gedanken, Gefühle und Sehnsüchte Wirklichkeit werden zu lassen, wenn du dies möchtest.

Atme langsam tief ein und aus.
Sage dann leise in Gedanken zu dir selbst, und wenn du möchtest, sage und empfinde: »Ich bin mehr als mein Körper. Ich bin Bewusstsein, unbegrenzt, ewig und frei. Ich bin auf der Suche nach meinem Wesen, nach meiner Bestimmung und nach meiner Freiheit und lebe diese mehr und mehr, mehr und mehr ...
Ich suche mein großes Selbst, meine Ebene II, mein magisches Sein, dieses unendliche Meer der Traumenergie.
Ich möchte durch das Traumtor gehen, von der Traumenergie erfasst werden und bewusst wahrnehmen, wie aus dieser Energie Traumbilder entstehen. Ich möchte sehen, wie diese Bilder entstehen und an mir vorbeiziehen.
Ich will spüren, dass ich einen Traumkörper habe, der mehr und mehr Traumenergie anzieht, der stark wird und stabil.
Ich möchte die vorbeiziehenden Traumbilder wahrnehmen, ohne mich darin zu verlieren.
Ich möchte meinen Traumkörper spüren und meine Traumhände betrachten. Sie sind wie die Hände meines physischen Körpers.
Ich möchte mehr und mehr lernen, meine Träume so zu gestalten, dass ich dort Antworten auf meine Fragen finde, Lösungen für meine Probleme, Inspiration, Erkenntnis und Menschen, mit denen ich gemeinsam träumen kann.
Ich möchte Traumenergie anziehen und in meinem Traumkörper stark und kraftvoll werden.
Ich möchte lernen, meinen Traumkörper und meine Träume bewusst zu lenken. Indem ich mich an meine wache Wirklichkeit erinnere, möchte ich meinen Traumkörper in diese wache Wirklichkeit schicken, in diesen Traum der wachen Wirklichkeit.
Ich möchte in meinem Traumkörper durch diese wache Wirklichkeit gehen.

Ich möchte im Traumkörper in diese wache Wirklichkeit gehen, meinen schlafenden Körper sehen und wissen, dass es mein Körper ist, den ich da sehe.
Ich möchte die Energie meines Traum-Ich auch in meinem Wachbewusstsein spüren.«
Atme langsam tief ein und aus.
Und jetzt entscheide für heute Nacht, was oder wovon du aktiv träumen möchtest. Ein wacher Traum, ein aktiver Traum hat ein Ziel. Der unbewusste Traum deines kleinen Traum-Ich hingegen klärt, ordnet und heilt und hat darüber hinaus kein Ziel.
Was also ist das Ziel deines wachen Traumes heute Nacht? Wovon möchtest du träumen?
Denke heute Nacht, wenn du schlafen gehst, an dieses Ziel. Nimm es durch die Tür zum Traum mit in den Schlaf. Achte darauf, dass es das Letzte ist, woran du denkst und was du fühlst, wenn du heute Nacht einschläfst, und nimm dir fest vor, wach zu sein, wenn du davon träumst, und zu wissen, dass du träumst.
Und wenn du wach wirst und träumst, was du träumen willst, beobachte die verschiedenen Aspekte des Traumes, ohne daran hängen zu bleiben, und suche nach deinen Händen.
Atme langsam tief ein und aus.
Suche heute Nacht nach deiner Traumenergie und sauge sie auf. Mach sie dir zu Eigen.
Atme langsam tief ein und aus und öffne die Augen.

Traumräume einrichten

Grundsätzlich können Sie den Traumraum oder die Traumräume in Ihrer Phantasie ganz beliebig gestalten. Wichtig ist nur, dass Sie sich darin geborgen fühlen und sie mit vielen Details konkretisieren, damit sie mehr Traummasse anziehen und stabil werden. Wenn Sie Ihren Traumraum beim Einschlafen oder auch aus dem Nullpunkt heraus beliebig finden können und er immer gleich bleibt, außer Sie selbst wollen ihn bewusst verändern, erfüllt er grundsätzlich seine Aufgabe und Sie können von dort aus in kleinen Schritten die Möglichkeiten Ihrer magischen Traumdimension erforschen.

Obwohl natürlich jede Art von Traumraum diese Funktion erfüllen kann, hat es sich beim praktischen Üben gezeigt, dass die Art und Ausstattung des Raumes stark suggestiv wirkt und die Phantasie und damit auch Ihre Traumenergie aktiviert. Deshalb kann es hilfreich sein, bei der Gestaltung des Raumes oder der Räume die Traumziele zu berücksichtigen, die Sie darin oder von dort aus erreichen wollen. Lassen Sie mich ein paar Beispiele geben: Angenommen, Sie möchten in einem Ihrer Traumräume geistige Lehrer treffen, die Ihnen helfen, Ihre Spiritualität zu entfalten und Ihre Bestimmung zu finden. Dann könnten Sie sich als Traumraum vielleicht einen Tempel bauen, mit Säulen, Bildern, Skulpturen, Kristallen und anderen Dingen, die Sie mit dem geistigen oder transzendenten Bereich der Wirklichkeit in Verbindung bringen. Möglicherweise fällt es Ihnen in diesem Umfeld leichter, sich geistige Lehrer vorzustellen, die Sie in einen Zustand tiefer Meditation versetzen und Ihnen tiefe Einsichten vermitteln. Natürlich brauchen Sie all diese Details nicht wirklich und die Traumbegegnung mit einem Meister könnte genauso gut auf einer einfachen Lichtung im Wald stattfinden. Aber wenn Ihre

Phantasie durch eine solche Einstimmung lebendiger wird, und es Ihnen damit leichter fällt, die entsprechenden Traumbilder aufzubauen, die zwar zunächst nur als Ihre Projektion ihre Aufgaben erfüllen, aber mit Sicherheit irgendwann tatsächliche Lehrer in Ihren Traumraum ziehen, lohnt es sich auf jeden Fall, etwas länger an der Gestaltung der Traumräume zu arbeiten.

Vielleicht fragen Sie sich an dieser Stelle, woran Sie den Unterschied zwischen selbst erzeugten Bildern oder Projektionen und Wesen oder Menschen, die tatsächlich Ihren Traumraum betreten haben, erkennen. Zunächst gar nicht, weil Ihnen alles irgendwie als Traumbild erscheint und Sie die unterschiedliche Natur dieser Bilder noch nicht erkennen können. Aber das ist zu Beginn auch nicht wirklich wichtig, weil selbst reine Projektionen das tiefe innere Wissen Ihrer magischen Ebene repräsentieren können. Und ohnehin sollten Sie sich nur mit Informationen und Energien beschäftigen, die Ihnen ein gutes Gefühl geben und tatsächlich weiterhelfen, was immer ihr Ursprung auch sein mag.

Tatsächlich anwesende Wesen verhalten sich oft überraschend und halten verblüffende Informationen bereit, die nicht unbedingt Ihren bisherigen Erwartungen oder Meinungen entsprechen. Das wäre in Ihren ersten Übungsphasen ein gutes Unterscheidungsmerkmal. Später, wenn Sie mit der Traumdimension und den dort existierenden Wesen besser vertraut sind, werden Sie beobachten können, dass tatsächlich anwesende Wesen ein Lebensfeld ausstrahlen, eine ganz besondere Energie, die Ihren eigenen Projektionen fehlt. Dieses Lebensfeld ist vergleichbar mit der Aura, die Menschen in dieser wachen Wirklichkeit ausstrahlen, jenem feinstofflichen Feld, das durch die Gefühle, Gedanken und Energien entsteht, die der betreffende Mensch in sich bewegt. Wenn Sie Wesen in Ihren Traumraum einladen wollen, müssen Sie zunächst eine starke Absicht verspüren.

Dann betreten Sie mit dieser Absicht Ihren Traumraum und warten dort ab, ob das betreffende Wesen Ihrer Einladung folgt. Alternativ können Sie auch eine lebendige Phantasie von der Begegnung aufbauen, die sich dann zum Traum innerhalb des Traumraumes entwickelt. Sowohl die Absicht, einen Kontakt herzustellen als auch die lebendige Vorstellung davon stellt eine starke magische Kraft dar, die das Wesen in Ihre Träume einlädt und zum Kommen veranlasst. Dieser Magnetismus funktioniert ganz ähnlich wie in der wachen Wirklichkeit, wo die intensive Phantasie, etwas Bestimmtes zu erleben, Ihren Energiekörper prägt und die entsprechenden Ereignisse in Ihr Leben zieht.

Aber zurück zur Gestaltung Ihrer Traumräume. Vielleicht möchten Sie sich auch einen ganz friedlichen Meditationsraum schaffen, beispielsweise eine Höhle mit einem stillen See, wo Sie Ihre magischen Fähigkeiten üben oder von wo aus Sie zu Reisen durch Raum und Zeit oder zu unbekannten Ebenen Ihres magischen Selbst aufbrechen können. Vielleicht wollen Sie ein Instrument spielen lernen oder sich eine Bibliothek einrichten mit vielen Büchern, in denen das gesamte Wissen des magischen Selbst aufgezeichnet ist und wo Sie jederzeit Antworten auf Ihre Fragen oder Lösungen zu Ihren Problemen erhalten. Oder Sie richten sich einen Raum ein, in dem alle Aspekte Ihrer Vergangenheit verstanden, bearbeitet und gelöst werden können. Vielleicht erschaffen Sie sich auch einen speziellen Heilraum mit ganz vielen Werkzeugen, die Ihnen helfen, Heilenergie für sich selbst oder auch für andere Menschen zu aktivieren. Zum Beispiel könnten Sie in diesem Heilraum eine Lichtkammer einrichten, in der sämtliche Schatten aus Ihrem Bewusstsein und Ihrem Körper weggestrahlt werden. Vielleicht haben Sie auch einen Raum, in dem Sie erleben, was Sie bis jetzt als Zukunft gestaltet haben, um dann zu überlegen, ob vielleicht eine Änderung in Ihrem Denken, Fühlen und Handeln angesagt wäre und welche mögliche

Änderung zu welcher Zukunft führen würde. Alles ist möglich. In der Gestaltung Ihrer Traumräume können Sie Ihrer Phantasie freien Lauf lassen. Sie können genauso gut einen einzigen aufbauen, in dem für Sie alles möglich ist, zum Beispiel eine Lichtung im Wald oder einen schönen Platz am Wasser. Wichtig ist immer nur, dass Sie Ihren Traumraum mit genügend Details ausstatten, damit er ausreichend Traummasse anziehen und in der Traumdimension stabil werden kann. Sie sollten ihn beim Einschlafen oder auch vom Nullpunkt aus jederzeit finden und in Ihrem Traumkörper betreten können, und zwar genauso klar und bewusst wie einen Raum in dieser wachen Wirklichkeit.

Doch bevor Sie sich für verschiedene Traumräume entscheiden und viel Energie auf deren Gestaltung verwenden, rate ich Ihnen zunächst zum Aufbau nur eines einzigen Traumraumes. Wenn dieser eine Raum stabil ist, können Sie um ihn herum eine erweiterte Wirklichkeit bauen oder auch neue Räume für neue Traumziele einrichten.

Die folgende Meditation wird Ihnen beim Aufbau Ihres ersten Traumraumes helfen. Nehmen Sie sich, bevor Sie damit beginnen, etwa eine Stunde Zeit und machen Sie sich ganz allein und in Ruhe Gedanken über die Frage: »Was für ein Traumraum wäre in dieser Phase meiner Entwicklung am wichtigsten für mich?« Lassen Sie die verschiedenen Ideen und Möglichkeiten durch Ihr Bewusstsein ziehen, fühlen Sie sich ein, entwickeln Sie Phantasien und wählen Sie dann den Raum, der Sie am meisten berührt, für Ihre Meditation aus. Beschreiben Sie diesen Raum ganz genau. Machen Sie sich Notizen dazu, wie er aussieht, welche Form er hat und wie er dekoriert ist. Ist es ein Tempel, ein einfaches Zimmer, ein riesiges Haus, eine Landschaft, eine Höhle …? Geben Sie diesem Raum in Ihrer Phantasie eine ganz bestimmte Form und Größe und schmücken Sie ihn dann mit möglichst vielen Details aus, Details, die Ihnen etwas bedeuten, die Sie berühren.

Wenn die Form und die Details des Raumes stehen, beschreiben Sie für sich, was darin passieren könnte, und stellen Sie sich vor, wie es passiert, wie Sie es mit Ihrem Traumkörper erleben. Wenn Sie zum Beispiel eine Bibliothek mit vielen Büchern geschaffen haben, betreten Sie diesen Raum in Ihrem Traumkörper, wie Sie es später tun würden, wenn Sie eine Frage hätten, und ziehen zum Beispiel irgendein Buch aus dem Regal. Lesen Sie darin, betrachten Sie die Bilder – und erleben Sie, wie Sie eine Antwort finden.

Fragen Sie sich, was noch alles in diesem Raum passieren könnte und welcher Art von Menschen oder Wesen Sie dort begegnen möchten. Achten Sie darauf, dass Sie zwar klare Szenen beschreiben, inhaltlich aber relativ allgemein bleiben, damit Sie Möglichkeiten, die sich überraschend ergeben könnten, nicht von vornherein ausgrenzen. Wenn Sie beispielsweise eine Bibliothek einrichten wollen, brauchen Sie nicht genau festzulegen »Ich will dort Bücher haben, in denen alles über Liebe steht«, sondern könnten allgemeiner sagen: »Ich möchte dort Bücher finden, die mir Antworten auf all meine Fragen geben und mich so inspirieren, wie ich es gerade brauche.« Damit bliebe alles ziemlich offen und Sie selbst wären ebenfalls für vieles offen.

Stellen Sie sich auch keine Menschen vor, die Sie schon kennen, sondern sehen Sie Menschen und Wesen nur als Umrisse oder ahnen Sie ihre Anwesenheit einfach nur. Wünschen Sie sich vielleicht: »Menschen, die mir helfen, die Informationen, die ich hier bekomme, zu verstehen und umzusetzen.« Damit würden Sie beispielsweise offen lassen, ob Sie in Ihrem Traumraum geistigen Freunden oder Verstorbenen begegnen, Helfern, Lehrern oder Wesen, die noch nie einen Körper hatten und einer ganz anderen Existenzform angehören. Wichtig wäre dann nur, dass Sie durch die Begegnung etwas lernen und viele neue Schöpfungsideen integrieren können.

MEDITATION

Vorbereitung eines Traumraumes

Schließe die Augen. Atme langsam tief ein und aus.
Denke an deine beiden Knie. Atme weiter ein und aus.
Denke an deine beiden Schultern. Atme weiter ein und aus.
Denke an deinen Solarplexus. Atme weiter ein und aus.
Denke an dein Herz. Atme weiter ein und aus.
Stell dir jetzt mit jedem Atemzug vor: Du atmest strahlende, kraftvolle Energie ein, und beim Ausatmen verteilst du diese Energie in deinem Körper, in deinen Gedanken, in deinen Gefühlen.
Atme weiter ein und aus.
Mit jedem Atemzug atmest du Energie ein, und beim Ausatmen atmest du diese Energie über die Grenzen deines Körpers hinaus, hinein in diesen Raum. Fülle den Raum mit strahlender, kraftvoller Energie.
Diese Energie hat die Kraft, deine Gedanken, Gefühle und Sehnsüchte Wirklichkeit werden zu lassen, wenn du dies möchtest.
Atme langsam tief ein und aus.
Sage dann leise in Gedanken zu dir selbst, wenn du möchtest, sage und empfinde: »Ich bin mehr als mein Körper. Ich bin Bewusstsein, unbegrenzt, ewig und frei. Ich werde getragen von göttlicher Energie. Mein Körper wird von göttlicher Energie getragen und erhalten. Mein Bewusstsein in diesem Körper wird von göttlicher Energie getragen.
In meiner wachen Wirklichkeit erlebe ich mich als geschichtliches Ich, als ein Produkt meiner Geschichte, aber ich bin viel mehr als meine Geschichte. Ich bin Teil einer magischen Welt, Teil meines großen Selbst, meiner Traumenergie.

Alles, was ich bin und erlebe, ist aus dieser Traumenergie entstanden, auch die wache Wirklichkeit.
Was ich denke und fühle, sammelt Traumenergie an und schafft diesen Traum der wachen Welt, den ich als wirklich erlebe.
Auch das kleine Traum-Ich, das mich pflegt und behütet, das meine Energien ordnet, klärt und heilt, wird von der großen Traumenergie getragen.
Dieser Traumenergie bin ich entsprungen, um hier einen eigenen Traum zu leben, den Traum der so genannten wachen Wirklichkeit.
Und jetzt entscheide ich mich aus meinem Wachbewusstsein heraus, wieder in die Energie der großen Traumdimension einzutauchen, um auch dort neue Träume wirklich werden zu lassen, um neue Wirklichkeiten zu erschaffen, neue Erlebnisräume. Und so kann ich erkennen, dass auch die wache Wirklichkeit nur ein Traum ist, genau wie alle anderen Träume, die ich erschaffen werde, und genauso veränderlich.
Von einem unbewussten Träumer möchte ich wieder zu einem freien, wachen Träumer werden.«
Atme langsam tief ein und aus.
Und jetzt gestaltest du in deiner Phantasie den ersten Raum deiner Träume, einen Raum, den du dauerhaft und wirklich werden lässt und in den du jederzeit eintreten kannst, um Erfahrungen zu machen, die nur in der reinen Traumenergie möglich sind.
Denke jetzt an den ersten Traumraum, den du gestalten möchtest und der deine Basis werden soll, eine Heimat in der großen Dimension des magischen Selbst. Gestalte diesen Raum in deiner Phantasie! Gib ihm Form. Füge möglichst viele Details hinzu. Entwerfe ihn wie ein Architekt, wie ein Künstler. Mache ihn zu deinem Raum, der dir entspricht. Gib ihm in deiner Phantasie Form.

Beschreibe in Gedanken, was du entwirfst, während der Raum in deiner Phantasie Form annimmt.
Geh in deiner Phantasie mit deinem Traumkörper durch diesen Raum und betrachte ihn sorgfältig, fühle ihn.
Geh durch den Raum und nimm alle Details wahr: die Farben, die Formen, die Materialien, die Proportionen, die Lichtverhältnisse, den Duft, den Klang.
Geh durch diesen Raum und betrachte ihn in allen Details, spüre ihn, fühle ihn!
Und während du so durch den Raum gehst und alles betrachtest, hebe deine Hände, die Hände deines Traumkörpers, schau sie an, und dann lass deinen Blick wieder durch den Raum schweifen.
Geh weiter durch den Raum und schau dabei immer wieder auf deine Hände.
Und während du so durch den Raum gehst, erzähle dir selbst, was du hier erleben, erfahren und lernen möchtest. Welche Erfahrungen möchtest du in diesem Raum deiner Träume machen? Erzähle es dir!
Geh weiter durch diesen Raum und erzähle dir, welche Erfahrungen dir dieser Raum schenken wird. Erzähle dir, warum dies von nun an dein Traumraum ist.
Und nun erzähle dir selbst, mit wem du diesen Raum teilen möchtest. Welche Wesen oder Menschen möchtest du in diesem Raum treffen? Mit wem möchtest du dich dort austauschen? Oder soll dies ein Raum ganz für dich allein sein und kein Ort der Begegnung? Wenn er für dich allein ist, was willst du dort erleben? Wenn er ein Ort der Begegnung ist, wem willst du hier begegnen und wozu?
Geh, während du erzählst, weiter durch den Raum. Geh durch diesen Traumraum und suche nach Türen zu anderen Räumen. Wo sind die Türen, die in andere Räume führen? Wie sehen sie aus? Betrachte und befühle sie, aber öffne sie noch nicht.

Geh weiter durch deinen Traumraum und atme dabei tief ein und aus, ein und aus, immer wieder. Spüre, wie mit jedem Atemzug Traumenergie in diesen Raum gezogen wird. Spüre, wie sich der Raum mit Traumenergie füllt, die Wände, der Boden, die Decke, die Türen und dein Körper. Spüre, wie die Traumenergie in Form von Licht und Kraft in diesen Raum strömt und ihn mit Leben erfüllt, wie sie ihn stabil und wirksam werden lässt.

Spüre, wie die Traumenergie auch in deinen Traumkörper kriecht und wie sie ihn erfüllt und lebendig macht.

Mit jedem Atemzug wird dein Traumkörper fester und stärker.

Mehr und mehr Energie fließt in den Raum und in deinen Traumkörper.

Und jetzt, hebe noch einmal deine Hände. Spüre, wie sie voller Energie sind, stark und fest!

Spüre, wie die Energie aus den Fingern deiner Traumhände in deinen Traumraum strahlt.

Atme tief ein und aus.

Jetzt lass den Traumraum und deinen Traumkörper in der Dimension der Träume zurück und fühle dich wieder hier in deinem Körper. Spüre, dass dein Traumraum und dein Traumkörper in der Welt der Träume auf dich warten, von jetzt an für immer.

Atme langsam tief ein und aus.

Der Traumraum und dein Traumkörper in diesem Raum bilden die erste Etappe deiner neuen Freiheit. Sie sind so etwas wie ein neues Zuhause in der Welt deiner Träume.

Der Traumraum ist ein Ort der Magie, ein Ort der Freiheit, der Ort, an dem dein eigentliches Menschsein in seinen magischen Fähigkeiten beginnt. Es ist ein heimlicher Ort, ein Ort nur für dich, doch von hier aus kannst du all deine Träume lenken und gestalten, auch den Traum, den du bisher als wache Wirklichkeit erlebt hast.

Von diesem Traumraum aus beginnst du jetzt neue Traumenergien zu sammeln – für dich, deine Träume und für den Traum deiner wachen Wirklichkeit.
Atme langsam tief ein und aus und öffne dann die Augen.

Diese Meditation wird Ihnen helfen, die Idee vom Traumraum allmählich fest in Ihrer Phantasie zu verankern und Ihren persönlichen Traumraum ganz vertraut werden zu lassen. Aber das braucht Zeit. Um diese Übung zu intensivieren, können Sie die CD *In der Energie des magischen Selbst fließen* einsetzen (siehe Seite 259). Ergänzend schlage ich Ihnen die folgende Meditation vor. Lassen Sie sich den Text direkt vor dem Einschlafen vorlesen. Dann richtet Ihr kleines Traum-Ich seine Traumenergien Ihren Phantasien entsprechend aus und hilft Ihnen so, den Traumraum aufzubauen und zu stabilisieren, auch wenn Sie im Moment noch nicht bewusst an diesem Prozess beteiligt sind.

ABENDMEDITATION

Nächtlicher Aufbau des Traumraumes

Schließe die Augen. Atme langsam tief ein und aus.
Denke an deine beiden Knie. Atme weiter ein und aus.
Denke an deine beiden Schultern. Atme weiter ein und aus.
Denke an deinen Solarplexus. Atme weiter ein und aus.
Denke an dein Herz. Atme weiter ein und aus.
Stell dir jetzt vor: Du atmest mit jedem Atemzug strahlende, kraftvolle Energie ein, und beim Ausatmen verteilst du diese Energie in deinem Körper, in deinen Gedanken, in deinen Gefühlen.

Atme weiter ein und aus.
Mit jedem Atemzug atmest du Energie ein, und beim Ausatmen atmest du diese Energie über die Grenzen deines Körpers hinaus, hinein in diesen Raum. Fülle den Raum mit strahlender, kraftvoller Energie.
Diese Energie hat die Kraft, deine Gedanken, Gefühle und Sehnsüchte Wirklichkeit werden zu lassen, wenn du dies möchtest.
Atme langsam tief ein und aus.
Sage dann leise in Gedanken zu dir selbst, wenn du möchtest, sage und empfinde: »Ich bin mehr als mein Körper. Ich bin Bewusstsein, unbegrenzt, ewig und frei. Ich sehne mich danach, bewusst in die Dimension des magischen Selbst einzutauchen und seine Möglichkeiten und Energien um mich, meine Gefühle, meine Gedanken und meine Ziele herum zu formen, sie zu integrieren und zu einem Teil von mir werden zu lassen.
Eine wichtige Etappe auf diesem Weg ist mein Traumraum, jener Raum in der Traumwelt, der mir gehört, den ich gestalten, aufbauen und dauerhaft werden lassen kann und der auf mich wartet, wann immer ich ihn besuchen möchte. In diesem Raum kann mein Traumkörper sicher und behütet wachsen, bis er ganz von kosmischer Kraft, von Traumenergie erfüllt und selbstständig wird.«
Atme langsam tief ein und aus.
Jetzt erinnere dich genau an den Traumraum, den du gestaltet hast, stell ihn dir in deiner Phantasie vor, fühle dich in deinem Traumkörper und bewege dich durch diesen Raum, betrachte ihn in allen Details, fühle ihn, spüre ihn.
Bewege dich durch diesen Raum und spüre dich dort in deinem Körper.
Schau immer wieder auf deine Hände, während du durch den Raum gehst. Nimm deine Hände wahr, bewege sie, dreh sie hin und her.

Stell dir vor, wie dieser Raum Traumenergie anzieht und ganz davon erfüllt wird, wie er lebendig und wirklich wird. Spüre, wie dein Traumkörper stabil wird, von Energie erfüllt, stark und lebendig. Spüre, wie er allmählich die magischen Fähigkeiten der Traumenergie übernimmt.
Atme jetzt langsam tief ein und aus.
Jetzt erinnere dich, dass du diesen Traumraum erzeugt hast und er bereits Wirklichkeit geworden ist. Er wartet schon auf dich, und deine Phantasie zieht dich heute Nacht zu ihm hin. Mit jedem Mal, wo du ihn besuchst, wird er stabiler und deutlicher.
Schlafe nun mit diesen Gefühlen und dieser Phantasie ein und nimm dein waches Bewusstsein mit durch die Tür zu deinem kleinen Traum-Ich. Mach es dir für diese Nacht zum Ziel, deinen Traumraum stabil werden zu lassen, deinen Traumkörper darin wahrzunehmen und wach zu träumen.
Nimm auch eine Absicht mit in den Schlaf. Formuliere, was du in diesem Traumraum heute Nacht erleben möchtest.
Spüre diesen Raum, spüre deinen Traumkörper in diesem Raum und lass dich in den Schlaf treiben, hinein in die Träume deines kleinen Traum-Ich, das heute Nacht deinen Traumraum für dich aufbauen wird. Lass dich treiben, schlaf ein.

In zwei Welten leben

Diese meditativen Übungen werden Sie in die Lage versetzen, Ihren Traumraum Schritt für Schritt so weit zu stabilisieren, dass Sie ihn jederzeit wieder finden können. Er ist dann Ihr Zuhause in der Dimension Ihres magischen Selbst, die Plattform, von der aus Sie die Fähigkeiten und Möglichkeiten Ihres großen Selbst erforschen und in Ihr Bewusstsein integrieren können. In gleicher Weise stabilisieren Sie Ihren Traumkörper und identifizieren sich mehr und mehr mit seinen Möglichkeiten, bis Sie sich darin so wirklich fühlen wie in Ihrem physischen Körper. Von da an leben Sie gewissermaßen in zwei Welten gleichzeitig – einerseits in der Ihnen vertrauten materiellen Welt der wachen Wirklichkeit, wo Sie sich von Ihrer persönlichen Geschichte geprägt und von den Gesetzmäßigkeiten von Raum und Zeit abhängig fühlen, andererseits in der Dimension Ihres magischen Selbst, in der Sie viel mehr Freiheit haben und Erlebnisse in Raum und Zeit beliebig um Ihre Gefühle und Sehnsüchte herum formen können. Indem Sie neue Schöpfungsideen integrieren, machen Sie dort immer neue, völlig unbekannte Erfahrungen, die Sie sich in der wachen Welt nicht einmal vorstellen können und die Ihr Bewusstsein enorm erweitern – und natürlich auch Ihre Fähigkeiten und Möglichkeiten.

Diese beiden Leben entwickeln sich gleichzeitig nebeneinander her, ohne allzu viel Einfluss aufeinander zu nehmen. Aber wenn Ihr wachbewusstes Ich mit Ihrem magischen Ich verschmilzt, entsteht in Ihrem großen Selbst eine ganzheitliche Wahrnehmung von Ihrem wahren Wesen und von der Vielfalt der Möglichkeiten, die Sie dann haben. Die wieder gefundene Einheit mit der Dimension Ihres magischen Selbst führt zu einer immensen Bewusstseinserweiterung, was allerdings nicht automatisch auch ein bewusstes und besseres Leben in der wachen Wirklichkeit bedeutet. Denn wenn sich Ihr wachbewusstes Ich beim Zurückkehren in die wache Welt wieder aus dieser Einheit löst, fällt Ihr wachbewusstes Ich nur allzu bereitwillig in seine alten, geschichtlich geprägten Sichtweisen zurück, nimmt sein altes Selbst- und Weltbild wieder an und gibt sich erneut der Illusion hin, dass die größere magische Dimension mit der kleinen wachbewussten Wirklichkeit nur wenig zu tun hat. Wenn wir in dieser wachen Wirklichkeit aufwachen, ist es fast so, als schlafe das magische Ich ein, um Raum für unsere gewohnten Sichtweisen zu machen, ganz ähnlich wie unser wachbewusstes Ich beim Hinübergleiten in die Traumwelt in der Regel einschläft, um dem kleinen Traum-Ich den notwendigen Raum für seine heilenden Aktivitäten zu lassen. Erst mit der Zeit, wenn Ihr Traumkörper immer bewusster und kraftvoller wird und Ihr Traumraum fest in der Dimension Ihres magischen Selbst verankert ist, werden Sie beginnen, Ihre Fähigkeiten aus der magischen Dimension auf Ihr wachbewusstes Ich zu übertragen und auch beim Übergang in die wache Welt aufrechtzuerhalten. Damit ist die Trennung zwischen Ihren beiden Ichs überwunden.

Bisher hatte Ihr Traumbewusstsein viele Aspekte Ihres wachen Bewusstseins ausgeblendet und lebte in seinen eigenen Möglichkeiten, während Ihr wachbewusstes Ich selten direkten Zugang zu den magischen Fähigkeiten Ihres Traum-Ich fand und diese schon gar nicht bewusst integrieren konnte. Aber jetzt verschmelzen Ihre beiden Ichs miteinander und bilden eine bewusste Einheit. Und erst in dieser bewussten, permanenten Einheit können die Fähigkeiten Ihres magischen Selbst auch durch Ihr wachbewusstes Ich wirken und die wache Wirklichkeit als Traum erkennbar und wie einen Traum veränderbar machen. Um diese bewusste Verschmelzung Ihrer beiden Ichs einzuleiten und zu beschleunigen, schlage ich die folgende Phantasieübung vor.

Übung

Die Welt mit den Augen des magischen Selbst sehen

Gewöhnen Sie sich an die Sichtweise Ihres magischen Selbst, indem Sie die Welt sozusagen durch seine Brille sehen. Das heißt, Sie ersetzen Ihre wachbewusste durch Ihre magische Sichtweise, was in der Praxis so aussehen kann: Statt Ihre wachbewusste Wirklichkeit aus der gewohnten Perspektive zu sehen und auf gewohnte Weise damit umzugehen, versuchen Sie jetzt, den Standpunkt Ihres magischen Selbst einzunehmen. Machen Sie sich klar, dass sich Ihr magisches Selbst nicht als das Produkt seiner Geschichte empfindet, dass es sich nicht von äußeren Umständen abhängig vermutet, sondern sich stets bewusst ist, dass es die Dinge beliebig verändern kann. Wenn Sie Ihre Sichtweise in dieser Weise verlagern, werden Sie bald feststellen, dass es Ihnen immer leichter fällt, die Identifizierung mit Ihrem wachbewussten Ich und seinen akzeptierten Begrenzungen zu erkennen und sich für neue Perspektiven und Möglichkeiten zu öffnen. Sie spüren dann, dass alles, was ist, einschließlich Ihrer selbst, auch ganz anders sein könnte und Sie die wache Wirklichkeit in all Ihren Aspekten letztendlich als Traum betrachten und beliebig umträumen könnten, zumindest in Ihrer Phantasie. Diese innere Öffnung für eine weitere Phantasie lässt die Möglichkeiten und Energien Ihres Traum-Ich mehr und mehr in Ihr Wachbewusstsein einfließen und dort wirksam werden. Was zunächst nur in Ihrer Phantasie möglich schien, wird allmählich erlebbare Wirklichkeit, weil sich Ihre Traumenergien über Ihre Phantasie auf Ihre wache Welt auswirken.

Sie werden Ihren physischen Körper nicht mehr als fest gefügt, sondern als veränderbar erleben, und Selbstheilung, drastische Gewichtsabnahme oder Verjüngung scheinen plötzlich gut möglich. Berufliche Engpässe scheinen leichter überwindbar, weil Sie ungünstige Umstände im Außen nicht mehr zwangsläufig als Bedrohung für Ihre eigenen Energien empfinden. Sie finden die Aussicht, sich einen Wunschpartner in Ihr Leben träumen zu können, plötzlich nicht mehr so abwegig, denn Ihre Phantasien beginnen Ihre alten Zweifel auszuhöhlen.

Vielleicht denken Sie jetzt, dass dies alles sehr nach positivem Denken klingt, wo Sie ja auch versuchen, durch geistige Bilder positive Energien in Gang zu setzen, die Ihr Leben irgendwann verändern werden. Aber so ist die Übung nicht gemeint, denn positives Denken und Visualisieren findet immer noch innerhalb Ihres alten Selbst- und Weltbilds statt und ist deshalb nur bedingt kraftvoll. Hier geht es darum, dass Sie Ihr Leben mit der Kraft, die Ihr Traum-Ich in einer magischen Dimension gesammelt und ständig erweitert hat, direkt und sofort umträumen. Dabei empfinden Sie sich nicht mehr als gewohntes, wachbewusstes Ich und lassen sich weder von den akzeptierten Gesetzmäßigkeiten der wachen Wirklichkeit einschränken noch machen Sie sich vom Einfluss Ihrer erlebten Geschichte abhängig. Sie verschmelzen vielmehr so sehr mit Ihrem Traum-Ich und seiner größeren Wahrnehmung der Wirklichkeit, dass Sie auch diese wache Wirklichkeit als eine Art Traum erleben, in dem Sie alle Möglichkeiten Ihres magischen Selbst nutzen können.

Phase 1: Traumfähigkeiten lebendig werden lassen

In dieser Übung betrachten Sie sich selbst in Alltagssituationen aus der Perspektive des Traum-Ich. Nehmen Sie sich viel Zeit. Setzen Sie sich in Ruhe irgendwo hin und entspannen Sie sich, indem Sie einige Male langsam tief ein- und ausatmen. Erinnern Sie sich zunächst an alle Empfindungen, die Sie im Traumkörper und im Traumraum haben. Denken Sie dabei ganz besonders an Ihre Fähigkeit, den Traumraum zu gestalten, Ihren Traumkörper zu verändern, im und um den Traumraum herum neue Träume zu aktivieren und auszurichten, beliebige Personen in diesen Traumraum einzuladen und sich mit ihnen auszutauschen, Probleme zu lösen und Antworten auf Fragen zu bekommen und sogar frei durch Zeit und Raum zu wandern. Erinnern Sie sich an alles, was Sie in Ihrem Traumraum bis jetzt geübt, oder besser, erträumt haben oder wovon Sie sich vorstellen könnten, dass Sie es jederzeit in Ihren wachbewussten Träumen erleben können. Lassen Sie all diese Traumfähigkeiten und vor allem das Gefühl, Träume beliebig aktivieren und umgestalten zu können, wieder ganz in sich lebendig werden. Fühlen Sie sich wie im Traumkörper, frei, lebendig und grenzenlos mit der Gewissheit, dass Ihnen alles möglich ist.

Phase 2: Das wachbewusste Ich betrachten

Wenn Sie sich wieder wie in Ihrem Traumkörper mit all seinen Möglichkeiten fühlen, denken Sie aus der Perspektive Ihres Traum-Ich an Ihr wachbewusstes Ich und daran, wie dieses sein Leben zu meistern versucht. Beobachten Sie, wie Ihr wachbewusstes Ich mit unterschiedlichen Problemen umgeht, wie es reagiert, wie es handelt, welche Ängste es hat, und fragen Sie sich dabei, wie Sie als Traum-Ich reagieren und handeln würden. Wie wäre es wohl, wenn das wachbewusste Ich jetzt wüsste, dass alles, was es erlebt, nur ein Traum ist und wie ein Traum beliebig verändert werden kann? Wenn es wüsste, dass es mehr ist als seine Geschichte, dass es beliebige Fähigkeiten entwickeln und zum Ausdruck bringen könnte und dass jeder andere Mensch genauso frei ist und das Gleiche tun könnte, wenn er davon wüsste und es tun wollte. Beobachten Sie Ihr wachbewusstes Ich aus der Perspektive des magischen Traum-Ich und versetzen Sie sich in seine Lage. Erleben Sie das Gleiche, aber jetzt aus magischer Sicht. Erinnern Sie sich, spüren Sie tief in sich: »Alles, was ist, könnte auch ganz anders sein. Alles ist möglich und ich kann es jederzeit ändern. Die Vergangenheit ist ohne Bedeutung. Ich entscheide über meine Träume im Jetzt, genau jetzt.«

Was würde sich für Ihr wachbewusstes Ich verändern? Welche anderen Ideen hätte es plötzlich? Welche anderen Entscheidungen würde es treffen? Welche Regeln wären unwichtig?

Vielleicht spüren Sie sich als wachbewusstes Ich vor lauter Liebeskummer selbst nicht mehr und sind völlig gelähmt vor Angst, was passieren könnte, wenn die geliebte Person nicht bei Ihnen bleibt. Wenn Sie die gleiche Situation aus der Sicht Ihres Traum-Ich betrachten, wird Ihnen plötzlich ganz klar, dass die Welt nicht unterginge, wenn Sie diese Person verlieren würden, weil es so einfach wäre, eine neue, vielleicht viel tiefere Liebe in Ihr Leben zu träumen, oder wie schön es sein könnte, einfach mit dem Strom zu fließen und neue Möglichkeiten einzuladen, die vielleicht viel spannender sind als alles, was war. Indem wir das Alte zu wichtig nehmen und uns darin verstricken, lähmen wir die schöpferischen Traumenergien. Das führt zu Stagnation und ist nicht nur überflüssig, sondern auch sehr schade. Sobald Ihnen das klar wird, fühlen Sie sich frei.

Vielleicht fühlen Sie sich als wachbewusstes Ich in Ihrem jetzigen Beruf gefangen. Die Arbeit macht Ihnen keinen Spaß mehr, und doch sind Sie geplagt von der Angst, keinen anderen Beruf ausüben zu können, weil Sie beispielsweise nicht entsprechend ausgebildet sind. Für die kleine Sicherheit, die der ungeliebte Job Ihnen scheinbar bietet, sind Sie bereit, Leid und Frustration in Kauf zu nehmen. Aus der Perspektive des Traum-Ich wird Ihnen jedoch völlig klar, dass es viele Möglichkeiten gibt, Ihre Fähigkeiten zu nutzen und damit Geld zu verdienen, auch wenn dies alles vielleicht nicht in ein gängiges Berufsbild passt. Und plötzlich überkommt Sie eine große Sehnsucht, Ihre Fähigkeiten und Möglichkeiten auszuleben und damit zu Ihrer Berufung zu finden, ohne Angst und Leistungsdruck und in der Gewissheit, dass die einzig wirkliche Sicherheit in Ihrem Selbstvertrauen liegt und in Ihrem Mut, sich zum Ausdruck zu bringen.

Möglicherweise sind Sie als wachbewusstes Ich in ein Streitgespräch verwickelt, und es deprimiert Sie, dass Sie Ihren Standpunkt wieder einmal nicht klar machen können. Aus der Perspektive Ihres Traum-Ich wird Ihnen jedoch sofort klar, dass es gar keine Rolle spielt, ob diese Person Sie versteht oder nicht, solange Sie zu sich selbst stehen, Ihrer inneren Stimme folgen und tun und sagen, was Sie für richtig halten. Nur so können Sie Ihr eigenes Leben führen. Und plötzlich ist Ihnen auch klar, dass es ganz einfach ist, Menschen in Ihr Leben zu träumen, die zu Ihnen passen und die Sie sogar ganz ohne Worte verstehen.

In dieser zweiten Übungsphase geht es also darum, ganz genau zu beobachten, wie sich Ihr wachbewusstes Ich in verschiedenen Alltagssituationen normalerweise verhält, besonders in problematischen Situationen, die sich vielleicht im Beruf, in der Partnerschaft und vielleicht auch im körperlichen Ausdruck oder ganz allgemein im Umgang mit dem Körper ergeben. Versuchen Sie zu verstehen, wo Ihr wachbewusstes Ich alten Zwängen folgt, Ängsten, starren Erwartungen oder begrenzten Sichtweisen von sich selbst und seinen eigenen Möglichkeiten. Grenzen Sie sich dann von seiner Betrachtungsweise ab, indem Sie sich an die Wirklichkeitssicht Ihres Traum-Ich erinnern, wie Sie sie bis jetzt aufbauen und erleben konnten. Fühlen Sie den Unterschied zwischen diesen beiden Sichtweisen der Wirklichkeit. Versuchen Sie dann, die Fähigkeiten und Möglichkeiten beider Ichs in Ihrer Phantasie zu verschmelzen, indem Sie sich fragen, wie Sie Ihrem wachbewussten Ich bei der erfolgreichen Gestaltung seiner Wirklichkeit helfen könnten. Welche Gefühle, Informationen und Fähigkeiten bräuchte es, um sich aus seinen Verstrickungen zu lösen? Wie müsste es sein Leben betrachten? Welche Erfahrungen aus der großen Traumdimension ließen sich übertragen und nutzen und wie könnte das wachbewusste Ich dann mit seiner Wirklichkeit umgehen?

Phantasieren Sie, intensiv und lebendig, und versuchen Sie dabei möglichst weit in den Nullpunkt zu gehen, wo sich die Grenzen zwischen Ihrer wachen Wirklichkeit und Ihrer Traumdimension verwischen und die beiden Ichs sich leicht treffen können.

Wenn Sie solche Phantasien oft in sich bewegen, vor allem im Nullzustand, werden Sie bald erfahren, dass Sie Ihre Identifizierung mit dem geschichtlich geprägten Ich einerseits und dem Traum-Ich, das sich mehr und mehr zum magischen Selbst entwickeln wird, andererseits immer leichter hin und her schieben können, bis es irgendwann keine klare Trennung zwischen den beiden mehr gibt. Damit wird sich Ihre Wahrnehmung in der wachen Wirklichkeit erweitern, und die magischen Fähigkeiten Ihres Traum-Ich werden in Ihr waches Bewusstsein eindringen und auf Ihre wache Wirklichkeit wirken. Dann werden Sie das Gefühl haben, dass in Ihrem Leben mehr und mehr möglich ist und dass alles genauso leicht und spielerisch verändert werden kann wie in Ihren Träumen.

Phase 3: Alltagssituationen mit den Augen des magischen Selbst sehen

Wenn Sie in Ihrer Phantasie kein Problem mehr haben, die Perspektive Ihres Traum-Ich auf Ihr wachbewusstes Ich zu übertragen, ist es an der Zeit, dies auch in den entsprechenden Situationen im Alltag zu tun. Beginnen Sie mit nicht wirklich problematischen Situationen und betrachten Sie diese durch die Augen Ihres magischen Ich. Was wäre anders? Wenn das gut klappt, versuchen Sie auch in problematischen Situationen die magische Perspektive einzunehmen. Welche neuen Ideen, Stimmungen und Entscheidungen ruft das in Ihnen hervor? Mit der Zeit wird es Ihnen nicht nur gelingen, die Perspektive Ihres Traum-Ich auf Ihr wachbewusstes Ich zu übertragen, sondern auch seine Fähigkeiten, mit denen Sie Ihre wachbewusste Wirklichkeit dann auf magische Weise verändern können. Welche speziellen Übungen Sie außer der folgenden Meditation dafür einsetzen können, zeige ich Ihnen im Abschnitt »Traumhafte Übungen für Gesundheit, Erfolg und Lebensqualität« ab Seite 239.

Magische Meditation

Schließe die Augen. Atme langsam tief ein und aus.
Denke an deine beiden Knie. Atme weiter ein und aus.
Denke an deine beiden Schultern. Atme weiter ein und aus.
Denke an deinen Solarplexus. Atme weiter ein und aus.
Denke an dein Herz. Atme weiter ein und aus.
Stell dir jetzt vor: Du atmest mit jedem Atemzug strahlende, kraftvolle Energie ein, und beim Ausatmen verteilst du diese Energie in deinem Körper, in deinen Gedanken, in deinen Gefühlen.
Atme weiter ein und aus.
Mit jedem Atemzug atmest du Energie ein, und beim Ausatmen atmest du diese Energie über die Grenzen deines Körpers hinaus, hinein in diesen Raum. Fülle den Raum mit strahlender, kraftvoller Energie.

Diese Energie hat die Kraft, deine Gedanken, Gefühle und Sehnsüchte Wirklichkeit werden zu lassen, wenn du dies möchtest.
Atme langsam tief ein und aus.
Sage dann leise in Gedanken zu dir selbst, wenn du möchtest, sage und empfinde: »Ich bin mehr als mein Körper. Ich bin Bewusstsein, unbegrenzt, ewig und frei. Ich bin mehr als meine persönliche Geschichte und mehr als mein geschichtliches Ich. Ich bin Teil meines magischen Selbst, der Traumwelt und der Traumenergie, aus der ich komme und die mich trägt.
Ich möchte bewusst in diese Dimension meines magischen Selbst eintauchen, ihre Ideen und Energien integrieren und sie gestalten.«
Atme langsam tief ein und aus, tief ein und aus.
Jetzt denke an deinen Traumraum in der magischen Traumdimension. Erinnere dich an ihn. Du hast ihn dort aufgebaut und gestaltet. Erinnere dich an diesen Raum in allen Details, so wie du ihn geschaffen hast.
Finde deinen Traumraum.
Geh jetzt mit deinem Traumkörper in diesen Raum.
Bewege dich durch diesen Raum, betrachte und fühle ihn.
Betrachte, während du durch diesen Raum gehst und alles genau beobachtest, zwischendurch auch deine Hände oder schau an deinem Körper entlang auf deine Füße.
Bewege dich durch den Raum und betrachte ihn.
Fühle dich als Körper in diesem Raum. Betrachte auch deine Hände.
Und jetzt bleib stehen. Atme in deinem Traumkörper langsam ein und aus, immer wieder, und spüre, wie du mit jedem Atemzug Traumenergie anziehst.
Mit jedem Atemzug ziehst du Energie in deinen Traumkörper. Spüre ihn, spüre, wie er immer kraftvoller wird, wie er leuchtet vor Energie.

Diese Traumenergie lässt deinen Körper und auch deinen Traumraum stabil werden, lässt sie leuchten vor Energie. Zieh immer mehr Traumenergie in deinen Traumkörper und in deinen Traumraum. Du leuchtest vor Traumenergie und du wirst ganz stabil. Das Gleiche geschieht mit dem Traumraum. Auch er leuchtet und wird ganz stabil. Je mehr Energie du anziehst, desto mehr Qualitäten der Traumwelt saugst du in dich auf. Du beginnst die magischen Qualitäten der Traumwelt in dich aufzusaugen, Fähigkeiten aus der Dimension deines magischen Selbst.
Du beginnst die Freiheit zu spüren, die Freiheit dieser Welt, Freiheit ohne Raum und Zeit, die Freiheit, beliebig zu gestalten.
Schau nun mit dieser Wahrnehmung und diesen Gefühlen aus der Traumwelt zurück auf dein wachbewusstes Ich. Sieh, wie dein wachbewusstes Ich sein gewohntes Leben führt. Sieh, wie es sich durch sein Leben bewegt, wie es denkt, fühlt und handelt. Sieh seine Verstrickungen und seine Möglichkeiten. Betrachte es ganz liebevoll. Werde dir, während du dieses wachbewusste, von seiner Geschichte geprägte Ich beobachtest, absolut bewusst, dass auch du dieses Ich bist. Es kommt aus der gleichen magischen Dimension, in der du als Traum-Ich jetzt bist, und kann die gleichen Möglichkeiten nutzen wie du.
Was kannst du für dieses wachbewusste Ich tun?
Welche Energien und Informationen kannst du ihm geben?
Was kannst du ihm an Zuwendung, Liebe und Achtung schenken?
Welche Hilfestellung kannst du ihm geben?
Erzähle diesem kleinen, wachbewussten Ich aus deiner jetzigen magischen Sicht, was es tun könnte, um sein Leben leichter, mit mehr Freude und Liebe zu leben und seiner Bestimmung zu folgen.
Gib ihm Rat und Informationen für die verschiedenen Situationen seines Lebens.

Sage ihm, wo seine Sichtweisen zu kleinlich sind und wo sein Verhalten nicht zu seinen Möglichkeiten passt.
Sage ihm, wo seine Gedanken und Gefühle nicht dem entsprechen, was es eigentlich sucht. Sprich mit ihm!
Und jetzt atme als Traum-Ich tief ein und aus und zieh noch einmal ganz bewusst Traumenergie in dich hinein.
Fühle, wie dich diese Traumenergie erstrahlen lässt.
Nimm diese Energie in dich auf.
Atme sie tief hinein in deinen Traumkörper und schick sie dann deinem wachbewussten Ich.
Nutze die Energie der Traumdimension, um die Gefühle deines wachbewussten Ich, seine Gedanken und seine Art zu handeln zu verändern. Verändere auch die Energie seines Körpers und verleihe ihm sämtliche körperlichen und geistigen Fähigkeiten, die es braucht.
Und jetzt stell dir vor, wie dein waches Ich mithilfe deiner Energie neue Ideen und Fähigkeiten entwickelt, sich anders verhält, anders fühlt und anders denkt.
Verlasse nun den Raum deiner Träume und schlüpfe zurück in dein wachbewusstes Ich. Fühle dich eins mit ihm und mit seinen neuen Gefühlen, seinen neuen Gedanken und seinen neuen körperlichen Energien.
Und nun sage zu deinem wachbewussten Ich: »Ich als dein magisches Ich präge dich jetzt neu. Meine Möglichkeiten sind in dir. Ich werde deine Gedanken und Gefühle klären, ordnen und heilen und dir alle Fähigkeiten geben, die du möchtest und brauchst. Ich werde deinen Körper so klären, ordnen und heilen, wie es gut für dich ist. Mit den Fähigkeiten und Energien, die ich aus der Traumdimension ziehe, erträume ich dich neu.«
Spüre, wie sich dein wachbewusstes Ich für die neuen Energien öffnet, und empfinde dich jetzt als dieses doppelte Ich.
Atme langsam tief ein und aus.

Zieh mit jedem Atemzug weiter Traumenergie in dich hinein, in deinen Traumkörper und in den physischen Körper deines wachen Ich.
Entscheide dich dann, diese magische Prägung deines wachbewussten Ich täglich zu intensivieren und die Freiheit der Traumenergie in dein wachbewusstes Leben zu bringen.
Entscheide dich, deinen physischen Körper mit der Kraft der Traumenergie zu heilen, neu zu ordnen und zu formen und ihn jung und kraftvoll zu machen.
Entscheide dich, auch deine Gedanken und Gefühle neu zu ordnen und das Leben in deiner wachen Wirklichkeit ganz neu zu prägen.
Entscheide dich, dein wachbewusstes Ich mit allen Fähigkeiten auszustatten, die es sucht und braucht.
Spüre die helle, strahlende Energie der Traumdimension in dir. Spüre, wie sie in dein waches Ich strahlt, in deinen wachen Körper und darüber hinaus in deine wache Welt.
Spüre, wie die Magie deines magischen Selbst in dein wachbewusstes Ich und seine wachbewusste Wirklichkeit strahlt. Spüre, wie sich die Grenzen verwischen.
Atme langsam tief ein und aus und öffne dann die Augen.

Die Fähigkeiten des magischen Selbst nutzen

Sie sind einen weiten Weg mit mir gegangen, heraus aus Ihrer geschichtlich geprägten Sicht der Wirklichkeit hin zu einer magischen Sichtweise, die Ihnen Zugang zu Ihren größeren Fähigkeiten und Möglichkeiten verschafft und letztendlich zu Freiheit, Freude und Liebe zum Sein.

Mithilfe vieler verschiedener Übungen und Meditationen haben Sie gelernt, sich aus der Identifizierung mit Ihrem physischen Körper zu lösen und mit Ihrer Wahrnehmung in eine größere Dimension einzutauchen. Sie haben sich mit Ihrem Traumkörper vertraut gemacht, haben gelernt, sich in ihm als zweites Ich zu fühlen, und haben durch ihn Zugang gefunden zu Ihren größeren Fähigkeiten und Möglichkeiten, die bislang nur in der Dimension Ihres magischen Selbst verfügbar waren. Sie haben auch gelernt, sich in dieser magischen Dimension eine Art Heimat zu schaffen, den Traumraum. Schritt für Schritt haben Sie eine größere Wirklichkeit erforscht und neue Fähigkeiten entwickelt. Aber dieser Prozess ist natürlich noch längst nicht abgeschlossen und wird auch nie abgeschlossen sein, solange Sie noch in einem physischen Körper leben.

Doch jetzt, wo Ihr Traumkörper schon recht stabil geworden ist und Sie Ihren Traumraum als Aktionsbasis relativ leicht finden können, sind Sie bereit für spezielle Übungen, die Ihnen helfen, die Traumenergie Ihres magischen Selbst gezielt für die freie und bewusste Gestaltung Ihres Lebens zu nutzen. Diese Übungen werden Ihr Leben genauso erfolgreich verändern, wie sie mein Leben verändert haben – vorausgesetzt natürlich, Sie wenden sie konsequent und entschieden an.

Dann werden Sie sich nicht mehr fragen, was die Zukunft wohl bringen mag, sondern was die Zukunft für Sie bringen soll. Sie werden sich Ihr Leben so erträumen, dass Sie sich darin wohl fühlen, dass es Ihrer Bestimmung entspricht und dass es Ihnen Raum für Liebe und Freude, Geborgenheit und Dankbarkeit gibt – Dankbarkeit vor allem darüber, dass wir Menschen zu den Wesen gehören, die eigene Gefühle haben und sich ihre Welt frei erträumen können, und zwar auf eine Weise, die sie berührt und den göttlichen Schöpfungsstrom in sich spüren lässt.

Traumhafte Übungen für mehr Gesundheit, Erfolg und Lebensqualität

Alle folgenden Übungen beginnen damit, dass Sie bewusst durch den Nullpunkt in Ihren Traumraum gehen oder nach dem Einschlafen im Traumraum erwachen, weil Sie sich das so vorgenommen haben. Sobald Sie sich bewusst in Ihrem Traumkörper erkennen und ein deutliches Körpergefühl haben (was Sie beispielsweise daran erkennen, dass Sie Ihre Hände betrachten können), machen Sie die Übung, die Sie sich ausgesucht haben.

Traumspiel

Denken Sie an etwas, das Sie gern tun würden, wozu Sie aber nicht kommen oder das Sie aus irgendwelchen Gründen nicht oder noch nicht tun können. Versetzen Sie sich mit viel Gefühl in eine beliebige Szene, in der Sie diese Tätigkeit verrichten, und warten Sie dann ab, bis Ihre Gefühle und Phantasien den ersten selbstständigen Traumfetzen dazu anregen. Beobachten Sie diesen Traumfetzen distanziert, wobei Sie sich immer wieder sagen: »Ich träume, ich träume.« Bleiben Sie so lange neutral und distanziert, bis sich der Traumfetzen zu eigenständigen Bildfolgen oder sogar zu einem ganz selbstständigen und zusammenhängenden Traumgeschehen entwickelt. In Ihrer Phantasie erzeugen Sie nur die ersten Bilder, um die herum sich der Traum entwickeln soll. Danach sollten Sie nur noch Beobachter sein. Der Traum oder die Traumbilder bilden sich von selbst, und zwar dadurch, dass Ihre Gefühle und Einstiegsphantasien Traumenergien anziehen, die Sie daran erkennen, dass sie sich verselbstständigen und dass schon bald Aspekte ins Spiel kommen, an die Sie nie gedacht hätten.

Zum Beispiel gleiten Sie in Ihrer Einstiegsphantasie auf einer Welle, weil Sie schon immer mal surfen wollten oder es im Traum lernen wollen (was übrigens möglich ist), und plötzlich schwimmen ganz überraschend einige Delphine neben Ihnen her, die sich sogar mental mit Ihnen unterhalten wollen. Das wäre ein deutliches Zeichen dafür, dass sich Ihre Phantasien in einen selbstständigen Traum verwandelt haben. Um aber nun nicht von diesem schönen Traum aufgesaugt zu werden, sollten Sie sich immer wieder sagen: »Ich träume, ich träume.« Das hält Ihr Wachbewusstsein aktiv und in einer beobachtenden Position, während Sie dem Traumgeschehen folgen können.

Erst wenn Sie sicher wach bleiben, während sich der Traum um Sie herum weiterentwickelt, können Sie anfangen, ihn bewusst zu verändern, zum Beispiel indem Sie die Delphine zu Walen werden lassen oder auf Ihnen reiten. Sie können auch immer wieder in die Beobachterrolle zurückkehren und beobachten, wie sich der Traum wohl weiterentwickelt. Hier beginnt das eigentliche Traumspiel, und es ist besser als jeder Film und jedes Spiel in der wachbewussten Wirklichkeit.

Traumbegegnung

Wieder begeben Sie sich über den Nullpunkt oder durch Einschlafen in Ihren Traumraum und stellen sich dann vor, dass Sie bestimmte Personen, mit denen Sie gern träumen möchten, in diesen Traumraum einladen. Sie sehen Ihre Mitträumer in Ihrem Traumraum und beobachten dann einfach, wie sich aus den Phantasien und Bildern erst zusammenhanglose Traumfetzen formen und dann ein eigenständiger, zusammenhängender Traum. Das bedeutet, dass sich Ihre vorgestellten Mitträumer in dem entstandenen Traum verselbstständigen und aktiv werden, möglicherweise auf ganz überraschende Weise und so selbstständig, dass sie Ihren Traum zu beeinflussen beginnen. Bleiben Sie aber auf jeden Fall zunächst der passive Beobachter und lassen Sie sich nicht in das Traumgeschehen ziehen. Erst wenn sich der Traum verselbstständigt hat und stabil geworden ist, können Sie die verschiedenen Traumaspekte verändern und mit ihnen und Ihren Mitträumern spielen oder sich in deren Traum mitnehmen lassen.

Anfänglich sind diese Mitträumer vielleicht nur Projektionen Ihres Traum-Ich, aber schon bald werden sie für Überraschung sorgen und Seiten von sich zeigen, die Sie bis jetzt noch nicht gekannt haben. Wenn das geschieht, haben sich die wirklichen Traum-Ichs Ihrer Mitträumer zu Ihnen gesellt. Traumprojektionen haben kein eigenes Lebensfeld. Daher entsprechen sie in ihrem Verhalten und Erscheinungsbild immer dem Erwartungsstand der Träumer. Aber wenn andere Personen tatsächlich als Träumer in Ihren Traum eintreten, sind sie eigenständig, wirklich und als Wesen erkennbar, und zwar an dem Lebensfeld, das sie ausstrahlen. Allerdings ist dieses Lebensfeld nur mit einiger Erfahrung erkennbar und auch nur, wenn man bewusst danach sucht. Wenn Sie also Projektionen von echten Traumwesen unterscheiden wollen, bleibt Ihnen häufig nichts anderes übrig, als darauf zu achten, ob sich Ihre Mitträumer überraschend und untypisch verhalten, also anders, als Sie sie bis jetzt kennen gelernt haben. Sie können diese Übung machen, wann immer Sie tatsächlich mit anderen Personen gemeinsam träumen. In meinen Seminaren zu diesem Thema suchen sich die Teilnehmer einen Partner aus der Seminarrunde zum gemeinsamen Träumen aus, jedoch ohne es diesen wissen zu lassen. Dann werden alle Teilnehmer in ihren Traumraum geführt und versuchen, den ausgewählten Mitträumer in ihrer Phantasie dorthin mitzunehmen. Oft stellt sich bei der anschließenden Besprechung der Übung heraus, dass ganz viele Teilnehmer tatsächlich von ihrem Traumpartner geträumt haben, und zwar gegenseitig, obwohl sie, wie gesagt, ihren jeweiligen Mitträumer nicht über ihre Wahl informiert hatten. Noch verblüffender ist, wie sehr sich die Erinnerungen der Träumer an die gemeinsamen Träume ähneln. Sie berichten nicht nur von der gleichen Stimmung im Traum, sondern beschreiben auch die gleichen Bilder und Erlebnisse und sogar einen Mitträumer, der überraschend aufgetaucht ist. Wenn Träumer A mit Träumer B, aber Träumer B mit Träumer C träumen wollte, fanden sich oft alle drei in einem gemeinsamen Traum wieder. Für die Seminarteilnehmer ist dies ein eindrucksvoller Hinweis darauf, dass sie sich wohl in dem gleichen Wirklichkeitsraum beziehungsweise Traumraum gefunden und tatsächlich miteinander geträumt haben.

Sie können natürlich auch Personen aus Ihrer Vergangenheit in Ihre Träume einladen oder Menschen, die in der wachen Wirklichkeit gar nicht mehr leben, sondern nur noch in der zeitlosen Gegenwart der Traumwirklichkeit. Hier können Sie alles mit ihnen klären, wofür in der Vergangenheit vielleicht keine Zeit mehr war. Solche klärenden Träume haben eine heilende Wirkung auf Ihr wachbewusstes Ich und können Ihnen helfen, die Schatten der Vergangenheit loszulassen und viele alte Verwicklungen aufzulösen.

Auch Menschen, die Sie in der wachen Wirklichkeit noch gar nicht kennen, die also aus Ihrer Zukunft kommen, können Sie in Ihren Traumraum einladen, zum Beispiel einen künftigen Lebenspartner. Begeben Sie sich einfach in Ihren Traumraum, und fühlen Sie, welche Bedeutung diese Person in Ihrem künftigen Leben haben, wie sie auf Sie wirken und was sie für Sie bewirken soll. In der Dimension Ihres magischen Selbst sind auch die Traumkörper all der Menschen zu Hause, mit denen Sie in der wachen Wirklichkeit zwar noch keinen bewussten Kontakt haben, aber trotzdem irgendwie verbunden sind oder aufgrund einer Ähnlichkeit der Gedanken und Gefühle, des Wesens und der Weltsicht verbunden sein könnten. Diese im weitesten Sinne mit Ihnen vertrauten Träumer können Sie in der Traumdimension finden, egal in welcher Zeit und in welchem Raum sie leben oder ob Sie ihnen auch in der wachen Wirklichkeit je begegnen könnten. Im Falle eines zukünftigen Partners sollten Sie natürlich versuchen, jemanden anzuziehen, der aus Ihrer Zeit kommt und auch räumlich irgendwie erreichbar ist, denn sonst können Sie ihm zwar im Traum begegnen, aber kein Treffen mit ihm vereinbaren, das später in der wachen Welt auch tatsächlich stattfinden kann.

Es gibt natürlich auch Traumbegegnungen, die nur in der Traumdimension wichtig sind und sich in der wachen Welt nicht fortsetzen können oder müssen. Ich selbst hatte viele Monate lang eine Traumfreundin, die mich regelmäßig in meinem Traumraum besuchte. Wir hatten viel Spaß zusammen und erlebten die unglaublichsten Dinge, aber sie sagte mir nie, aus welcher Zeit und aus welchem Raum sie kam oder welches wache Leben sie führte. Für die Intensität unserer gemeinsamen Träume spielte all das keine Rolle, denn sie wusste so viel über die magische Wirklichkeit, dass sie für mich nicht nur eine liebe Freundin war, sondern auch eine Lehrerin, die mir viele Türen zu größeren Wirklichkeiten öffnete. Eines Tages verabschiedete sie sich genauso plötzlich aus meinen Träumen, wie sie gekommen war – mit einem Abschiedsgeschenk und der Erklärung, dass wir beide von nun an nichts mehr füreinander tun könnten. Danach versuchte ich lange, sie wieder in meine Träume hineinzuträumen, aber es gelang mir nicht. Das hat mich unter anderem gelehrt, dass man niemanden in seine Träume hineinträumen kann, der dies nicht möchte, außer vielleicht, derjenige hat einen sehr schwachen Traumkörper und ist sich nicht darüber im Klaren, was er will.

Wunschpartner

Vor Beginn dieser Übung sollten Sie sich weniger darüber im Klaren sein, wie Ihr Wunschpartner im Detail sein oder aussehen sollte, sondern vielmehr darüber, was er durch seine Anwesenheit, seine Ausstrahlung und sein Tun für Sie bewirken sollte. Vielleicht entsprach Ihr Wunsch nach einem optimalen Partner bisher Klischees wie: Er soll gut aussehen, soll diese und jene Fähigkeiten besitzen, soll diese Bildung haben und jenen Beruf ausüben, soll in geregelten finanziellen Verhältnissen leben, ein guter Zuhörer sein, meinen Freiraum nicht einschränken, aber trotzdem immer für mich da sein. Eine Partnerschaft, so dachten Sie bis jetzt, ist gut, wenn sie geprägt ist von Sicherheit, Geborgenheit, Freiraum, Liebe und Verständnis. Aber vielleicht sind das gar nicht Ihre eigenen Vorstellungen, sondern Ideen, die Sie unkritisch von Ihren Eltern, Geschwistern, Freunden oder gar aus Filmen und Büchern übernommen haben. Vielleicht haben Sie sich nie wirklich gefragt, ob Sie überhaupt eine Partnerschaft wollen, und wenn ja, wofür. Vielleicht nur der Sicherheit wegen oder weil ein konkreter Kinderwunsch da ist oder um nicht einsam zu sein? Oder wollen Sie vielleicht gar keinen auf Sicherheit ausgerichteten Partner, sondern einen Abenteurer, lustig und spritzig?

Beantworten Sie diese Fragen für sich, und machen Sie sich auch klar, dass jemanden zu lieben und von ihm geliebt werden zu wollen, nicht zwangsläufig heißen muss, dass Sie diese Person auch als Partner haben wollen. Vielleicht hat der Mensch, den Sie lieben oder zu lieben glauben, ganz andere Lebensziele und Interessen, und seine natürliche Art mit

Dingen umzugehen würde Sie mit der Zeit stören. Dann könnte auch Ihre Liebe die Beziehung langfristig nicht retten, denn Sie könnten nicht so sein, wie Sie sein möchten, und die ständigen Kompromisse würden Sie immer unzufriedener machen und Ihnen alle Lebenslust rauben.

Fragen Sie sich also: Wie will ich mich fühlen, wenn der Partner da ist? Bei welchen Aktivitäten sollte er mich begleiten und mir Rückenwind geben? Auf welche Weise sollte er mich inspirieren? Wie könnte er es mir leichter machen, mich selbst zu spüren? Welche Art Mensch wünsche ich mir als Vater/Mutter für meine Kinder? Welches Weltbild sollte sie/er ihnen vermitteln?

Fragen Sie nach allem, was Ihnen wichtig ist, und fühlen Sie die Antworten. Wie würden Sie sich fühlen, wenn so ein Mensch da wäre? Erst wenn Sie das geklärt haben, gehen Sie in Ihren Traumraum und bauen wie bei den vorangegangenen Übungen ein Phantasiebild um diese Gefühle herum auf. Anschließend warten Sie distanziert ab, bis sich aus den Phantasiebildern ein selbstständiger Traum zu formen beginnt. Was geschieht?

Vielleicht träumen Sie Ihren jetzigen Partner herbei, der sich im Traum plötzlich ganz anders verhält. Wenn das der Fall ist, tauchen Sie in den Traum ein und träumen ihn gemeinsam mit Ihrem Partner Ihren Sehnsüchten entsprechend um. Ist Ihr Partner dazu in der Lage? Entwickelt er Fähigkeiten, die Sie an ihm noch nicht kennen, oder intensiviert alte? Wenn Ihr Partner an der von Ihnen bewusst vorgegebenen Traumentwicklung nicht beteiligt sein kann und aus dem Traum hinausfällt, wissen Sie, dass er für Ihren Lebenstraum nicht geeignet ist, und müssen in der wachen Wirklichkeit entsprechende Konsequenzen ziehen. Ändert sich Ihr Partner jedoch in Ihrem Traum, dann werden diese neuen Energien allmählich auch in sein wachbewusstes Ich fließen und ihm und Ihrer Beziehung helfen, sich zu wandeln und um Ihrer beider Sehnsüchte herum zu formen.

Wenn Sie entweder keinen oder keinen zu Ihren Sehnsüchten passenden Partner haben, werden Ihre Phantasien eine neue Person in Ihre Träume ziehen, mit der sich Ihre Träume dann entwickeln können. Steigen Sie in das Traumgeschehen ein, sobald es sich verselbstständigt hat. Sehen Sie sich als Teil des Traumes und fließen Sie mit ihm. Spielen Sie mit dem Traumgeschehen und dem zukünftigen Partner, den Sie sich wünschen. Die Traumenergien, die Sie dabei anziehen, sind kraftvoll und fließen entsprechend kraftvoll in Ihre wachbewusste Wirklichkeit ein, wo sie Ihren Energiekörper prägen und den Wunschpartner anziehen, der zu Ihren Gefühlen und Sehnsüchten passt. Wenn der neue Partner in Ihr Leben tritt, kann es gut sein, dass er genauso aussieht wie der Wunschpartner, den Sie in Ihren Träumen gesehen haben. Aber vielleicht war das auch nur eine Projektion, und Sie ziehen nun deren tatsächliche Entsprechung in dieser Wirklichkeit an, einen Partner, der Sie genauso glücklich macht, auch wenn er anders aussieht als in Ihren Träumen.

Traumhaftes Problemlösen

Gute Lösungen für Probleme zu finden ist in der wachen Wirklichkeit nicht immer leicht, weil wir alte Sichtweisen pflegen, auf die Meinungen anderer Menschen hören, die ebenfalls unser altes Selbst- und Weltbild widerspiegeln, und vor allem, weil wir von der Vernunft gesteuert werden, die gewisse Dinge einfach aus der Erfahrung heraus für unwahrscheinlich oder sogar unmöglich hält. Wirklich neue Informationen sind unserem wachen Ich daher nur sehr schwer zugänglich. Wenn wir also nach neuen Informationen, nach Antworten auf Fragen, Lösungen für Probleme oder einfach nach Inspiration suchen, sollten wir uns als Traum-Ich in den Traumraum begeben.

Bevor Sie Ihren Traumraum aufsuchen, sollten Sie sich ganz klar in den Bereich Ihres Lebens einfühlen, in dem Sie Inspiration suchen, Probleme lösen möchten oder zu dem Sie Fragen haben. Formulieren Sie beispielsweise Fragen wie diese: Was muss ich an diesem Punkt meines Lebens tun? Was genau ist jetzt wichtig? Was hält mich im Moment auf? Wo finde ich meine Bestimmung? Verhalte ich mich integer? Will ich überhaupt eine Partnerschaft? Tasten Sie sich mithilfe solcher Fragen an Ihre gegenwärtige Situation heran, bis Sie ein ganz deutliches Gefühl dafür haben, und begeben Sie sich erst dann durch den Nullpunkt in Ihren Traumraum.

Wenn Sie beispielsweise die Lösung für ein Problem suchen, sich aber nicht vorstellen können, worin diese bestehen könnte, stellen Sie sich einfach vor, wie Sie sich fühlen würden, wenn das Problem gelöst wäre. Lächeln Sie innerlich. Fühlen Sie sich erleichtert, motiviert oder unbeschwert wie ein Kind. Empfinden Sie diese Gefühle so intensiv wie möglich, als sei das Problem bereits gelöst, und gehen Sie damit in Ihren Traumraum.

In Ihrem Traumraum gehen Sie vor wie immer: Sie warten ab, bis sich um Ihre Gefühle und Phantasien herum die ersten Traumfetzen bilden. Dabei bleiben Sie distanziert und vor allem absolut unkritisch, denn jede Form von Kritik oder gar Skepsis hemmt den Fluss der Traumenergie. Wenn sich die Träume verselbstständigen, steigen Sie ein und fühlen sich als Teil des Traumgeschehens, bleiben aber weiterhin Beobachter. Sie stellen Ihre Fragen, konzentrieren sich auf Ihre Gefühle und beobachten, wie die Träume sich um Ihre Gefühle herum entwickeln. Die Energie, die jetzt entsteht, zeigt Ihnen die gesuchten Antworten oder Lösungen entweder über Trauminhalte oder fließt während und nach dieser bewussten Traumphase direkt in Ihre wache Wirklichkeit, wo sie die Dinge für Sie ordnet, klärt und heilt oder Sie in irgendeiner Weise mit Hilfe und Inspiration in Kontakt bringt. Die Antworten und Lösungen, die Sie auf diese Weise bekommen, scheinen Ihnen vielleicht nicht immer logisch und verständlich, sind aber mit Sicherheit sehr wirksam. Wichtig ist, dass Sie bei dieser Übung neutral bleiben und auf keinen Fall sorgenvolle oder angstbesetzte Energien mit in den Traumraum nehmen. Diese würden den Traumfluss der neuen Möglichkeiten nämlich nur hemmen oder ihn sogar an genau die Energien binden, die Sie loswerden möchten.

Wahrtraum Zukunft

Die Zukunft ist nicht von vornherein festgelegt. Vielmehr ergibt sie sich aus unseren Handlungen, Sichtweisen, Gefühlen, Gedanken und Erwartungen, denn diese prägen unseren Energiekörper, und dessen Energien strahlen hinaus in die Welt und wirken nicht nur auf unser direktes Umfeld, sondern ziehen auch Umstände und Menschen an, die ihnen entsprechen. Unsere Energien von jetzt sind unsere Zukunft von morgen. Deshalb ist die Zukunft nur insofern festgelegt, als wir uns in der Regel immer ähnlich verhalten und auch die Welt auf die immer gleiche Weise betrachten. Die Zukunft, die wir bis jetzt für uns erschaffen haben, ist deshalb gewissermaßen nur die wahrscheinlichste aller künftigen Möglichkeiten, die in der Gleichzeitigkeit auf uns warten. Würden wir uns wider Erwarten grundsätzlich verändern, würde sich auch unsere Zukunft verändern, denn neue Energien, neue Gefühle, Gedanken und Sichtweisen würden entsprechende Möglichkeiten und Umstände anziehen. Wenn wir unsere Energien erkennen und verstehen, könnten wir uns also gewissermaßen ausrechnen, welche Zukunft sie für uns gestalten. Dies ist in der Praxis jedoch recht schwierig, weil die meisten von uns die Gesetzmäßigkeiten der Resonanz nicht wirklich durchschauen. Auch findet unsere wachbewusste Wahrnehmung keinen direkten Zugang zur bis jetzt geschaffenen Zukunft, weil wir zu sehr in der linearen Betrachtungsweise der Wirklichkeit gefangen sind und die Zukunft eben noch nicht da ist und deshalb auch nicht wahrnehmbar zu sein scheint. Das ist in der Dimension des magischen Selbst ganz anders. Dort ordnen sich Erlebnisqualitäten direkt um unsere Gefühle, ohne einer linearen raum-zeitlichen Ordnung zu folgen. In wachbewussten Träumen sind klare Entsprechungen erkennbar zwischen den Energien, die wir im Moment in uns tragen und aussenden, und den Ereignissen, die dadurch angezogen werden. Es ist eine Art Spiegelwirklichkeit, in der wir erleben, was wir in uns tragen. Was wir in unseren wachen Träumen erleben, kann also sehr wohl als Zukunft in unsere wache Welt kommen, wenn wir die geträumten Inhalte nicht schon in der Vergangenheit erlebt haben.

Für diese Übung sollten Sie sich zunächst in all Ihre Lebensumstände hineindenken und die Gefühle, die Sie den Tag über begleiten, intensiv nachempfinden. In dieser Stimmung gehen Sie dann durch den Nullpunkt in Ihren Traumraum und übertragen die mitgebrachten Gefühle auf Ihren Traumkörper. Dann warten Sie in der Beobachterrolle ab, bis sich die ersten Traumbilder in selbstständige Träume verwandeln und stabil werden. Erst dann tauchen Sie in diese Träume ein und beobachten weiterhin ganz neutral, aber völlig wach, was sich dort um Ihre Gefühle herum entwickelt. Was Sie jetzt im Traum erleben, ist Ihre wahrscheinliche Zukunft, wie sie auch in dieser wachen Wirklichkeit auf Sie zukommen würde. Nehmen Sie immer noch keinen aktiven Einfluss auf das Geschehen, sondern beobachten Sie genau weiter. Versuchen Sie Zusammenhänge zu entdecken zwischen dem, was Sie in diesen Zukunftsträumen erleben, und dem, was Sie an Energien, Bildern von sich selbst und Erwartungen an die Welt in diesen Traumraum mitgenommen haben. Beobachten Sie die Entwicklung der Träume neutral und völlig unkritisch so lange, bis Sie die Zusammenhänge wirklich verstehen und begreifen, warum gewisse Dinge geschehen werden und was dies mit Ihnen selbst zu tun hat. Hüten Sie sich, die Träume zu bewerten oder sich von ihnen in Begeisterung oder Panik versetzen zu lassen. Sagen Sie sich immer wieder: Das sind nur Träume von meiner wahrscheinlichen Zukunft. Ich könnte sie jederzeit verändern, indem ich mich, mein Bild von mir selbst und meine Sicht der Welt verändere. Ich bin völlig frei.

Wenn Ihnen die Zusammenhänge klar geworden sind, kehren Sie wieder in die wachbewusste Wirklichkeit zurück – einfach indem Sie dies wollen und sich an die wache Wirklichkeit erinnern. Erst dann sollten Sie sich fragen, ob Ihnen diese Zukunft gefällt oder nicht. Wenn Sie Ihnen gefällt, fragen Sie sich, wodurch Sie sie im Traum angezogen haben. Welche Gefühle, welche Gedanken, welche Handlungsweisen und Visionen haben diese Zukunft angezogen, und was könnten Sie tun, damit sie auch weiterhin Ihre wahrscheinliche Zukunft bleibt oder sich sogar noch intensiver um Ihre Sehnsüchte herum entwickelt? Wenn sie Ihnen nicht gefallen sollte, lassen Sie auf keinen Fall Selbstmitleid, Angst oder Resignation aufkommen. Machen Sie sich vielmehr sofort klar: Dies ist nur eine wahrscheinliche Zukunft von vielen. Ich kann sie verändern, indem ich mich und die Energien, die ich ausstrahle, verändere. Stellen Sie sich ganz klar die Entscheidungsfrage: Will ich eine andere Zukunft, und bin ich bereit, alles dafür zu tun? Als Antwort muss ein klares Ja kommen, denn sonst müssen Sie Ihre unerwünschte Zukunft in Ihren Träumen so oft erleben, bis Sie motiviert genug sind, dieses Ja zu sagen. Und dann erinnern Sie sich noch einmal genau an das, was Sie in Ihren Träumen herausgefunden haben. Wodurch haben Sie diese

Zukunft bis jetzt gestaltet? Womit ziehen Sie sie an? Welche Gedanken, welche Handlungsweisen, welche Erwartungen, welche Ängste, welche Sichtweisen von sich selbst und der Welt sind dafür verantwortlich? Schreiben Sie alles auf und fragen Sie sich dann: Was müsste ich an mir verändern, damit aus meinen neuen Energien eine Zukunft entstehen kann, die mir gefällt? Stellen Sie sich vor, wie Sie sich verändern werden und damit auch bewirken, dass sich Ihr Umfeld neu gestaltet.

Tun Sie das so lange, bis Sie ein klares Bild von den notwendigen Veränderungen haben, und fragen Sie sich dann nochmals: Bin ich bereit, dafür alles zu tun? Wenn ja, ist es Zeit für die nächste Übung.

Traummagie

Unsere Zukunft entwickelt sich aus den Energien, die wir in uns tragen und die sowohl auf unseren Körper als auch auf unser Umfeld wirken. Aber die Intensität und Schnelligkeit, mit der dies geschieht, ist nicht nur abhängig von der Klarheit und der Art der Energien, die wir in uns bewegen, sondern auch von der Kraft, die diesen geistigen Energien innewohnt. In der wachen Wirklichkeit haben wir die Tendenz, unsere Energien zu zerstreuen. Ständig wandern wir mit unserer Wahrnehmung von einem Punkt zum anderen, sind reaktiv und lassen uns durch alle möglichen Einflüsse von außen, durch Erinnerungen an Vergangenes oder sogar durch Ängste vor einer möglichen Zukunft in unserer Konzentration stören. Deshalb brauchen wir in der Regel ziemlich lange, bis wir genügend Intensität aufgebaut haben, um den Fluss unseres Lebens grundsätzlich verändern und die unseren Wünschen entsprechenden Dinge in unser Leben ziehen zu können.

Damit wir genügend Intensität aufbauen können, müssen wir unsere geistigen Energien zunächst klar ausrichten und ihnen dann genügend Kraft geben, was wegen unserer Zerstreutheit fast immer schwierig ist. In der Dimension des magischen Selbst ist das anders, denn dort wird der Aufbau neuer Energien nicht durch geschichtliche Muster geprägt oder gehemmt. Außerdem sehen wir dort sofort, welche Wirkung unsere Energien und deren Veränderung auf unser Erleben der Wirklichkeit haben wird, denn jede Veränderung in uns bewirkt eine sofortige Veränderung des Traumgeschehens. Das sollten Sie sich in dieser Übung zunutze machen.

Sie haben also bereits sorgfältig untersucht, wie sich Ihre Energien auf Ihr Leben auswirken und Ihre Zukunft formen, sich für eine Veränderung entschieden und diese in der Phantasie erprobt. Nun nehmen Sie diese neu ausgerichteten Energien mit in Ihren Traumraum und verbinden sie so intensiv wie möglich mit Ihrem Traumkörper. Dann warten Sie auf die ersten Traumfetzen, aus denen sich schon bald selbstständige Träume formen. Wenn diese stabil geworden sind, können Sie sich als Teil davon empfinden, bleiben aber ein neutraler Beobachter. Ihr erstes Ziel besteht nun darin zu erkennen, wie sich die neuen Inhalte Ihrer Energien auf die Träume auswirken und ob die entstehenden Träume Ihren Erwartungen und Wünschen entsprechen. Wenn dies zunächst noch nicht der Fall ist, können Sie Ihre Energie so lange korrigieren, bis Ihre jetzt bewusst aktivierten Träume Ihren Vorstellungen entsprechen. Dafür brauchen Sie sich als Traum-Ich nur so zu fühlen, wie Sie sich fühlen würden, wenn das, was Sie sich wünschen, bereits da wäre, wobei Sie nicht genau wissen müssen, wie das Gewünschte im Detail aussehen soll. Oder Sie entwickeln konkrete Phantasien von dem, was Sie erleben möchten, und warten, bis sich daraus eigenständige Träume entwickeln. Beispielsweise können Sie Ihren Körper neu gestalten oder

Krankheiten heilen, indem Sie sich in Ihrer Phantasie so fühlen und bewegen, wie Sie sich später in Ihrem physischen Körper fühlen und bewegen möchten. Was sich dafür im Detail ändern müsste, ist nicht wichtig. Oder Sie stellen sich in der Phantasie vor den Spiegel und beobachten, wie sich Ihr Körper im Detail verändert, und zwar sofort, weil er im Traum ja nicht gegen seine Vergangenheit ankämpfen muss. In der wachen Wirklichkeit sind all unsere Erlebnisse und die damit verbundenen Gefühle in den Körperzellen abgespeichert und bilden eine Art Körperbewusstsein, das sehr stabil ist und deshalb keine schnelle Änderung des körperlichen Zustandes zulässt. Aus Ihren Phantasien und den dazugehörigen Gefühlen entwickeln sich im Traumraum entsprechende Träume, deren Traumenergien nicht nur sehr kraftvoll auf Ihr wachbewusstes Ich wirken, sondern auch auf Ihren physischen Körper und dessen Umfeld.

Genauso gut könnten Sie sich auch geistige und körperliche Fähigkeiten vorstellen, die Sie trainieren oder neu erwerben wollen, und diese dann in Ihren Träumen einüben. Die so erzeugten Traumenergien werden in Ihr wachbewusstes Ich und natürlich auch in Ihren physischen Körper einfließen und das Erlernen neuer Fähigkeiten erleichtern oder bereits Erlerntes wieder verfügbar machen. Auf diese Weise können Sie sich zum Beispiel sportliche Fähigkeiten aneignen oder Fremdsprachen lernen oder Ideen auf allen möglichen Gebieten entwickeln, denn hier sind Sie für Inspiration aus Raum und Zeit offen. Viele geniale Erfinder oder Wissenschaftler hatten Ideen, die in Visionen oder Träumen zu ihnen kamen. Betrachten Sie Ihren Traumraum als einen Ort der Magie, in dem Dinge möglich sind, zu denen Sie in der wachen Wirklichkeit kaum Zugang haben.

Traumziel

In Ihrem Traumkörper können Sie ganz leicht durch Zeit und Raum reisen. Sie können Orte aufsuchen, an denen Sie schon einmal waren und die Sie gut kennen, aber auch Orte, von denen Sie bisher nur wissen, dass es sie gibt – irgendwo, in irgendeiner Wirklichkeit.

Wenn Sie einen bekannten Ort aufsuchen möchten, genügt ein starkes Gefühl, das Sie an diesem Ort hatten, um Sie von Ihrem Traumraum aus erneut dorthin zu bringen. An bekannten Orten zu träumen, vielleicht sogar mit Traumpartnern, kann sehr erholsam sein, genauso schön und intensiv, wie wenn Sie tatsächlich in Ihrem physischen Körper dort wären. In gewisser Weise ist es sogar noch intensiver, weil Sie ganzheitlich wahrnehmen und alles integrieren können, auch Details, die Ihnen im Wachzustand vielleicht entgehen würden.

Wenn Sie Orte aufsuchen wollen, die Sie bisher nur vom Hörensagen kennen, müssen Sie sich an alles erinnern und in alles einfühlen, was Sie bisher über den betreffenden Ort erfahren haben. Das ist zwar etwas schwieriger, aber grundsätzlich genauso gut möglich. Ein solcher Ort könnte irgendwo auf der Erde sein, irgendwo im Weltraum, auf anderen Planeten, auf künstlichen Sternen oder sogar in einer anderen Dimension. Auf Traumreisen zu neuen Zielen weiß man nie, was einen erwartet. Und nicht alles, was einem dort begegnet, ist leicht zu verkraften. Deshalb sollten Sie erst dann in solche unbekannten Zonen vorstoßen, wenn Ihr Traumkörper sehr stabil geworden ist und Sie sich völlig sicher sind, dass Sie jederzeit mühelos in die wache Wirklichkeit zurückfinden können – einfach indem Sie dies wollen. Und selbst dann sollten Sie sehr aufmerksam bleiben und sich nicht von Ihrer Begeisterung oder Neugier in Welten saugen lassen, die Sie vielleicht nicht so leicht kontrollieren können, wie Sie es gewohnt sind.

Sich an unbekannte Orte in dieser wachen Wirklichkeit zu träumen, ist auch sehr spannend, aber die wohl spannendste Reise von allen ist die Reise zum eigenen schlafenden Körper: Sie träumen sich zu Ihrem schlafenden Körper und betrachten ihn von außen, so, wie wenn Sie einen fremden Körper betrachten würden. Und plötzlich wird Ihnen klar, dass der Körper eine Art Gefäß ist, das Ihnen hilft, eine bestimmte Bindung an die wache Wirklichkeit aufrechtzuerhalten. Der Körper lenkt Ihre Wahrnehmung und formt Ihr Wirklichkeitsverständnis. Er tut also genau das, was der Traumkörper in der Dimension des magischen Selbst tut. In dem Moment begreifen Sie tief innen, dass Sie viel mehr sind als Ihr Körper und dass Ihre wahre Natur erst zum Vorschein kommt, wenn Sie Ihre Köpergrenzen verlassen und sich als geistiges Wesen empfinden. Sich zum ersten Mal tatsächlich außerhalb des eigenen Körpers zu erleben, ist für viele ein heilsamer Schock: Die Werte verschieben sich, und der Blick wird klar für das, worauf es im Leben wirklich ankommt. Die Angst vor dem Tod ist für immer überwunden, und die Sehnsucht intensiv zu leben wird immer größer, weil man das Leben nicht mehr irgendwelchen Ängsten und der Suche nach Sicherheit unterordnen will. Die Frage, ob es ein Leben nach dem Tod gibt, scheint nach einem solchen Erlebnis nicht mehr relevant, wohl aber die Frage nach einem Leben vor dem Tod.

Geistige Helfer

Wir sind nicht die einzigen Wesen in der Dimension des magischen Selbst. Zunächst sind dort natürlich die Traumkörper aller anderen Menschen aus dieser wachen Wirklichkeit: verstorbene, jetzt lebende und zukünftige Menschen, aber auch Wesen, die als Energieformen ohne materielle

Gestalt in der wachen Wirklichkeit existieren und für unsere körperlichen Augen kaum wahrnehmbar sind, und wenn, dann meist als Lichtfelder oder Lichtkugeln. Viele dieser Wesen haben viel mehr Schöpfungsideen integriert und verfügen über sehr viel größere Schöpfungskraft als wir, und ihr Wissen, ihre Erfahrung und ihre Fähigkeiten, Wirklichkeit in verschiedenen Dimensionen zu gestalten, gehen weit über unsere Möglichkeiten hinaus. Einige leben ganz unabhängig von uns und teilen lediglich die gleiche Wirklichkeit. Andere fühlen sich, in der Regel aufgrund einer Wesensentsprechung, zu uns hingezogen und wollen uns helfen – nicht nur in schwierigen Alltagssituationen, sondern auch und ganz besonders auf unserem Weg in die geistige Freiheit. Sie erscheinen uns als geistige Helfer und Lehrer, die uns zum einen im wachbewussten Zustand Ideen, Inspiration, Energie und Heilung schenken, allerdings meist ohne dass wir es bemerken. Zum anderen suchen sie den Kontakt mit uns in der Dimension des magischen Selbst und unterrichten uns auch dort. Ein wichtiges Merkmal dieser Wesen besteht darin, dass sie unseren freien Willen respektieren und sich niemals aufdrängen. Allenfalls bieten sie uns ihre Hilfe an, was so viel bedeutet wie: Wer sie bewusst sucht und um Führung und Hilfe bittet, lädt sie in seine Wirklichkeit ein und öffnet sich für ihre Energien und Informationen – sowohl in der wachen Wirklichkeit als auch in der magischen Dimension. Wir müssen sie nicht kennen. Wir müssen nur daran glauben, oder es zumindest für möglich halten, dass es sie gibt. Indem Sie mit der Absicht und der Bitte um Kontakt wie üblich durch den Nullpunkt in den Traumraum gehen, laden Sie diese Wesen dorthin ein. Es ist sogar hilfreich, im Traumraum nur die Sehnsucht nach einem wohltuenden Kontakt zu empfinden und keine klare Vorstellung davon zu haben, wer oder was genau kommen wird. Viele dieser Wesen haben nämlich keine körperliche Gestalt, sondern erscheinen vielleicht nur als

Lichtsäule oder heller Nebel und aktivieren dennoch kraftvolle Träume.

Wenn es Ihnen erst einmal gelungen ist, einen bewussten Kontakt zu Ihren geistigen Helfern herzustellen und sie irgendwie wahrzunehmen und zu verstehen, werden sie in Ihrem Traumraum auf Sie warten und jederzeit erreichbar sein. Und dann werden sie Sie nicht nur mit den Möglichkeiten Ihrer magischen Dimension vertraut machen, sondern Ihnen auch zeigen, wie Sie in dieser Dimension jederzeit Hilfe bekommen können.

Alle diese Übungen sind auch auf Tonträgern erhältlich. *Siehe Seite 268.*

Diese Doppel-CD bietet Ihnen die beste Unterstützung für einen optimalen Übungserfolg mit diesem Buch:

Harald Wessbecher

Meditationen zum magischen Selbst

CD 1: Das Tor zum magischen Selbst öffnen

CD 2: In der Energie des magischen Selbst fließen

2 CDs im Jewelcase, Laufzeit: 83 Minuten

ISBN 978-3-7787-7296-6

(Beschreibung der CDs umseitig)

CD 1: *Das Tor zum magischen Selbst öffnen*

Diese Übung führt Sie zum Nullpunkt, hält Sie eine Weile an der Schlafgrenze, führt Sie zurück in die Wachheit und dann wieder zum Nullpunkt – einige Male. So können Sie die Veränderungen, die während dieses Prozesses in Ihrem Bewusstsein stattfinden, genau beobachten, bewusst wahrnehmen und sich einprägen. Was Sie sich auf diese Weise eingeprägt haben, können Sie später jederzeit wieder aktivieren, das heißt, Sie können das Tor zu Ihrem magischen Selbst öffnen, wann immer Sie wollen.

CD 2: *In der Energie des magischen Selbst fließen*

Diese Übung führt Sie durch den Nullpunkt in die Dimension Ihres magischen Selbst. Indem Sie dabei wach bleiben, können Sie als Beobachter die Traumfetzen wahrnehmen, die Ihr kleines Traum-Ich in Ihr Bewusstsein schickt, und beobachten, wie sich diese in selbstständige Träume verwandeln, in die Sie dann wachbewusst einsteigen können.

Diese Übung eignet sich zunächst hervorragend, um leichter und schneller Ihren Traumkörper und Ihren Traumraum aufbauen zu lernen und dann später Ihre aktiven Träume zu gestalten und die Möglichkeiten Ihres magischen Selbst zu erforschen.

Weitere Titel von Harald Wessbecher im Heyne-/Integral-Verlag

Die Energie des Geldes

Finanzielle Freiheit durch spirituelles Geldbewusstsein

Der Fluss des Geldes wird von klaren, dynamischen Gesetzen gelenkt, die weder mit Zufall noch mit günstigen Randbedingungen etwas zu tun haben. Ihr Ursprung liegt im Menschen selbst. Dieses Buch vermittelt praktische Übungen in leicht nachvollziehbaren Schritten, um Gefühle, Gedanken und innere Bilder auszubauen, die den dynamischen Prinzipien des Geldes folgen und seinen Fluss lenken können.

280 Seiten, Taschenbuch
Heyne-Verlag, München
ISBN 978-3-453-70004-8

Das dritte Auge öffnen

Eine neue Dimension der Wahrnehmung und Entfaltung mentaler Kräfte

Jeder hat die Fähigkeit, sich eine erweiterte Wahrnehmung anzueignen, die nicht durch die körperlichen Sinne vermittelt werden muss, sondern die direkt in unserem Bewusstsein stattfindet. Dieses Buch führt Sie in eine neue Dimension der Wahrnehmung und zur Erweiterung Ihrer psychischen Kräfte. Durch Re-Sensibilisierung paranormaler Kräfte, die wir als Kinder besaßen, bis sie uns aberzogen wurden, schulen wir unsere Intuition, um Situationen, menschliche Verhaltensweisen und ganze Lebensläufe »lesen« zu lernen wie ein offenes Buch.

316 Seiten, Paperback, Integral-Verlag, München
ISBN 978-3-7787-9081-6

Entfalte deine Bestimmung

Lebe so, wie es Dir entspricht
und gefällt

Nicht nur Künstler und so genannte große Menschen haben eine persönliche Bestimmung, sondern wir alle. Lebensnah und ohne theoretischen Ballast zeigt dieses Buch auf, wie auch Sie Ihre ureigenen, wirklichen Lebensziele erkennen, den Ausstieg aus einer fremdbestimmten Lebensweise schaffen und damit Glück und Erfolg anziehen können.

416 Seiten, gebunden, Heyne-Verlag, München
ISBN 978-3-453-70080-2

Entfalte deine Bestimmung

Meditativ die Energie des Erfolgs freisetzen

Ihre Gefühle kommen in Fluss, gleichen sich aus und werden in einem Zustand tiefer körperlicher und geistiger Entspannung letztlich still. In diesem Zustand haben Sie freien Zugang zu Ihrem Unterbewusstsein und können dort gezielt und wirksam neue Inhalte und Energien verankern.

1 CD – Laufzeit: 45 Minuten
Integral-Verlag, München
ISBN 978-3-7787-9114-1

Die Energie des Wünschens

Erschaffen Sie Ihr ideales Leben mit der grenzenlosen Kraft der Gedanken

Konzentrierte Wunschenergie ist der Schlüssel zum Erreichen jedes Ziels. Wer weiß, wie man die Energie der Wünsche freisetzt, verfügt über die mächtigste Energie, die es gibt!

Mit diesem Buch können Sie Ihr Leben rasch und wirksam ändern, indem Sie lernen, kraftvolle Wunschenergie zu bilden und zielgerichtet einzusetzen. Der Erfolg ist durch Ihre eigene Erfahrung überprüfbar. Nutzen Sie Ihre natürlichen Bewusstseinskräfte und Sie werden gesünder, erfolgreicher und harmonischer leben können.

256 Seiten, Heyne-Verlag, München
ISBN 978-3-453-70094-9

Die Energie der Wünsche

Meditationen zur Entfaltung der Bewusstseinskräfte

Lassen Sie Ihre Wünsche wahr werden, indem Sie die gestalterischen Kräfte Ihres Unterbewusstseins nutzen. Harald Wessbecher zeigt Ihnen, wie Sie konzentrierte Wunschenergie bilden und zielvoll freisetzen können, um Ihr Leben rasch und wirksam zu verändern – hin zu innerer Freiheit und Selbstverwirklichung. Die geführte Meditation auf dieser CD wirkt tief auf das Unterbewusstsein und ist ideal, um die Inhalte des Buchs *Die Energie der Wünsche* zu vertiefen und wirksam in allen Bereichen des Alltags umzusetzen.

1 CD – Laufzeit: 41 Minuten
Integral-Verlag, München
ISBN 978-3-7787-9138-7

Individualität und Freiheit

Die Gesetzmäßigkeit des Glücks verstehen und nutzen

Dieses praktische Arbeitsbuch zeigt Ihnen, wie Sie Ihre bewussten und noch unbewussten Fähigkeiten und Möglichkeiten entwickeln können, um möglichst in allen Lebensbereichen erfolgreicher und Ihren Sehnsüchten entsprechend zu leben.

Leicht nachvollziehbare Schritte mit konkreten Übungen helfen Ihnen, sich selbst und Ihr Potenzial kennen zu lernen und mehr Selbstbewusstsein, Selbstwertgefühl und Selbstvertrauen zu entwickeln.

208 Seiten, gebunden
ISBN 978-3-7787-9176-9

Tonträger von Harald Wessbecher im Selbstverlag

Alle in diesem Buch beschriebenen Übungskassetten und CDs sind mit einer besonderen Klangtechnik kombiniert, die Ihre Gehirntätigkeit mithilfe von dreidimensionalen Rauschformen (DRF) und harmonisierenden Tönen synchronisiert und Sie leicht in einen Zustand tiefer körperlicher und geistiger Entspannung gleiten lässt, bis hinein in den Nullpunkt an der Grenze zum Schlaf. Von dort aus ist es dann sehr viel einfacher, bewusst in Ihr kleines Traum-Ich einzutauchen, als über das normale Einschlafen.

Im Laufe von mehr als zwanzig Jahren haben mir unzählige Klienten und Seminarteilnehmer die Wirksamkeit dieser Technik bestätigt. Aber auch objektive Gehirnstrommessungen (EEG) und Hautwiderstandsmessungen nach der chinesischen Akupunkturmethode (Mora-Methode) machen deutlich, wie leicht es uns fällt, in tiefe Entspannungszustände zu gleiten, wenn wir entsprechende Hilfestellung erhalten, beispielsweise durch die beschriebene Klangtechnik.

Für ein wirksames Hören der Klänge ist der Stereoeffekt wesentlich. Deshalb sollten Sie die Übungen über Kopfhörer oder zumindest Stereo-Lautsprecher hören und sich mindestens 45 Minuten Zeit dafür nehmen. Planen Sie vorher und nachher noch etwas zusätzliche Zeit ein, in der Sie sich auf die Übungen einstellen, beziehungsweise sie in sich nachwirken lassen. Sorgen Sie dafür, dass Sie beim Hören nicht gestört werden, denn nur dann können Sie ganz loslassen und sich der jeweiligen Übung völlig hingeben.

Bezugsadressen für alle Tonträger finden Sie auf Seite 271.

Bücher von Harald Wessbecher im Selbstverlag

Die kindliche Psyche

Ursprung und Entwicklung menschlichen Bewusstseins

Gespräche mit einer größeren Bewusstseinsdimension – der Ebene II – vermitteln umfassende Einsichten in das Wesen des Menschen und die Entwicklung und Möglichkeiten unseres Bewusstseins.

297 Seiten, leinengebunden,
ISBN 978-3-9283-3305-4

Der Mensch als unerschöpfliche Quelle

Impulse der Ebene II für ein tieferes Verständnis unserer Möglichkeiten

Vorträge aus einer größeren Bewusstseinsdimension – der Ebene II – schaffen ein ganzheitliches Bild von unserer menschlichen Existenz. In erfrischender Klarheit werden tiefe Fragen nach unserem Sein beantwortet.

297 Seiten, leinengebunden
ISBN 978-3-9283-3303-0

Gedanken und Leitsätze
Ideen der Ebene II zur Meditation und Inspiration

Eine sorgfältig zusammengestellte Auswahl von Zitaten aus Gesprächen und Vorträgen mit einer größeren Dimension von Bewusstsein – der Ebene II. Sie inspiriert mit wertvollen Ideen und Informationen unser alltägliches Bewusstsein, regt zum Nachdenken an, rüttelt an unserem Wertesystem, hilft bei der Lösungsfindung von Problemen und dem Fällen von Entscheidungen. Auf der Suche nach Antworten kann Sie dieses Buch inspirieren und Ihnen intuitiv neue Wege zeigen.

88 Seiten, leinengebunden im Schuber
ISBN 978-3-9520-8041-2

Alle Bücher sind im Buchhandel und über die folgenden Bezugsadressen erhältlich

Deutschland	Dynamis-Seminare Sylvia Barris Scheffelstraße 65 76135 Karlsruhe Telefon 07 21-8 51 83 Fax 07 21-84 28 95 E-Mail: sbarris.dynamis-seminare@t-online.de
Österreich	Wera Schmölzer Seminarorganisation Weissgerberlände 54/II/11 1030 Wien Telefon + Fax 01-9 13 35 57 oder 06 99-1-9 13 35 57 E-Mail: info@erfolgsclub.at
Schweiz	Baumgartner Bücher AG Centralweg 16 Postfach 8910 8910 Affoltern a. A. Tel. 01-2 42 76 53 Fax 01-2 42 76 86

Über den Autor

HARALD WESSBECHER macht seit über zwanzig Jahren in Vorträgen, Seminaren und persönlichen Beratungen erfahrbar, dass wir ungenutzte Bewusstseinskräfte besitzen, die sich für eine gezielte Gestaltung unseres Lebens entwickeln lassen und mit denen wir unsere Wirklichkeit ganzheitlich wahrnehmen können, auch in Bereichen, die unseren körperlichen Sinnen verborgen bleiben.

Seine Methode der gezielten Entfaltung dieser oft unterentwickelten und zum Teil noch unbewussten Fähigkeiten nennt er DES (Dynamische Entfaltung des Selbst). Hauptziel der DES-Methode ist es, mit gezielten Schritten aus alten Verhaltensweisen und Wahrnehmungsmustern herauszufinden und frei zu werden, um sich selbst leben und seine körperlichen und geistigen Möglichkeiten entwickeln und nutzen zu können.

Außerdem ist Wessbecher international als Heiler, Medium und Sensitiver tätig und stellt seine Dienste nicht nur Privatpersonen, sondern auch Firmen und Institutionen zur Verfügung.

Weitere Informationen über den Autor und seine Arbeit finden Sie im Internet unter

http://www.haraldwessbecher.de